教育的方向

朱永新教育网事录

山西出版传媒集团　山西教育出版社

图书在版编目（C I P）数据

教育的方向：朱永新教育网事录/朱永新著．—太原：山西教育出版社，2014.5（2018.11 重印）
ISBN 978-7-5440-5933-6

Ⅰ．①教…　Ⅱ．①朱…　Ⅲ．①教育工作-文集
Ⅳ．①G4-53

中国版本图书馆 CIP 数据核字（2013）第 069416 号

教育的方向：朱永新教育网事录
JIAOYU DE FANGXIANG：ZHU YONGXIN JIAOYU WANGSHI LU

责任编辑　李梦燕
复　　审　彭琼梅
终　　审　刘立平
装帧设计　王耀斌
助理设计　陶雅娜
印装监制　蔡　洁

出版发行　山西出版传媒集团·山西教育出版社
（太原市水西门街馒头巷 7 号　电话：4729801　邮编：030002）
印　　装　山西人民印刷有限责任公司
开　　本　787×1092　1/16
印　　张　16.5
字　　数　261 千字
版　　次　2014 年 5 月第 1 版　2018 年 11 月山西第 2 次印刷
印　　数　1—10 000 册
书　　号　ISBN 978-7-5440-5933-6
定　　价　33.00 元

CONTENTS 目录

一、网络参政议政，倾听民间声音

网络作为一个跨越时空的特殊的形式，能够让你听到更多的声音，能够听到更多的各种群体的声音。网络是现代社会的一个重要媒体。它能够给政协委员提供更多的信息，也能够给政协委员提供更多的智慧。事实上，网络不仅在参政议政上，在日常生活中也给我们很多的便利。我们的教育在线网站，就让我和全国一线的老师能够走得非常之近，我每天都可以聆听到他们的声音。这样至少我听到的声音和信息会更加全面，是跨越地区的。网上征集民意是我最近几年来一直在做的，它的最大的优势是集中性、快捷性、广泛性。

二、位卑未敢忘忧，积极建言献策

长期以来，中国社会存在的二元结构，造成城市和农村比较大的差异。城市居民和农村的农民收入、社会福利、居住条件也都有非常大的区别。从一定的意义上说，是农村支持了城市的发展，是农业支持了工业的发展，因此现在，工业反哺农业、城市帮助农村、东部支持西部应该成为我们的一个基本国策。这是建设社会主义和谐社会的一个重要的途径。

一个国家的文明程度，在很大程度上取决于这个国家的均衡发展的程度，取决于这个国家人民生活的平均富裕程度。缩小过大的差距，应该成为中央政府的重要决策。

三、推进教育公平，深化教育改革

教育公平和效率的问题是任何改革始终必须面对的首要的问题，是公平优先还是效率优先，是改革的不同价值取向，也是改革处在不同时期的不同选择。我觉得从目前我们国家的情况来看，我们首先还是应该公平优先，效率兼顾。因为教育公平是社会主义制度的本质要求，是教育的公益性决定的，同时也是贯彻落实科学发展观的一个重要体现，因为教育公平是社会公平的起点。

四、强心强教强国，建设精神家园

教育生活应该是幸福而完整的。我们在幸福后面加上完整两个字，因为我们知道，如果仅仅强调幸福，很容易让大家过分重视情感的体验，甚至会误认为是感官的享受。尤其是在当下的教育中，我们的教育是单向度的，是畸形的，是片面的，是唯分数的，其中最大的问题是缺乏做人的教育，缺乏德行的教育。人应该是完整的，包括他自己个性的完整性。让人成为他自己，一个完整的自己，这才是教育的最高境界。当然，这也是我们新教育人追求的最高境界。

站在网中央（自序）

和很多人一样，在网络出现之初，我也认为网络是不可靠的东西。网络的形式显得快捷轻松，但内容都是快餐文化、流行文化，随着时间的流逝，很快就会烟消云散。可谓“网事如烟”。

直到2002年4月16日晚，在我的博士生李镇西和袁卫星、焦晓骏等几位年轻教师的“策反”下，我默许他们帮助我建立一个网站；两个月后的6月16日，“教育在线”正式开张，从那时开始，网络走进了我的生活。

我曾说过，在中国教育界，我不是最有学问的人，但是我是离一线老师最近的人，近到可以听见老师们心跳的声音。在政府官员中，我也不是最有水平的人，但我也是离人民群众比较近的人，能感受到他们的喜怒哀乐。导致二者的重要原因之一，就是网络。

从最初的论坛，到后来的博客，再到近年的微博，我都是最早下水的网友之一。网络让我听到更多真诚的话，见到许多坦诚的心，为我增添了使命感，让我保持着冷静，无法懈怠地思考，全力以赴地前行。

这些年来，我的政协提案、人大建议的灵感和素材，许多都来自于网络。我的学术研究，也直接获益于网络。每一年的两会，我也以网络为媒介，把两会的声音及时与网友分享。每一天关于教育的思索，我也随时与网友零距离交流。

在人民网、新浪网、腾讯网的官员微博中，我一直居于前十名，在腾讯和新浪的听众分别超过了460万和340万。我坚持专业立场，先后发表的一万多条微博和近千篇博客，让网络成为我传播正能量的一种有效方式。

当年，网上流传着一句“你永远不知道网络那端坐着的是不是一条狗”，以此提醒人们网络交流的虚幻。但切身经验告诉我，只要运用得当，网络并不虚无缥缈，它是一种交流与学习的便利工具，是现代人的生活中不可或缺的存在，还能成为我们日常工作的重要平台和渠道。

任何事物都是过犹不及。对于网络我们自然也不必“一网情深”，但必须学会站在“网中央”，倾听众生心声，了解民意民情。人借电脑论今古，社会舆情网中窥。

还记得“教育在线”网站开张之时，我写过这样几句话：

我理想的网络是平等的空间。没有话语的霸权，没有繁琐的俗套，只有真情的流露与思想的碰撞；

我理想的网络是学术的净土。严肃但不失幽默，通俗但绝不恶俗。网络的生存和发展同样需要道德与法制的约束；

我理想的网络是温馨的家园。每一位会员与访客、每一位版主与嘉宾，都是这个家庭里愉快的成员。这儿没有家长，人人都是别人的服务生并且永远乐此不疲；

我理想的网络是教育家的摇篮。在这儿，智慧在研讨中充盈，理想在争论中升华。关注教育，关爱你周围的每个师生，捧一颗真心来交流，带满腔热情再努力；

我理想的网络是互动的媒体。守一寓草舍，做天下文章。

时光流逝，迄今我的网龄也超过了10年。今天的我回顾当年的心声，仍是心潮澎湃。

是的，平等的空间、学术的净土、温馨的家园、教育家的摇篮、互动的媒体，这仍然是我理想中的网络。而这，又何尝不是我理想中的教育世界呢？为了这个理想，我们在网络上交流呐喊，在网络下并肩前行。站在网络中央，也是站在大地中央。埋首耕耘，奋力前行，是时代赋予我们的使命。

朱永新

2014年1月8日

北京滴石斋

一、网络参政议政，倾听民间声音

网络作为一个跨越时空的特殊的形式，能够让你听到更多的声音，能够听到更多的各种群体的声音。网络是现代社会的一个重要媒体。它能够给政协委员提供更多的信息，也能够给政协委员提供更多的智慧。事实上，网络不仅在参政议政上，在日常生活中也给我们很多的便利。我们的教育在线网站，就让我和全国一线的老师能够走得非常之近，我每天都可以聆听到他们的声音。这样至少我听到的声音和信息会更加全面，是跨越地区的。网上征集民意是我最近几年来一直在做的，它的最大的优势是集中性、快捷性、广泛性。

摄影：腾靖南

作者：杨明义

网络改变教育

2003年3月2日

媒　体：新浪网

主持人： 各位网友，晚上好！

全国两会即将在京召开，为了加强代表委员与网友的沟通，新浪网联合《人民政协报》教育在线周刊、教育在线网站，特邀政协委员朱永新今晚做客新浪嘉宾聊天室，与广大网友畅谈教育热点话题，倾听民意，反映民生。

朱永新： 我是朱永新，很高兴来到新浪网，谢谢各位。

主持人： 我们的聊天正式开始，欢迎广大网友就教育方面的热点问题与嘉宾一起讨论。在先前的网友们的留言里大家都看到了，朱老师建立了一个名为教育在线的网站，第一个问题就与这个网站有关。

网　友： 请问朱教授，您认为中国21世纪教育的发展契机在哪里？教育在线能否成为中国最具影响力的教育网站？

朱永新： 21世纪教育发展的重要契机就是网络真正能够改变教育，我们教育在线从去年的6月18日开始创办到现在，我刚才看了一下，已经有近37万的访问人次，注册的网友超过了7 000人。更重要的是，一大批年轻的教师在网络上成长。前段时间我在《人民日报》上写过一篇文章，希望把网吧建成学习化的社区。我们国家建立一个教育信息平台，由国家购买各种最好的教育软件，免费发送给全国所有的学校、所有的家庭、所有的网吧，可能会非常迅速地缩小学校和学校之间、地区和地区之间教育的差距，很可能会真正改变我们的教育方式，所以我觉得，网络会改变我们的生活，网络同时也会改变我们的教育。

主持人： 您刚才说网络会改变我们的教育，您觉得现在网络对教育的推动作用有多大？这个作用可能会覆盖很多层面的，可以说是网络教育带给我们变化，或者是网络给年轻教师、给任何一个教师平等的话语权。还有人说，新生代的教师已经开始在网上成长，您是否认同这种观点？

朱永新：新生代的教师在网络上成长，评说的就是教育在线的现象。一大批过去在教育领域默默无闻的教师，通过教育在线崭露头角，为全国的教育媒体重视。当然这还是不够的，网络对于培训教师来说有它的功能，但是更重要的是，大量的信息、大量课堂教学的内容应该引进网络，大量的学生应该成为网络教育和网络学习的主体。我们的教育软件，比如说从幼儿园、小学、中学到大学，很多内容应该由国家免费发到网上去，包括课堂实录，包括很多的练习，很多农村的学校、山区的学校，只要有计算机，有电话线，孩子们就会受到最好的教育，这在很大程度上可以缓解目前在困难地区师资队伍的素质还不够高甚至人员还比较紧张的状况。学生自主地学习，是网络教育最重要的特征。孩子们可以自己通过网络自主学习，这节课的内容，这次看不懂，下次可以再看一遍，课堂可以不断地重现，网络就能起很大的作用，很多学生根据自己的能力自主学习，学习能力好的可以很快完成某一个阶段的学习，学习差一点的可以花更多的时间。希望有一天，父母亲会对孩子说，你到网吧里学习吧，这样我们的教育就会发展到比较理想的状态。

网　友：一方面是学生在争着上大学，但是另一方面大学生毕业之后又存在着找工作难的现象，请问您如何看待这个问题？本科生找工作这么难，国家有没有新的举措？

朱永新：过去大学生就业的观念有很大的问题，大家都以为，如果回到计划经济时代，大学生毕业，由我们的组织人事部门安排一个岗位，那当然是不错了，但是我觉得，应该冲破这样的观念。有两个问题必须解决：第一是确立创业的概念。我们应该不只培养学生占领一个一个的就业岗位，更重要的是鼓励他们创造就业岗位。比尔·盖茨大学还没有毕业，就创造了数以几十万计的就业岗位；新浪的姜丰年，也提供了很多的就业岗位。怎么样创造就业岗位是必须面对的问题。大学里怎样开设创业的课程？怎样激发学生创业的激情？第二个概念，大学生做什么？不可能都做公务员，也不可能都做白领。因此，受过高等教育的人才，除了自己创业以外，社会三百六十行，每一行都有用武之地。一方面是人才紧缺，另一方面又是人才过剩，实际上我们国家面临着人才紧缺和人才过剩的矛盾，这是一个结构性的矛盾。

苏州每年都有几十万的就业岗位，很多人才都要跨地区、跨省份甚至于跨国界去招聘，如果我们的学生能够加强外语的学习，说一口流利的外语，加强计算机的能力，加强某一门技能和技术的训练，就业问题就会大有改观。

比如在苏州，现在一个模具工，工资远远超过一个博士生。我们能不能发现社会急需的领域？大学生能不能了解社会的动态，修炼自己、磨炼自己，去适应社会？这是一个多方面的问题。这个问题应该辩证地来看。

同时更重要的是，现在大家都集中在大城市，真正的边远地区有多少大学生？这样就带来一个问题，就是国家怎么样加大对边远地区的投入，比如说教师，据我所知，贫困地区，教师不达标，或者说教师短缺的情况非常严重，但是又留不住教师。如果国家财政能保证，大学生就会往那些地方走，也会带动那些地方的经济发展，关键是我们不能简单地被这些数据所迷惑，我们应该分析结构性的矛盾，提出解决问题的方法。

我们还没有从大学本身找原因。大学教育我觉得也是有问题的，特别是它的机制。我们绝大部分的大学都是政府办的，都是公立大学，没有很大的压力，没有主动地或者说没有强烈主动地去迎接市场、去改革机制，所以这次我已经正式提出了一个提案，关于部分大学转制的提案，我提出我们国家要拿出相当部分的大学转制，变成民营的，变成股份制的，然后推向市场。

这有两大好处，第一，大学的机制更加灵活；第二，可以腾出相当的经费给义务教育，给中小学。全国办大学教育的基础上，我们国家拿不出那么多的钱再投入中小学教育。江苏有六十几所大学，转制三十所没有问题，就有三十个亿了，三十个亿投入中小学，中小学的发展会有崭新的面貌。国家也是这样，教育部那么多的大学，能不能进行转制？转制以后我们才能培养出北大、清华的对手，才能在世界高等教育的舞台上出现真正有活力的大学。我认为，一个民营的大学，会考虑怎么样帮助学生。无论是翻译学院也好，外事学院也好，他们学生的受欢迎程度已经超过了我们很多公办的大学，它有灵活的机制，为学生就业提供最好的服务，这样才能招到学生。就业问题的背后，实际上存在大学培养机制的问题。

网　友：高考为什么要给农村独生子女加分呢？对我们非农村独生子女太不公平了。

朱永新：没听说有这样的政策，少数民族、海外侨胞有加分，农村独生子女好像还没有，那可能是个别地方的政策。

网　友：我是聋校的教师，我的学生曾经问过这么一个问题：为什么师范学校的大门不向他们敞开？您怎么看这样的现象？

朱永新：我们把聋哑人单独组成一个学校，没有回归主流社会。国际潮流是聋哑人跟正常人一起学习。我们这里聋哑人生活的环境是孤立的，回到主流社会之后就很难适应，而如果学习和生活的本来就是现实的场景，这对他有很大的好处。为什么很多大学没有办法招收聋哑人？因为没有老师啊，普通的中学和大学没有这方面的师资，没有这样的教材，都集中在聋哑人特殊学校里了。这次我也带来一个提案，为特殊教育呼吁的提案，希望加强对聋人教育的研究，加强对聋哑人教育的服务。比如说字幕工程，很多聋哑人看电视享受不到正常人看电视的乐趣，如果字幕工程普及了，他就可以跟正常人一样看电视。我们很少让正常人学手语，但是在法德国家，正常人学手语非常普遍，聋哑人也可以从事很多领域的工作，比如说速记员，做这样的工作，完全没有问题。这就涉及一个教育体制的问题，我觉得目前的现状对他们是不公的。

我们有一个网友唐无欢，同济大学的一个博士，他是聋哑人，他觉得自己完全跟正常人一样，他也准备带博士、带硕士。他是江西人。他们的潜能，他们学习的能力，远远没有被我们所重视，我们只不过是用正常人的标准看待他们，因此他们很多的才华就被掩盖了。

网　友： 非常感谢代表和委员们为特殊教育和弱势群体的呼吁！非常感谢！

网　友： 现在高校录取在地域方面的限制比较严重，可以说是有一些歧视的感觉在里面。请问，以后这方面是不是会得到一些改观？

朱永新： 我相信肯定会改观，这也是教育公平的表现。但是中国这么大的地方，对边远地区、少数民族做一些照顾也是应该的，有助于这些地方人才的培养，但是对于发达的城市降分是不太公平的，唯一的办法就是，以后这个城市自己办的大学，用这个城市纳税人的钱办的大学可以对这个城市的人降分；如果是用国家经费办的，就不允许。首都师范大学招北京人就可以降分，江苏办的大学可以给江苏人降分，谁投资谁就可以降分。

网　友： 朱老师，国家现在有哪些优惠政策鼓励和支持私立学校办学？

朱永新： 民办教育促进法颁布以后，为民办教育创造了比较好的法律环境，但是还没有具体化，还没有出台相应的具体贯彻这个法律的条例或者是规定。民办教育目前的发展遇到了两个最大的问题，第一个问题就是所谓的假民办，因为现在很多公办民助、民办公助的学校，还有大学办的二级学院，打着民办学校的旗号，用比民办学校相对低廉一点的价格，用公办的资源和民办教育竞争，所以有一些省民办大学招不到学生，都跑到一些大学的二级学院去了。很多省市名校办民校的比较多，很多中小学都办了自己的民办学校，因此应该解决他们的身份问题，两者应该彻底脱钩，要么是民办，要么是公办，不可能既公办又民办。这个问题必须要解决，如果不解决，民办教育发展的春天是不会来临的，这是民办学校面临的第一个问题。民办学校面临的第二个问题，体现在很多民办学校的法人的地位、办学的主体上，对很多民办学校来说，文件是不下达的，考评是不参与的，教师评职称是没有办法进行的。应该学校法人化，以后所有的学校法人都享有同样的地位，所有的文件要发到所有的学校。这两个问题解决了，民办学校的主要矛盾就可以解决了。

网　友：教师的数量似乎不能与高校的扩招相结合，怎么解决？有一些教师本身是不适合做一线教师的，但是由于缺少授课教师，也只能让其授课，这样办学的质量是很难保证的。

朱永新：国外有现成的做法，日本大学就经常请社会上一些贤能到大学里，就他们自己擅长的领域讲课。现在整个大学教师的素质良莠不齐，我们教育在线上，优秀网友的水准很多都超过了大学老师，大学老师根本没有在中小学做过老师，让他们研究教育，可能还不如在中小学一线有丰富经验的人。很多中小学教师和大学的教师是不能互动的，我觉得很多非常好的中小学老师完全可以到大学里做教授，很多大学老师也应该到中小学做讲座，这样既可以提升中小学教育，又可以提升大学教育。

网　友：关于基础教育的问题，想听听朱老师的建议。

朱永新：我这次提了两个提案，一个是基础教育发展的建议，另一个是义务教育发展的建议。最重要的保障，第一是基础教育必需的基础设施和设备；第二是基本的教师素质，不能出现《美丽的大脚》里面那样的教师，尽管有强烈的事业心，但是教育水平太低。应该建立一个国家教育基准，所有的学校，要么不建，要建就必须达到什么标准，有多少房屋，有什么基本的设施，很多国家都有这样的标准。城里跟乡下都是一样的，现在我们城里建豪华的学校用到几个亿，农村里面，简陋到几千块钱建一个房子就是一所学校。国家应该建立这样的标准。

教师也是这样，你在基础教育做教师，必须达到什么水平，师范没有毕业的就不得进教师队伍，如果当地没有符合条件的老师，就在全国范围内解决这个问题，然后国家来保障。

现在我们是地域中心的保障，县级财政为主，但是很多贫困县不可能解决这个问题，甚至于再上一个层次，县上的市也无法解决，因此就必须省统筹，省统筹解决不了，就必须国家解决。要考虑中央政府怎么样加大对贫困地区的转移支付，现在的转移支付是有，但是是财政的转移支付，没有教育专项转移支付。我建议教育专项转移支付，所有的教师工资、所有的房屋全部解决，包括学生的学费、学生的课本，国家的财政全部保障，这样中国的基础教育问题就可以基本解决。另外一个途径是公办大学转制，民间资本很充裕，银行的存款有将近700亿，民间资本释放量很大，让他们投资教育。高等教育的收费已经差不多跟市场接轨了，这样做了以后，尽快抽出经费，解决中国基础教育的问题。本届政府应该下最大的力气推进我们基础教育的均衡发展。

网　友：请问嘉宾，督导机构是否会真正成为行政机构？教育督导机构究竟应该如何定性？是否可以管住目前的教育机构？

朱永新：督导机构尽管挂在政府的名下，依靠的往往还是教育行政部门，真正要管到教育行政部门还是有很大的难度。应该鼓励民间教育督导机构的产生，鼓励民间教育评估机构的产生。第二是让教育督导部门能够真正不再归教育行政部门领导，让它有相对的独立性，至少跟教育行政部门是并行的教育机构。不再由教育部门去实际上管理它，当然它就有自己独立的人格了。

网　友：有没有发行教育彩票支持教育经费不足的可能性？

朱永新：不必直接发行教育彩票，从现在的福利彩票和体育彩票里面提取一些钱分给教育就可以了，老百姓的钱就这么多，没有那么多的钱买这个彩票那个彩票，可以增加体育彩票的内容、项目，然后在体育和福利彩票里面提取一定的比例，定向用于基础教育，这个问题就可以解决了。

网　友：请问嘉宾，怎么样可以有效地监督高校的资金运用？

朱永新：前几年西方提出用企业精神改造政府，用企业精神改造学校同样是一个课题。在学校内部，怎么样引进一些市场的机制、竞争的观念，特别是严格的管理，这一点非常重要。变校长一个人说了算为民主决策，也会对你刚才讲的问题有所帮助。

网　友：现在高校的收费很高，让很多家庭都已经承受不了了，不知道嘉宾怎么看待这个问题？

朱永新：世界各个国家，高校收费总体上来说，还是偏高的，关键是怎么样建立起一个让贫困家庭的学生能够接受高等教育的机制。首要的是政府的奖贷学金的机制。目前凡是到苏州来读书的孩子，我们保证他能上得起学，我们跟银行共同建立一个担保金，所有的收费都可以贷款，贷款以后你来还，如果这个学生万一有什么特殊的情况还不了，政府、银行和学校三家共同帮学生还，这样就不存在收费高还是低的问题，因为他工作几年以后，可以逐步地还掉这个贷款。对于特别贫困家庭的学生，学费的20%都用于做这方面的工作，所以这个问题是可以解决的。

主持人：时间过得很快，今天的聊天已经接近尾声了。最后请朱老师再和网友说一句话。

朱永新：中华民族的竞争力，中华民族的明天，就取决于我们今天的教育，所以为了明天，必须全党全社会一起来重视教育。

主持人：再次感谢朱永新老师在百忙之中抽时间来到新浪嘉宾聊天室，和广大网友就教育热点话题畅谈，我们也非常感谢今天积极参与问答的各位网友。聊天活动到此结束，再见。

网络教育与学习型社会

2003年3月2日
媒　体：人民网

朱永新：各位网友大家好。非常高兴能跟大家讨论网络教育的问题。

小力强国：您带的研究生，您叫他们上网要注意些什么问题？

朱永新：一开始我是坚决反对研究生上网的，我曾经劝我的博士生李镇西尽可能少上网。但是没有想到我自己也被拖下水了，我发现了网络的魅力。网络本身是学习的社区，优秀的学生可以利用网络搜寻很多非常有用的资料，可以在网络上找到很多写作的灵感，也可以寻求到很多合作的伙伴。这次我作为全国政协委员，我的很多提案都是通过网络征集的。

媒体良知：请朱副市长在讨论前先给“网络教育”定义一下。

朱永新：简单地说网络教育就是通过网络来进行各种教育和学习的活动。

掠岸沙鸥：我是应届毕业的博士生，请问，有没有可能在您的手下工作？

朱永新：欢迎你到苏州工作，可以把你的资料在网上传给我。

南方野蛮人：您认为网络教育的受益群体能有多广的涵盖面？

朱永新：我觉得差不多只要能够认识文字、使用计算机的人，就可以网络受益，因此从幼儿园3岁以上的孩子开始，人人都可以通过网络进行学习。我想有那么一天，如果家长对孩子说，你到网吧学习吧，网吧不再成为大家恐惧的场所，不再成为全社会讨伐的场所，中国的教育就有希望了。

真美慕呵：您认为阻碍网络成为教育学习平台的因素有哪些？网络监管是有利还是不利？

朱永新：必要的网络监管我觉得是需要的。这样可以避免那些黄色的、反动的、有碍国家安全的东西在网上出现，我们有选择地给孩子提供最优秀的东西，这是任何一个国家、任何一个教育部门、任何一个有良心的教育工作者必须去做的。阻碍网络成为教育学习平台的因素，第一就是大家认识上的原因，很多人认为上网就是坏事，网上没什么好东西，上网会浪费大量的时间，上网会产生网络迷恋，对课堂学习会产生很大的影响。如果把网络作为一个学习的工具，如果我们加强对孩子自律的培养，那么网络本身可以为我所用，可以成为强大的教育工具。

南方野蛮人： 如果家长让孩子去网吧学习，怎样实施监控呢？

朱永新： 现在网吧总体上来说还不适合孩子学习，绝大部分女孩子在网吧都是聊天，男孩子在网吧都是玩游戏。很多网吧乌烟瘴气，也不利于身心健康。因此，我觉得现在，第一，由国家投资建设健康网吧，或者是绿色网吧，最近江苏团省委就在进行这方面的努力；第二，学校的计算机教室应该在课后和休息日向孩子们开放，我们苏州已经进行了这方面的努力，但是很多工作还有待于进一步的完善。

呆会告诉你： “学习型社会”现在也很流行，俺觉得是个概念化的东西，很难操作。

朱永新： 是这样，我们很容易把一个非常好的理念概念化、形式化、口号化。学习型社会，意味着大家不把学习看成是一种负担，不把学习看成是一种工具，是为了得到某种荣誉、得到某种职称、得到某种成绩的一个途径，学习是生活的有机组成部分，是生命的有机组成部分，就像一个人吃饭一样。我们在出国的时候，无论是在火车的车厢里，还是在飞机场的候机室里，我们都能看到很多老外在静静地看书。而我们的同胞有些在高声地喧哗，有些在看一些凶杀、情爱的杂志，有些甚至在打扑克。在我们的生活中，很多人的绝大部分时间是在电视机前度过的，是在麻将桌前度过的，如果把这些时间用来读书，用来学习，我相信这就是学习型的社会。

张子羽： 网络化学习的行为，需要经济或是行政手段推动吗？

朱永新： 我觉得建立一个网络学习型社会，政府推动当然是非常关键的。如果要建立一个数码城市、数码政府，我们的文件传输、信息发布，甚至于我们的各种服务都应是基于网络平台进行的，大家都必须学习使用网络。所以说政府推动是网络教育发展的一个基础，如果没有政府的推动，网络教育的发展会受到很大的限制。至于经济手段也是很重要的，如果网络教育的成本太高，如果学校都要花大量的经费去买软件，如果说家庭根本无法支付网络教育的费用，那么网络教育就是一句空话。所以，必须大幅度地降低各种网络教育的成本，由国家应该免费地提供各种网络教育课程，这是中国网络教育的一个发展方向，这些投入和成本应该由政府来承担。

张子羽：现在能用网络的人，绝大多数是有学习愿望的人，关键不在于采用什么样的学习方式，而是要提高人们学习的自觉性。

朱永新：我基本同意你的观点，现在能够使用网络的人，往往是有学习愿望，同时也有比较先进的理念的人，他们知道网络学习的价值。当然，除了利用网络去聊天的人（健康的聊天也不是坏事，也是人和人交往的一种形式）。只要有学习的积极性，采用什么方式是其次的，他总会寻求和自己相适应的学习方式。

老区农民：中国的市长有没有时间上网？像这个论坛，朱市长上过吗？

朱永新：这个问题就像中国市长有没有时间读书、中国市长有没有时间看电视一样，我觉得当然是有时间的。有效地利用时间本身就是一种管理的艺术，通过网络去进行沟通，去了解民情，本来就应该是市长工作的组成部分。事实上，我就通过网络发现过不少事情，比如说苏州有所中学学生通过网络给我发短消息，说我们学校补课，你管不管；有一所初中的家长给我发短消息说，我们的孩子回家太晚了，你管不管；苏北一位老师告诉我，他的年终工资是校长贷款来发的，你管不管……这些我都不仅看在眼里，同时也急在心里，当然会去管。事实上，每个人每天都可以挤出很多时间去做他想去做的、他应该去做的事情。人民网的论坛我当然上过，而且不止一次上过，不过我没有好好地发过言。

小力强国：您是如何与强国论坛结缘的？今天是您主动要求来的吗？

朱永新：人民网强国论坛曾经多次邀请我做嘉宾，但是由于时间的关系，始终未能如愿。但是我知道人民网是中国官方网站里办得最优秀的网站之一，我们的网友大志就是强国论坛的重要嘉宾，他经常向我推荐。这次到北京，人民网很早就跟我预约。当然我也非常乐意接受人民网的邀请，我也希望我们教育在线今后能够跟人民网进行更多的合作，为中国教育做更多的事情。

贪官污吏：网络教育的伟大意义是什么？

朱永新：我先给大家讲一个故事。我们教育在线网站去年6月18号开张，我们没有做任何广告，完全是口口相传，现在访问人次已经超过36万，注册会员超过7 000人，很多年轻教师在网络上成长。比如说，江苏盐城楼王乡一位小学老师，在上我们网站以前没有发表过一篇文章，但是他在教育在线注册以后，每天坚持在上面读帖、写帖、发帖，短短四个多月发表了20多篇文章，其中有一些在《文汇报》、《人民教育》、《中国教师报》等权威报刊上发表。他

说是网络给了他新的生命。苏州吴江金家坝中心小学有一位51岁的老教师，为了上我们的教育在线网站，从零开始学打字。我们看到很多年轻的教师，在网络上快乐地、健康地成长起来。现在我们已经凝聚了全国一大批优秀的教育才俊，我们这个网站本身已经成为中国教师的一个成长的摇篮，一个培训的基地。所以，如果说建立一个国家的教师培训网，把最好的教育理念通过这个网站去发布，把优秀的教师都凝聚在网络上，让老师一起来分享教育的智慧，让大家一起来分享教育的体验，那么，我相信我们的教育会更好。由此也可看出，网络教育具有伟大的意义。

新剑出： 朱副市长，那篇关于网吧的文章，是您写的吗？

朱永新： 当然是我写的。有一天我在检查网吧以后，当晚就写成了这篇文章，在《苏州日报》先发表，然后在上海的《教育发展研究》发表。后来为了准备两会的提案，也为了使这篇文章更加有深度，我邀请网友沈宏志先生——他是强国论坛的一个活跃人物，来帮我完善收集资料。这个文章主要的观点都是我的。

各位网友，还有5分钟时间，有很多问题还没有来得及回答。看来作为政府官员，应该更多地与大家进行沟通。我们苏州市政府有市长信箱，欢迎大家访问。大家有什么好的建议，也可以通过教育在线网站或苏州市政府的网站发给我。再见！

网络与参政议政

2004年3月12日
来　源：人民网

主持人：各位网友大家好！欢迎收看人民网强国论坛嘉宾访谈。今天我们请到的是全国政协常委、苏州市副市长朱永新。

朱永新：大家好！

主持人：今天我们跟大家交流的题目是网络参政议政，朱市长在利用互联网工作和参政议政方面有很多的看法和建议，先请朱市长跟网友讲两句。

朱永新：各位网友大家好，大家都是老朋友了，我们在网络上经常见面。网络是非常重要的媒体，特别是在现代社会，互联网已经走进了我们每个人的生活，同样走进了政治生活。利用互联网积极地参政议政我觉得是非常有益的尝试。去年我第一次走进了强国论坛，跟各位网友作了面对面的交流。同时我自己也有个网站——新教育在线，我们教育在线也有4万多名注册的网友，他们每天也都在参政议政，把他们所见所闻所思所感通过网络的方式跟大家交流和分享。从去年7月份开始，我就已经在我的教育在线上正式地开始征集两会的建议，叫“请为中国教育鼓与呼”，访问量很大，大家对教育有非常好的建议。这次两会有一些提案直接来自于强国论坛的建议。网络的确是一个参政议政的推进器，是中国政治文明的推进器，我觉得这个比喻是非常形象的。

主持人：在我的了解中，好像朱老师在新教育在线里，包括这次在强国论坛征集网民建议方面有很多的感慨。

朱永新：对。刚才讲到云南，事实上新教育在线在云南就有很多网友。像思茅地区的农村学校，我们就有一位叫罗明的网友，他就是用一根电话线，把一个学校12个孩子和整个城里的老师、城里的孩子联系在一起的，同时他们也把他们生存状态及时地反映出来。那个地方还很困难，因此我们给那里的孩子提供学费，没有图书我们就给他们捐赠图书。应该说通过网络，我们把各地现实的情况掌握得非常清楚。很多建议，是根据日常网络中大家反映的问题提炼出来的。这次我提出一个关于减少教育评估的建议，因为我每天都要上网，很多老师都在抱怨中小学包括大学里评估越来越多，越来越频繁，造成很多学校校长没有精力抓教学和抓学校的正常运作，造成很多学校做假账，造成了学校的负担，苦不堪言。于是这个意见就有了雏形，逐渐就在我头脑里清晰起来，然后就开始进一步收集素材。所以，我们的很多建议酝酿的过程就是从网络上收到信息，然后再提炼成建议，再放到网上去，网友们再帮你补充材料，补充完善，这样提案就日渐全面、完善。这次乙肝的提案，完全是人民网的网友提供的，后来我就到“肝胆相照”论坛找材料。因此说这些材料都不是我自己写的，都是从网友的原始材料里直接摘录出来，他们为我们参政议政提供了非常好的基础，也提供了非常好的平台。更重要的是我觉得网络有几个大的特点，这是其他方式参政议政所达不到的。第一，一般的网民，特别是强国论坛的网民，参政议政的意识比较强烈，因为强国论坛本来就是为国家献计献策的，能够使用网络的人往往是社会上比较活跃的人。第二，他们反映的意见往往更加真实，因为我们在生活中，比如说我们平时在一个固定的空间里，个人讲话要顾忌这个话说到什么程度，网民就不用想了，穿着马甲就进来了，尽管我们要对自己的言论负责任，但是他可以更加开放地表达自己的观点，高兴骂可以骂两句，高兴评论可以评论两句，这时不考虑任何利害的关系，这比近距离交往更有优势，也更加真实。网络可以更好地反映民意，比如说这次强国论坛有几次采访，其中一个是关于高考的，网友有那么多跟帖，包括电脑派位的问题，有多少人是反对电脑派位的，有多少人是支持的，实际上这种舆论的调查就能够直接反映民意。我觉得网络是非常好的参政议政的新的平台。

无名之贝：朱市长参加两会还坚持上网吗？

朱永新：我每天早晨在网上晨练，像人民网、新浪网我也观察。不止是我，像陕西省的常务副省长也是这样，说明这些领导干部都非常关注网络。全国人大的许嘉璐副委员长，他也经常上人民网、新华网，有一次新华网有一个我的报道，他马上就说写得非常好。除了许嘉璐副委员长，还有成思危主席。

网　友：问一个可能让朱市长有点尴尬的问题，您对苏州被称为“歧视之都”怎么看？

朱永新：我这次才刚刚知道，因为我以前并不了解乙肝携带者在全国有那么大的数量，人数有1.2亿，每十个人当中就有一个。同时我也不知道苏州被很多网友称为“歧视之都”，过去我收到过一两封信，也让有关部门去处理，我只把它当做是个别的案例，这次网友的很多建议让我很触动，我回去以后一定会推进这件事情，我希望苏州能够成为在全国比较早的为乙肝携带者开绿灯的城市，能够使他们在就业、升学方方面面享受正常公民的权益。大家也知道，苏州对艾滋病是全国第一个以城市的名义颁布条例的，只要我们意识到这个问题，苏州一定能把这件事情做好，这点我有信心。

网友：您对网络的前景怎么看，最终会引起上层的重视吗？

朱永新：我觉得今后网络在参政议政中，在两会代表委员中，用这个方式参政议政的人会越来越多。同时，从政府的角度来说，可能也会更好地加强跟代表、网民的沟通。事实上很多提案，我们提出来以后，会在网上公布，这次我把自己的提案公布出来，有些委员的提案没有公布。以后可以加大提案公布的力度，这样也有助于人民监督代表委员是不是在积极地参政议政，你提了什么提案，提了什么议案，你发表了什么言论，让我们也处于一个很严格的监督之下，同时也让办案部门处于监督之下，他们是怎么处理的，让老百姓知道哪个部门认真、哪个部门不认真，这样让政府的部门、让“两会”的代表委员都处在一个被公众监督的状态，我相信会更好地增强我们的使命感、责任感，为做好反映民意、为做好参政议政起更大的作用。

网友：请问朱委员，我曾经在这里提出一个关于中国必须正规化博士教育制度的议题，不知您有何高见？

朱永新：这次两会代表委员也对中国的硕士生、博士生的培养提出了很多好的建议和设想，大家觉得现在在硕士、博士的培养过程中注重圈养的方式、批量生产的方式。的确我们在这样新的时代，随着整个高等教育体制的改革，可能研究生的培养制度是要发生一些变革，怎么样提高我们的培养质量，特别是高层次人才的培养质量，硕士生、博士生的培养质量，我觉得需要一个很系统、很深刻的变革。其中最重要的是高级人才的培养怎么样更好地面向生活、面向经济建设主战场的问题。现在我们都是关起门来做学问，和生活离得太远。同时要研究怎么样加强规范，就是到底什么样的人可以带研究生，一个人可以带多少研究生。事实上我们知道研究生的培养有很多模式，国外有一些名教授，他的模式是一个大团队，几十个人。

主持人：这位网友其实对我们的博士教育有一个评估，有他自己的看法，觉得我们的博士教育还不够正规，周期太短，粗制滥造，已经造成对中国教育形象的损害。

朱永新：一般来说，课程培养博士在国外不是一个很普遍的形式，课程培养的方式硕士比较多。国外的博士生管导师都叫老板，他们拿到基金到企业、到政府机构做研究，然后就是一个团队大家一起来做，所以也根据研究的需要来决定学生的多少，而且所有的费用都是导师提供。我们现在费用都是政府提供，这种方式要改变。当然，我们国家的科研制度也要进行改革，否则绝大多数导师如果被动了，培养就有困难了。教育部也在积极地研究改进培训研究生的方式，包括收费制度等等，我相信今后几年会有比较大的变革。

网络世俗：朱市长，您认为保护1.2亿乙肝携带者权益的提案会得到重视吗？很感谢您，请您对提案办理情况作一个预测。

朱永新：我是乐观的，第一，“三个代表”指导思想是我们党、我们政府工作的基本出发点，其中包括代表了1.2亿人阶层的利益。第二，这次两会不是我一个人关注这个问题，实际上有相当一批两会的代表、委员，包括媒体，也都在积极地关注这个群体。第三，我们国家如果真正重视了，我在提案里提出来真正要像重视SARS一样，像重视艾滋病、重视有关的传染疾病一样，国家有专门的投入，这样不仅仅是解决他们的就业歧视问题。我觉得要从根本上抓，能够为恢复他们的健康、攻克乙肝作研究，这样我们对全世界都是贡献，因为我们国家乙肝携带者最多。

无名之贝：嘉宾和政协委员都应该向网友公开自己的电邮地址。

朱永新：昨天我收到一个网友的来信，他提出要建议建立中国的航空节，把杨立伟上天这一天作为航空节。还有网友寄来一些其他方面的建议，我能够转的就及时提交给有关部门处理。实际上我的网站已经公开了，当然，要让每个人都公开也有难度，因为有一些人，或者有一些事务非常忙碌的时候不一定有那么多时间处理，我觉得既然公开了，就应该给大家一个交代。

网友：请问朱老师，这次两会有多少委员提案保障弱势群体的合法权益呢？

朱永新：具体的数量我不知道，但是我觉得这次两会最大的特点，从总理的报告，到代表委员的呼声，关注弱势群体、关注农村农民的利益、关注西部地区，包括关注乙肝携带者的利益，似乎成了大家的共识，大家都把关注弱势群体作为自己的使命，这是今年两会最显著的特点。《政府工作报告》，讲到农民的问题，讲到五年取消农业税，都响起了长时间的掌声，说明了委员非常关注弱势群体。

鱼缸里的鱼：您认为录取研究生英语水平真的那么重要吗？

朱永新：外语教学的问题，现在已经成为大家共同关注的问题，这涉及我们整个国家基础教育课程结构问题、课程内容改革的问题。我也认为，我们国家知识教育的课程，把外语作为一门必修课，在城市里差不多从一年级就开始学，在农村三四年级就开始学，我也持保留意见，包括我们的数理程度太深，很多人可能一辈子都用不上这些东西。因此，我觉得可能需要分类指导。实际上整个课程，比如说数理，程度比较高一点的，对今后从事科学研究的、从事对外交流的学生作为必修的课程，其他的学生就学一般的课程就行了，外语也是这样。现在让所有的人都去学，这就带来一些问题，就是你没学这些东西，你以后评职称需要不需要外语？考研究生需要不需要外语？我觉得不能把这个作为死框框，现在有一些非常有才华的人就卡在外语上，包括我的研究生，他某些方面的能力非常强，但是就是因为外语，让他站在研究生的门外。但是有些人说开了这个口子腐败就来了，实际上没有关系，只要加强监督就可以了，是怎么完善制度的问题。

主持人：据我了解，有一位在网络媒体研究方面非常有影响的学者，就是因为外语，连个正研究员都拿不到，只是副研究员，外语过不了关只能是副研究员。

朱永新：我们做事情要么就一刀切，要么就一窝蜂，这是个问题。

谁来说真话：电视媒体和网络媒体这两种方式，嘉宾认为哪种影响力更大？尤其在我们的社会生活参政议政方面。

朱永新：我觉得很难绝对地说哪个媒体的影响更大，因为电视媒体、网络媒体，包括其他的平面媒体，各有各的优势。电视媒体，通过娱乐的方式，通过情感融入的方式，可能对人的影响就会比较大。网络媒体，它的及时性、迅速反映的能力、互动的能力就比较大。电视媒体是无法互动的，网络可以及时地互动。平面媒体不受工具、不受时间的影响，一本书可以放在口袋里，一分钟、两分钟都可以看。所以，我觉得各种媒体各有各的优势。

鱼缸里的鱼：请问朱老师，有没有认识到网络参政议政的局限性？因为网络使用者在中国还是少数。

朱永新：就像前面的问题一样，任何的媒体、任何的平台都有它的局限性，我们代表委员参政议政也不完全仅仅通过网络，还可以通过在日常生活中跟老百姓直接的沟通，关注各种媒体，还包括自我的学习。我觉得每一种方式都有它自己的局限性。我们要尽可能利用每一种媒体的优点做好我们的参政议政工作。

三关：中国应该怎样建设世界一流大学？何日能大把大把地拿到诺贝尔奖？有长远战略的提案吗？

朱永新：我认为中国建一流大学还有很长的路要走。第一，我们要分析一下世界一流大学到底有一些什么最基本的特征。大学非大楼之谓，大学乃大师之谓。怎么样把一流的学者请到我们大学来，这是最关键的问题。香港的科技大学从成立到现在不到20年的历史，它在亚洲已经排名在北大、清华之前。香港大学拿到了很多人才的奖项，这和他们的策划有关系。我们要考虑，国家能不能不要办那么多的大学，教育部就管着76所大学，其中有20个是部级的大学，江苏省公立大学就有90所，因此国家的钱分散了。与其办那么多大学，不如集中财力集中办几所大学。现在我们的经费投入相差太远，尤其是聘请高级人才的经费，看着经费不少，但是到了大学里平均主义的现象非常突出。我们这样的国家还是以学科建设为龙头，而不是以学校建设为龙头。包括“211”建设和很多建设，都应该以学科建设为中心，而不应该以学校建设为中心。第二，一流大学应该招到一流的学生，这次提案中我就说，一流大学能不能招到一流的学生。北大、清华在各地招生每个地区有不同的分数线，相差很大。因此，我认为要在全世界范围内招最好的学生，像哈佛也好、牛津也好，世界上最著名的大学都是在世界范围内考虑他们的学生和老师，这是办一流大学的关键。第三，让大学更多地面向市场，更多地引入市场机制进入高校，加强大学的紧迫感、责任感。这样我们的一流大学才有戏。而且现在我们所有的大学都给自己定位成研究型大学，昨天中国人民大学的校长也讲这个问题，都把自己这样定位，那不可能。所以，我们还要实事求是地给学校定位，也应该给每个学校的重点学科的建设有个定位，能不能排出一批在今后若干年内有希望赶超世界一流的学科，先不要谈大学，学科上去了，学校自然就上去了。应该以这个为重心、为龙头带动世界一流大学的建设。

主持人：朱市长已经来过强国论坛多次了，您在回去以后，是不是还会继续关注强国论坛？

朱永新：可以这么说，我和强国论坛的感情越来越深，从去年开始，我经常通过强国论坛和大家进行交流，这也让我越来越多地了解网民。过去新教育在线我上得比较多，因为那是我创办的网站，我要将我的热情和智慧付诸于此，而且那边注册了 4 万多网友，绝大部分都是非常优秀的，每个网友都有一段感人的故事。强国论坛的网友有的也是我们的网友，像“大志”，他经常把强国论坛好的帖子转到我们教育在线上，有时候也把教育在线好的帖子转到强国论坛上，他担当了互动的角色。希望今后更多的网友担当互动的角色。当然，作为我来说，我还是希望把自己定位为关注教育为主的政协委员，因为我觉得我的研究、我的兴趣、我的工作都是和教育有关，我不可能对所有的问题都有发言权，都能够讲得头头是道，所以我每次到强国论坛来非常紧张，因为我不可能把所有的问题回答得让大家满意。

主持人：今天的视频访谈就告一段落。希望我们强国论坛能够在各位委员和网友之间架起一座畅通的桥梁，在我们中国的发展上能够起到一定的作用。谢谢各位网友的参与。再见。

2005，我们说什么？

2005年2月23日
媒　体：人民网

朱永新： 各位网友大家好，非常高兴再次在人民网强国论坛和大家见面。一年来我一直关注着强国论坛，关注着网友们对中国的社会发展和改革的一些意见，尤其是关于中国教育改革与发展的意见和建议。

网　友： 朱委员，请问您今年准备了哪些提案？

朱永新： 是这样的，一般来说我的提案主要集中在教育领域，因为相对来说我对教育比较熟悉，对其他领域有时候不是很了解，我觉得还是要把主要精力集中在教育方面，去年有10个关于教育的问题，今年还要继续关注教育。第一个问题是关于在全国推进全民读书活动的建议，去年我提了关于读书的问题，今年我再次提出关于读书的问题，这也成为非常严重的问题。经过抽样调查，全民阅读2004年比2003年下降了2.5个百分点，比1999年下降了8.7个百分点，这是非常严重的。我还提出了关于修改综合实力百强县考核指标中的教育指标的建议，里面有一些指标，每万人的中小学生的人数，用多少来衡量不太合适。我们也提出在农村实行免费义务教育的建议，农村免费义务教育提了很多年，但是一直没有实施，事实上从国家财政的情况来说应该是能够做得到的，而且对农民来说减少支出就意味着增加收入，所以说这项工作我们也要提到日程上来。我们还提出关于中国教育决策的科学化水平进一步提高的问题，重大的教育政策倾听老百姓的意见还不够，广泛征求专家意见还不够，我想应该进一步加强决策的科学化。同时我们还提出对高考制度进行一些改革的建议，高考制度去年也呼吁过，今年再次呼吁，高考已经成为中国教育改革的瓶颈，也成为制约中国教育发展的一个问题。同时我们提出怎么样进一步加强大学生思想政治教育的问题，因为中共中央国务院《关于进一步加强和改进大学生思想政治教育的意见》出台后，我们的力度还不是很大，我们应该有更加实用、操作性更强的办法来加强和改进大学生的教育。另外，还有制定《学校法》的建议，现在有《义务教育法》和《教师法》，还不够，还应该有《学校法》来规范学校的利益和相关主体，这些问题还是需要进一步探讨的。总之，今年准备了十个左右的关于教育的提案。当然如果网友有好的建议和提案，我还会进一步关注的。在去年两会期间，我曾经提过一个关于保障乙肝携带者权益问题的提案。这个提案就是通过人民网征集来的，应该说这个提案受到广泛的重视，最近人事部出台的条例已经明确解决了乙肝携带者权益问题，这个提案还是为维护乙肝携带者的权益起了很重要的作用。

吴白丁：您怎么看中国民间舆论监督？

朱永新：民间舆论的监督是我们国家政治监督的一个组成部分，事实上很多的问题必须依靠老百姓，依靠民间，依靠舆论，像我们的强国论坛和其他的网站就是民间舆论监督的形式。

天上的鸟看得远：嘉宾您好，请您提议全国人大代表和政协委员都要在网上公布其电子邮件地址和办公室电话号码。

朱永新：目前来说全国人大代表和政协委员绝大部分都是兼职的，他们都有自己繁重的本职工作，我最重要的工作是为苏州的老百姓和纳税人服务，大量的网络上的电子邮件和电话在一定程度上会影响我的工作。我们国家已经有一些想法，就是有一部分常任的人大代表和政协委员公布电子邮件地址和办公室电话。就我来说我办公室的电话和电子邮箱是向社会公开的，可以获得很多的信息，对我的工作本身也起到了很大的作用。

田小红：朱市长，作为一个最普通不过的老百姓，为您能够在网络上倾听民意感到佩服。我说说我的想法：住房、医疗、教育和就业，这四件大事都跟每个老百姓的利益紧紧联系在一起，无法分割。教育直接关系人的生存与发展的问题，而住房与就业则关系到人的安居乐业的问题。请问您是怎么看待这一问题的？

朱永新：的确这四个问题是涉及每一个老百姓的切身利益的问题。作为政府来说，要尽最大的可能解决好老百姓的问题。政府的职能应该是充分地利用好纳税人的钱，为他们提供最基本的、公平的公共服务产品，尤其是医疗和教育，应该保障老百姓得到最基本的医疗条件和教育服务。从住房来说，应该尽可能做到居者有其屋；从就业的角度来说，应该尽可能增加就业的机会。但是我们知道，相对来说，我们国家目前公共服务提供的能力还不是很

够。另外在具体的工作中，往往看重锦上添花，忽视了雪中送炭。学校和学校之间教育水平相差很大，医疗服务的费用很高，这些都是在今后的工作中必须加以改进的。

毕晓宇： 基础教育的弊病应该怎么解决？

朱永新： 基础教育的问题很多，最大的问题我觉得是两个，一个是均衡化，区域之间、重点校和非重点校之间、农村和城市之间，基础教育的水平相差太大。我们主张尽可能要缩短他们的差距，使基础教育往均衡化的方向去发展。第二个是教师、学生的压力很大，由于中考、高考的压力使得学生的压力太重，起得最早的是他们，睡得最晚的是他们，健康得不到保证，精神负担也很重。我认为基础教育主要是这两个问题。

亿万年不动摇： 去年的提案，有几件落实了的？有几件得到答复的？

朱永新： 去年每个提案都得到了答复，有一部分提案得到了非常好的落实。比如说我们刚才提到的关于保障乙肝携带者权益的问题，现在人事部正式通过的公务员的体检办法已经解决了这个问题。再比如说，我去年提出的应该把教材纳入国家优秀图书的评审的建议也基本上得到了落实。

屋脊六霸： 您说要提“全民读书”，但是书价昂贵，如何解决？

朱永新： 全民读书活动是最近这些年来世界上各个国家都在努力推进的活动。比如说日本把2000年作为儿童阅读年，政府拨款来资助民间团体举办儿童讲故事的活动，同时拨款充实学校和图书馆的藏书。英国1999年政府专门拨款1亿1 500万英镑来购书。美国的几任总统都把全民读书作为很重要的工作，克林顿提出“美国阅读挑战运动”，布什提出“阅读优先方案”。只要国家重视，我觉得读书活动是可以推进的。

占星家： 嘉宾，学者从政利弊何在？

朱永新： 学者从政总体上说还是利大于弊。我们的政治体制从过去的职业政治的体制过渡到让更多的学者、更多的专家进入政治领域，这样可以更加理性地执政，因为相对来说，专家看得比较多，见识比较广，对国外的情况掌握得比较清楚，也比较尊重科学、尊重规律、尊重人才。它的弊有两个，一是一部分学者从政的经验不是很丰富，在处理问题的果断性等方面往往会有一定的缺陷。二是有部分学者从事的专业和他所从政的分管工作相去甚远，在这个时候如果他再去做专业，可能精力达不到。网友“换汤不换药”问我作为副市长是怎么做好政协委员的，对我来说，我分管的是教育，我从事的专业也是教育，还没有过多地感受到二者之间的冲突，我对教育问题的分析有助于我从事教育管理工作。所以说利弊权衡，我觉得总体上还是利大于弊。当然，弊的问题还是要克服的，第一，对学者来说，从政的经验要逐步丰富起来，也要从基层逐步干起。第二，我们建议他所从事的专业和所分管的工作有矛盾的时候，还是应该舍弃专业，或者说就不要从政了，二者关系处理不好时，要有选择。对我来说，副市长的角色和政协委员的角色表面上有些冲突，政协委员就是提批评和建议，参政议政，副市长的工作就是怎么样能够让政协委员少批评，怎么样积极吸取政协委员的建议。当然我不是同级的政协委员和副市长，副市长是在苏州市，政协委员是在全国的。

余LE：朱委员、朱市长、朱教授，你能够同时胜任多个角色的工作吗？为什么不专心致志地搞一项工作？

朱永新：这个有很多人问过我，我前面也回答过这个问题。对我来说三个角色是整合在一起的，是教育将其整合的。作为教授，我在大学里带博士生和研究生，我尽可能地让他们研究市政的问题。比如我有一个学生研究开发区的问题，还有一个学生研究外来农民工子女的问题，这些问题对我的决策起了很大的作用，在一定意义上他们是不拿报酬的市长助理或者市长秘书。这次我的提案很多都有我的博士生和硕士生来参与，我们共同讨论，由他们来执笔完成。作为市长，我把大家提的好的建议和想法在行政中执行。三者通过教育的整合融为一体。

杨阳阳：部分中小学仍在周六、周日补课，并将补课费改称“集体家教费”。教育虽然实行一费制，但聪明的老师还是想出很多点子来变着花样收钱。

朱永新：这个网友说的情况我觉得是教育乱收费的表现，根据教育部的规定，在星期六、星期天是不允许进行补课的，即使有针对学习比较薄弱的孩子补课，也不允许收取补课费。补课是教育部明令禁止的，如果有这样的情况，可以向当地教育主管部门举报。

黄河谣：很想听听您对直选校长的看法。

朱永新：校长由本校的教职工选举产生，可以进行这方面的尝试，这也是现代学校制度建立的非常重要的问题。这次会议上我们也提出建立现代学校和设立《学校法》，《学校法》应该规定校长的权利和义务、任职条件、选任的方法、评价考核的依据。

我爱小浪底：您如何评价牛玉儒市长？

朱永新：牛玉儒市长是中国很多优秀市长的缩影和代表。作为我来说，当然应该以他为榜样。在中国的很多城市，包括苏州周边的很多城市，市长当然不一定完全达到牛玉儒那样的高度，但是他们都是非常勤勉的，工作非常努力的。在今后的工作中我们还要进一步地向牛玉儒市长学习。

海鸥86：嘉宾，高校里面，一个博导带十几个甚至几十个研究生，难道这不是另一种形式的“大跃进”吗？

朱永新：博士生导师带多少博士生的问题，事实上在很大程度上取决于这个博士生导师有没有重大的科研课题。如果有这方面的课题，我觉得他需要一个团队来做，十个可能还不够，要一个团队来进行攻关。反过来说，有一些博士生导师一个课题都没有，就不应该让他带研究生，或者说他就没有条件带研究生。所以说研究生带多带少，应该是取决于有没有比较好的科研课题。

云南罗义：农民工子女教育问题如何解决？

朱永新：农民工子女教育的问题是一个非常重要的问题，现在国家已经明确规定以流入地为主来解决。现在全国各个地方的力度不一样，关键是解决好教育评价。也就是说，对一个区域的教育水准的评价，如果把农民工子女教育问题作为一个评价标准，那么就会得到当地政府的重视。这里面还有一个隐性的问题，全国所有城市里面农民工的人数是不一样的，苏州是300万人，在全国来说是比较多的，完全靠政府的财政解决这个问题可能也有一定的难度，甚至于会造成新的教育移民现象，因此需要国家综合地来解决农民工子女教育的问题，比如说它的每个个体的教育经费是不是以“教育券”的形式发给农民工，他可以到其他的地方去就学。我们对农民工也不能一概而论，也要有相对稳定的办法，有最基本的条件作为评价的标准。

云南罗义：我发了两篇教育论文，请指教。

朱永新：我还没有看到。不过我看过你的关于农民子女教育问题的文章，还是很有想法的。

黎莘：今年的两会你会建议实行免费义务教育吗？

朱永新：我当然会，这个提案已经写好了。我觉得应该从农村开始做起，一下子在全国所有地区全面推广有一些难度，但是我们提出对城市的低收入家庭、贫困家庭可以参照农村的免费义务教育来实施。

功云：教育产业化最直接的影响是使大量的不富裕百姓丧失了受教育的机会，它造成了民族的巨大损失。

朱永新：我们知道教育有产业的部分，也有非产业的部分。比如说，我们的基础教育当然不可能是一个产业，但是像盈利性的民办教育，像教育出版、教育音像以及一些盈利性的教育机构当然是产业，所以我觉得不能一概而论说教育不能产业化，盈利性的教育机构，它做它的教育产业没有什么不好。当然对于基础教育，我们不应该把它作为产业来看。这样说来，像我们很多名校办民校就不太合理。

多情鹰笑我：苏州是中国最美丽的城市之一，希望市长能够把它建设成为中国最廉洁公正的都市。好像苏州和新加坡是友好城市，而以前也有苏州百官共廉的神话，希望苏州能吸取新加坡的廉政经验，让苏州不仅仅是中国最美丽的风景，也成为亲民爱民为民的天堂。

朱永新：苏州是一个美丽的城市，当然我们希望她成为廉洁的城市，不是靠我一个人，而是靠我们全体的领导干部和全体的市民，更重要的是靠一个好的制度、好的监督，当然也靠我们有好的素质。我们应该往这个方向去努力。

三江雪浪：今年高等学校毕业生有350万，加上历年尚未就业的毕业生，总计超过500万，能安排工作吗？

朱永新：去年两会期间，我曾经就大学生就业的问题写过一个提案。我个人认为，目前大学生就业的问题主要是一个结构性的矛盾，也就是说，一个方面很多大学生找不到工作，另一方面很多地区没有大学生去工作。比如说，很多农村，包括西部地区、边远地区就非常需要大学生去工作；再比如说企业，尤其是一些技术性比较强的企业，非常需要大学生去工作，大学生学的专业不是非常匹配，因为大学总体上来说还是计划经济的体制，专业设置还很难完全地针对市场。另外，有相当多的大学生不愿意到农村、到艰苦的地区去工作。这是一个问题的两个方面。一方面我们各级政府要进一步重视大学毕业生的就业问题，另一方面，我们的大学生也应该改变自己的观念。

天黑黑：您发表的论文有200多篇，花了多长时间？有没有滥竽充数的？

朱永新：人民网的很多网友都很直率。这些论文大部分都是我在大学做老师期间写的。二十多年的大学老师，应该说发表200篇论文，这个数量也并不是太多。我不能说每一篇文章都是精品，但是大部分的文章我是比较用心的，如果有时间大家可以去看一看，去年9月人民教育出版社出版了我的教育文集《朱永新教育文集》，当然，其中有少部分是我和学生们合作的。

风火轮： 请您谈一下网络在参政议政中的作用。

朱永新： 网络参政议政是我2004年3月在强国论坛做的一个主题，我觉得网络已经成为参政议政的一个非常重要的管道。像我从去年两会以后，2004年3月份回到苏州，就在我们的教育在线网站上发了一个主题帖《2005，我们说什么？》，先后有一万多名教师访问这个主题，有800多个回帖。我把它整理出来，昨天已经发到人民网的强国论坛，这在很大程度上反映了教师所关注的问题。比如说教师自己的问题、学校管理的问题、教育经费的问题、学生的问题，这些问题都是来自于一线的，来自于民间的，我对于教育问题的很多认识和直觉、感觉就来自于网络。每天早晨我都会在我们的教育在线上和老师们进行在线交流。网络让我不仅关注宏观的教育问题，也让我对苏州的很多具体问题有了更深入的认识，很多老师、家长和学生通过网络向我反映问题。这个对我参政议政，包括做好政府的工作都有非常重要的作用。

风火轮： 朱市长，根据您了解的情况，通过网络参政议政的委员，尤其是有自己网站的委员多不多？

朱永新： 目前来说还不是太多。前一段时间做客强国论坛的周洪宇代表有自己的网站，别的还没有听说有。

屋大惟： 今年您主持的教育在线还准备做哪些沟通方面的工作？

朱永新： 最近福建教育出版社出版了一本书《发生在教育在线的故事》，这是作为新教育文库的一部分内容来出版的。这个文库很重要的一部分就是反映教育在线的内容，其他的书也是网友的作品，我们的网站为教师的成长搭建了一个平台，有很多年轻的教师就是在网络上成长起来的。同时它也是一个非常好的管道，通过它来了解民意、了解一线老师的呼声。我们计划今年7月份在成都召开一次新教育实验研讨会和网友会，来进一步倾听网友对中国教育问题的意见。

屋大惟： 教育在线的网友有多少是苏州市以外的，或者江苏省以外的？

朱永新： 大部分都是苏州市以外的，因为这是全国性的网站。我会再发一个主题帖《2006，我们说什么？》，再次征求大家对中国教育和教育改革的意见。

网　友：在北京政协会上，中国人民大学的教授张惟英委员提出北京要设立人口准入制，您怎么看？

朱永新：我们知道，像北京、上海这样的大都市，包括我们苏州，从长远发展来看应该推行劳动力准入制度，这是提升城市品质的一个很重要的关键。每一个行业都需要经过培训和训练，都需要有一定的职业技能的人来从事相应的工作，劳动力就业准入制度的设置有很大的好处，第一，它会提高劳动者的素质，因为他经过训练和培训，这种培训不仅是技能培训，也包括品质的提升，包括思想道德的教育，包括城市生活的教育，这样那些从农村到城市工作的人就能接受最基本的训练。第二，会在很大程度上提高劳动生产力，因为经过就业训练的人，他对生产的流程和工艺相对来说比较熟悉，劳动的质量会进一步地提升，所以我是赞成在城市的不同行业逐步推进劳动力就业的准入制度的。

网　友：您准备在今年提出免费义务教育，今年农村全面实行免除农业税，在免除农业税之后，教育经费的投入主体应该落实到哪一级？如何筹措教育经费？

朱永新：农村的免费义务教育的主体我觉得应该是国家财政和省级财政，因为从目前的情况来看，县级财政对这个问题的投入差不多到了极限，很多县里教育的支出占财政总支出的比例超过了60%到70%，所以我觉得投入主体应该以国家财政和省级财政为主。

非常感谢各位网友今天和我交流，同时也非常抱歉，有大量的问题没有时间来回答。我想有两个方案可以弥补，第一个方案，我们继续通过强国论坛来征集提案，我希望提案中除了问题以外，最好能够有比较具体的建议和方案，因为现在距离两会的时间已经很短，25号我就会到北京参加常委会，所以大家最好提比较现成的建议，当然有一些问题我会放到明年作具体的反映。同时欢迎大家到我们的网站教育在线来讨论和交流，我的邮箱已经在《2005，我们说什么?》这个帖子里面有了，大家也可以通过邮箱和我联络。我们相信，只要大家一起努力，我们中国的民主政治的建设会更加健全，大家提出的很多问题也会逐步得到解决。最后给大家拜个晚年，祝大家新春愉快！

2006，我们说什么？

2006年3月1日
媒　体：人民网

朱永新： 各位网友大家好。非常感谢大家投票，推荐我成为去年人民网“强国论坛十大嘉宾”。我也是大家的老朋友了。大家有什么问题尽管提出来，我们一起探讨。有些问题我会带到“两会”，向有关部门反映和建议。

政协委员的使命是建言献策，参政议政

强国无民： 请问嘉宾，政协委员的使命是什么？

朱永新： 政协委员的使命主要是建言献策，参政议政，做好沟通人民群众和政府之间的桥梁。

说了不算算了不说： 请问嘉宾，政协委员的身份是职务还是荣誉？委员提案有任务指标吗？

朱永新： 政协委员当然没有任务指标，没有规定你一定要写多少提案。但是事实上委员们的参政议政热情还是很高，每年大概有4 000多个提案。这些提案办理大概也有很大的工作量，所以我这一次在常委会上曾经提出建议，希望要加强政协专门委员会的作用。在这4 000多个提案中，每年选择一些有宏观价值、比较重要的提案，进行重点的跟踪和监督，使提案的办理能够更加有成效。

云水心： 嘉宾，你认为作为一个政协委员应具备的最基本的原则和素质是什么？

朱永新： 我觉得作为政协委员，最重要的是他应该代表人民群众的最根本的利益；他能够反映民意，关心群众的疾苦，这是代表的一个最重要的素质。其次他应该有智慧。他应有比较广阔的视野，他能够提出解决问题的方法，能够帮助政府更好地发现问题和解决问题。做好人民群众和政府之间的桥梁，是一个政协委员的最重要的角色。

亚利山大：您这一年来是怎么履行政协委员职能的，都做了哪些工作？

朱永新：这一年来和前面几年一样。

第一，我积极参与一些调查研究工作，通过走访学校、走访一线的老师，通过网络了解民计民生，了解一线老师的真实的想法，为做好提案工作作好准备。

第二，积极参加党派中央和地方组织的各种活动，包括会议、论坛、讨论，为参政议政建言献策。

第三，认真地准备“两会”的提案和大会发言，了解社情民意，把一年的参政议政的成果带到“两会”上来，集中呈现。

今年提案重点在社会主义新农村建设

中国钓鱼岛：市长同志，您今年带来什么提案？给大家说说。

朱永新：今年我和以往一样还是带来了一些以教育为主的提案，其中很多都是通过网络征集的，也有一些是和我的博士生、研究团队共同研究的。主要的提案目前已经有16个：

1. 关于启动农村教师培养国家行动计划的建议。
2. 关于设立“国家阅读节”的再建议。
3. 关于公务员考试取消学历门槛的建议。
4. 关于大力推进教科书循环使用的建议。
5. 关于全面解决代课教师问题的建议。
6. 关于严格控制大学建设新校区的建设。
7. 关于改革职称外语考试的建议。
8. 关于建设中小学职业生涯教育课程体系的建议。
9. 关于在我国城市设立社区图书馆的建议。
10. 关于依法解决中小学择校问题的建议。
11. 关于实施“现代农民教育工程”的建议。
12. 关于修改《献血法》部分条款的建议。
13. 关于建立健全农民工社会保险制度的建议。
14. 关于促进《中华人民共和国心理咨询师与心理治疗师法》的立法及规范我国心理治疗和心理咨询行业的建议。
15. 关于规范乙肝标志物检测的建议。

16. 关于把“十二生肖”列为中国文化遗产的建议。

云水心： 全国政协常委，苏州市副市长，博士生导师，您认为自己最适合哪个角色？

朱永新： 我觉得这些角色对我来说并不矛盾，而且都通过教育把这些整合起来了。他们之间相辅相成，要让我作一个选择，可能也是比较难的一件事情。我认为可能我教授会做得最好，因为相对来说，教授的空间最大，自由度最大。从目前的情况来说，作为教授，我的研究团队，我的博士生，事实上已经成为政府工作的助手。我们的很多工作包括这次我们交的提案，有一些是博士生帮助共同完成的。他们对我的政府工作和政协常委的工作起了很大的支持作用。从政府的角度来说，我会发现一些其他的学者可能难以发现的问题，宏观上的问题、制度上的问题、执行上的问题，同时，我也能够做成其他学者难以做成的事情。当然，是利用人民赋予我的权利来做成一些事情。比如，在市委的领导下，我们苏州率先推进免费义务教育，我们把政协的提案，在苏州变成了现实。这些都让我非常有成就感。所以我觉得人一生做一些自己想做的事情，做一些对老百姓有益的事情，是最大的幸福。

千重山： 朱委员，你的网站地址是什么？我立即拜访。

朱永新： 我们的网站地址：www. eduol. cn，欢迎你来访问，来讨论教育问题。

千重山： 朱委员，能讲讲你今年提案的要点吗？比以往有什么创新？

朱永新： 今年的提案重点实际上在很大程度上是围绕社会主义新农村建设展开的。

第一，就是关于启动农村教师培养国家行动计划。因为新农村建设的关键还是教育问题，现在农民的素质、未来农民的素质都和教育紧密地联系着。现在农村基层的优秀教师非常短缺，好教师都流到城里去了，怎么样稳定农村的教师，现在非常重要。我认为，应该启动国家行动计划，由国家出资，定向培养学生进入中国的优秀师范大学，免费入学，并且提供生活费用。毕业以后，到农村、到国家指定的边远地区义务工作一定的时间，然后国家优先在其中免费保送研究生、推荐出国进修、挑选公务员。用一系列优惠的政策，鼓励优秀的高中生报考师范院校，鼓励优秀的人才做教师。

另外，还有教科书循环使用的问题。现在我们国家的教科书使用量非常大，每年差不多要砍 900 万棵大树才能满足我们国家中小学教材的需要。很多教材使用频率非常低，比如说艺术类教材、体育类教材，所以我们主张国家应该大力地、强制地推动教材的循环使用。

我觉得这样的一些问题都是比较重要的问题。

江苏电视台记者：我们很关心今年您会提什么样的提案，特别是刚才我听您讲，提了一个关于启动农村教师培养计划的提案。您为什么提出这样一个提案？背后的意义是什么？能够对我们改善目前农村义务教育的现状有什么样的帮助？

朱永新：去年两会我们提出了免费义务教育的提案，受到了国家的重视。国家已经宣布用两年时间推进免费义务教育问题。免费义务教育推进以后，孩子们有机会上学了，但是孩子们能不能得到高质量的教育，能不能和城里的孩子享受同样的教育，在很大程度上取决于教师。现在农村一线的老师流失率比较高，很多都流到了城市，流到了东部，这样一来，一线的老师很可能是素质不完全过硬的教师，这在很大程度上也影响了农村的教育质量。所以我们提出国家培养行动计划，让最优秀的大学生报考师范大学，让最优秀的教师留在农村，这样我们就提高了教师水准。陕西有一个老师叫李晓锋，一个村子，就他一个老师，100 元钱的收入，他想放弃到城里打工，然后村里的人到城里去找他，希望他回去教孩子。这样的事情，也是别人给我反映的，我们帮助了他。但能得到帮助的老师毕竟是少数，所以我觉得农村教师由国家培养，可以在很大程度上改进农村教育的现状，提升农村教育的程度。

网络是我搜集民意的一个重要的渠道

江苏电视台记者：您平时在网上搜集群众的意见，对您写提案有没有什么帮助？您平时是不是经常使用网络的方式收集信息？

朱永新：现在网络已经成为我生活的一个组成部分，无论是作为政协委员、作为副市长，还是作为研究者，我多数的决策都需要网络。作为一个政协委员来说，网络当然是我搜集民意的一个重要的渠道，每天早晨我起来以后的第一件事情就是上网，大约每天一个小时左右，每年的两会一结束，我就会做一个关于征集提案的专题。比如 2005 年就是《2005 年，我们说什么?》，2006 年就是《2006，我们说什么?》，然后征集意见。同时网络也是我作为一个政府官员了解情况的非常重要的渠道。很多老师通过网络给我反映意见。比如今年，常熟农村教师通过网络给我反映，常熟的农村教师和城市教师待遇差距比较大，很多老师在网络上跟我反映，我找常熟的领导反映，怎么提高农村的教师待遇，今年就为农村教师增加了两千元奖金，大大缩小了城市和农村教师的差距。

作为一个学者，发现教育灵感是一个非常重要的渠道。通过网络，我和一线的老师走得非常近。可能我是中国学者领域和一线的老师在网上贴得最近的一个。每天早晨我都能够通过网络听到一线老师呼吸的声音、说话的声音，在这个过程中，我和他们分享他们的酸甜苦辣，跟老师同呼吸共命运，所以我觉得网络已经成为我研究、参政议政工作非常重要的组成部分。

江苏电视台记者：作为全国政协委员，您觉得是网络给您提供了一个最大范围内接触民众的机会和听取他们意见的渠道吗？

朱永新：应该说是这样。因为人的精力总是有限的，你要亲力亲为发现问题，只能是你周围的事、周围的人，作为全国政协委员，你关注的不能仅仅是苏州，应该是国家大部分的地方，最有意义的事情。网络对我来说，起着放大我的眼睛、放大我的听力的作用。

云水心：嘉宾，你身边没有普通老百姓吗？为什么要网上征集民意？哗众取宠吗？

朱永新：“我身边当然有很多老百姓，因为我自己也是个普通老百姓。当然，身边的老百姓只是一个群体，网络作为一个跨越时空的特殊的形式，能够让你听到更多的声音，能够听到更多的各种群体的声音。网络是现代社会的一个重要媒体。它能够给政协委员提供更多的信息，也能够给政协委员提供更多的智慧。事实上，网络不仅在参政议政上，在日常生活中也给我们很多的便利。我们的教育在线网站，就让我和全国一线的老师能够走得非常之近，我每天都可以聆听到他们的声音。这样至少我听到的声音和信息会更加全面，是跨越地区的。网上征集民意是我最近几年来一直在做的，它的最大的优势是集中性、快捷性、广泛性。我觉得不存在哗众取宠的问题，只要你是真心地去对待这些意见，去倾听这些声音。所以我认为政协委员、人大代表应该更多地通过网络去搜集民意。”今后甚至会有更多的人大代表、政协委员建立自己的个人网站，把它作为自己和老百姓联络的一个重要的通道。

pluto：互联网一定能反映真实的民意吗？民意就一定是正确的吗？

朱永新：从一定意义上来说，网络基本上是反映民情民意的。当然，并不是所有的人都使用网络。所以网络反应的往往是使用网络的这部分人的民情民意。但是由于中国使用互联网群体越来越大，而且一般来说，上网的那些人参与的意识比较强，表达的愿望比较强，所以倾听他们的声音，对于做好政府的工作，对于做好政协的工作，具有非常重要的意义。

大家有好的建议和问题，我可以带到两会

人称高手夏政安：请嘉宾转达我的4个提案，谢谢。

1. 新农村建设要加强互联网建设，让互联网把信息、知识、教育、娱乐送到农民家里，成本和有线电视差不多，而采用软件可以在网上收看全球上千个频道的电视。

2. 取消五一、十一长假，每人每年带薪休假2周。

3. 取消统一高考，各高校自己命题，建立权威统一的技能认证机构，每年每人可申请认证1到2次，不管以什么方式学习，不管多大年龄，都可以参与认证，由这个机构的认证指导工资水平。保留部分国立大学，鼓励民办大学。

4. 取消有关卖淫嫖娼的法律，地下性活动（不是性产业）阳光管理，这是一项需要尽快做的事，“小姐”们在年终都被“便衣”警察扫荡，抓一个罚5 000，真假警察一样处理。

朱永新：你的这些提案都非常好。许多问题我也曾经考虑过，但是，因为我没有经过专门的调查研究，也吃不太准，因为提案要求有案由，对所提问题重要性价值和意义要有充分的阐述，同时要提出操作性很强的建议，所以如果你能够把它进一步具体化，写成1000字左右的提案，我愿意转交。如果时间紧张也可以在“两会”以后再提交。

翱翔的猪：朱市长，依照国际惯例，教育产业化必须深入，必须继续与国际接轨，必须高收费，您能转达群众的这个建议吗？

朱永新：我不知道你是开玩笑还是在说真话。最近教育部的新闻发言人已经明确提出我们反对教育产业化。事实上，教育作为一个基本的公共服务产品，政府应该是免费的，当然谈不上什么产业化的问题，也不允许搞产业化。我们并不禁止以盈利为目的的教育产业的发展，但是它必须遵循产业的游戏规则，必须按章纳税。

总的来说，包括高等教育在内，我们既要遵循教育的内在规律，也要遵循市场的规律。

关注农村，关注弱势人群，关注底层声音

中华是我亲爱的家：朱永新委员，您好！您对人民网很有感情，多次来人民网参加嘉宾访谈，从不唱高调，很不容易。请问，您对“胡温新政”三年来中国社会所发生的变化，感受最深的是什么？

朱永新：的确是这样。人民网是我们党报的一个网站，也是一个权威性的网站。每次两会我都会作为嘉宾来参加访谈，这已经是我大概第四次或者第五次来做嘉宾。我给自己的要求是讲真话，不唱高调。“胡温新政”三年来中国社会发生的最大的变化就是提出科学发展观，提出了以人为本，提出了全面、协调、可持续的发展思路。关注农村，关注弱势人群，关注底层的声音，我觉得是这一届党和政府一个最鲜明的特色。从免除农业税到农村免费义务教育政策的实施，再到社会主义新农村的建设，到和谐社会的建设，党中央的思路非常清晰，工作也非常有力度。作为一个政协的委员，每一届两会我都见证了这样一个过程。

白云黑土：你对今年两会有什么期待？你认为可能取得哪些重要成果？

朱永新：当然我相信今年两会会更加落实科学发展观，会更加关注弱势人群的利益，会更加关注社会主义新农村的建设，会更加关注减少老百姓在教育、卫生等方面的基本开支。这也是我所期待的。

用紧缺的经费，办起了规模最大的教育

常工峰：请问朱市长，您著有《中华教育思想研究》，对教育有较深的研究，能不能谈谈我国教育的根本出路呢？

朱永新：谢谢您读我的书，那是我比较早期的著作。最近我在人民教育出版社出版了一套《朱永新教育文集》，一共10卷，其中关于中华教育思想的部分作了一些修订，而《新教育之梦》一书基本上反映了我新近的观点。中国教育的问题很多，我们是穷国办大教育，在一定意义上说，我们这些年的教育，已经创造了奇迹，因为我们用相对紧缺的教育经费，办起了全世界规模最大的教育。我们的各级学生入学率都取得了比较大的提升。当然，很多问题需要一个系统的思考，目前，比较迫切的问题，首先是教育均衡的问题，是教育公平的问题，怎么样让农村、让薄弱的地区、让弱势的人群能够享受到比较优质的教育。这是一个非常重要的现实问题。其次怎么样摆脱应

试教育困境，实施真正意义上的素质教育，让教师和学生真正享受教育的幸福和快乐。这是另外一个非常重要的问题。要解决这样一些问题，教育的体制和机制，都需要一些变化。

不再为昨天哭泣：中国的教育为什么走上了题型训练之路?

朱永新：题型训练之路实际上是应试教育的典型反映。我一直认为，基础教育走出应试教育的困境主要要做三个方面的工作。

第一，政府应该为素质教育创造良好的环境。政府不要像抓 GDP 一样来抓教育的分数。考核学校和教育行政部门、老师不要用分数作为唯一的评价标准。政府应该办好每一所学校。

其次，是教师。事实上，好教师自然就不会去搞那些题型训练。教师的素质直接影响到学生的素质，因此怎么样去提升教师的水准就非常重要。

再次，就是考试制度和评价标准。我们现在的高考制度是一个“独木桥”，没有形成一个“立交桥”，学生一考定终身，把高考看得非常重要。我们的用人制度，也过分强调学历。所以我这次专门有一个提案，是提出要公务员考试取消学历门槛。我认为不一定要大学本科或者专科才可以做公务员。美国的中学生照样可以当市长。

航天记：请问您认为现在中小学教材知识体系合理吗?

朱永新：现在中小学知识体系还不尽完善，尤其是在德育方面，在教育孩子的做人方面，在一个人的生活、生存、发展的基本知识和能力方面显得有所欠缺。所以我一直希望能够有一门叫做“新生命教育”的课程。因为在我们推进的新教育实验中，我们希望有一个领域叫“新生命教育”，能够帮助一个个体解决他日常生活中基本的生存、发展的所有问题。同时有一个领域叫“新公民”，能够帮助学生清晰地认识作为一个社会人的权利、责任、义务是什么，在他的权利受到侵犯的时候怎样维权，怎样尊重别人的权利，怎么样遵守社会的公德和规范。这样一些教育相对来说，显得有些缺乏。

说了不算算了不说：您好，我认为现行英语教学是中国教育的毒瘤，必须连根拔除。“高考取消英语”能不能作为提案?

朱永新：英语教学是一个大问题。去年两会我就在关于高考改革的时候，提出可以考虑取消英语考试。今年我提出了关于改革职称外语考试的建议。语言是一个工具，中国这么大的一个群体，我们不一定要求所有的人都能够说好外语，尤其是在大学考试、研究生考试和职称考试的过程中，应该允许一些才华横溢、研究技术比较好的优秀人才免除外语考试。外语考试我觉得从实际需要来看，这个专业或者这个行业对外语本身有非常高的要求，才应该进行外语考试，它不应该成为所有职称和所有考试的基本门槛。把外语作为基本门槛，我觉得是不对的。

其实民主对你没有任何伤害：请朱委员简单描绘一下你身边的李晶版主，身高、胖瘦等等。

朱永新：李晶不在我的身边，但是我问了我们的许版主。许版主说保密。但是我可以告诉你们，许版主瘦瘦的，高高的，戴着一副眼镜，穿着一件蓝白黑交映的休闲装。我身边打字的工作人员，也长得很漂亮。事实上任何一个网络，都需要一批大家可能从来也看不见他们身影的人，默默地工作。像我们教育在线网站，我们的版主，他们都是我们的义工，所以我想应该感谢为我们中国的网络发展，为我们论坛的发展作出贡献的工作人员。

常五峰：朱嘉宾您好，苏州市的医疗改革有什么新举措，能简单谈一下吗？

朱永新：苏州市的医疗改革一直在进行着。我曾经多年分管卫生工作，我们比较早地在苏州建立了公惠医院，帮助那些困难的人群解决基本的医疗救助。我们在苏州比较早地进行了“110”和“120”的联动，提升了医疗急救的水准。我们比较早地进行了区域卫生规划，在卫生的布局上进一步合理化。同时农民的医疗保险也已经全面地启动。这一次两会我还专门带了一个关于建立健全农民工社会保险制度的建议。这个建议是我们的地税局局长专门为我提供的。我相信，这一次两会社会保障制度也会成为一个大家关注的热点，尤其是农民这一弱势人群的社会保障。

谢后成：朱市长，不客气地说，我觉得你提出取消全国统考是在误国，怎么想得出来呢？

朱永新：事实上我没有提出取消全国统考，我只是提出要进行分类的考试。因为全国的统考现在已经没有了，很多省市已经在单独进行考试。我主张对国立大学采用一张试卷、一个分数标准，而省立大学、市立大学可以采取自己的考试。不同的考试有不同的要求，我们用同一张试卷、用同一把尺子，去丈量所有的学生，去要求所有的学校，是不现实的。这个问题我希望跟你继续展开讨论，甚至于争论。欢迎你到教育在线网站开专题帖。两会以后我再和你进行研究。

所有提案都不存在石沉大海的问题

北方牧羊： 嘉宾，去年那么多提案，没有石沉大海吧？都有什么效果吗？

朱永新： 去年，我写了一些提案，在人民网公布过。其中，有一些提案办理得使我们非常满意，比如关于在农村全面实施免费义务教育的问题，关于义务教育财政体制调整的问题，这些我觉得在2005年都取得实质性的进展。国家已经正式宣布，用两年的时间在我国农村地区全面免除学生的杂费，对农村的贫困家庭全面免除课本费和其他的费用，即“两免一补”，对于义务教育财政体制，也从以县为主过渡到省级财政的统筹。我觉得这些提案办理得非常好。

当然也有些提案由于种种原因，我自己还不是很满意。比如关于推进“全民阅读”活动的问题，我在前面曾经提出设立“国家阅读节”，但是这个建议没有被采纳。现在已经批准了新设立的“航海节”、“文化遗产日”，我觉得它们的意义和价值完全不如“国家阅读节”。总而言之，提案工作作为人民政协参政议政的途径，起了非常重要的作用。政府的有关部门对所有的提案都有正式的答复意见，不存在石沉大海的问题。

直言了： 嘉宾，请您去做个提案：所有代表的提案都必须在会期和会前、会后原文全文公布。

朱永新： 现在我回答最后一个问题，因为时间快到了。这个提案做起来可能有一定的难度。我们委员在讨论的时候，曾经也有人建议过。但是，第一工作量很大，几千个提案要全部公布难度不小。另外有很多提案是重复的。还有一些提案可能还涉及保密的问题。但是，今后对一些重点提案进行公开，对于重点提案的办理过程进行公开，办理结果进行公开我觉得是可以的。这也会进一步提高办理提案的质量。

各位网友，今天一个半小时过得很快，我也感觉非常的愉快，每次到人民网做客，我都有回到家的感觉，这是一个特殊的政治空间，这是一个特殊的媒体空间，通过人民网我和大家走得更近了。同时在两会期间，我在人民网建了一个博客，希望大家到我的博客来访问，也希望大家到教育在线网站和我交流。再见！

通过网络了解民办教师困惑

2006年3月6日
媒　体：腾讯网

主持人： 各位网友大家好，欢迎大家收看正在直播的专访，这是腾讯网所做的两会系列专访，我是主持人高芬芬。在前几天专访过程中有一位网友提了一个问题，他说中国的大计是以教育为本，教育是以什么为本，我想三言两句解释不清楚，就请今天的嘉宾来作答吧。今天嘉宾有多重身份，相信通过他的解答能够看到不同的侧面。这位嘉宾是全国政协委员、苏州市副市长、苏州大学教授朱永新老师。朱老师欢迎您。

朱永新： 您好，各位网友好。

把建设数码社区作为推动改革的重要路径

主持人： 我知道您也办了一个网站，而且在今年《感动中国人物》排行榜上榜上有名，您怎么看待网络给教育带来的推动作用？

朱永新： 网络作为一个新的媒体、新的工具，在现代社会中起着非常重要的作用，而且是越来越大的作用。因为网络特殊的性质，它跨越时间和空间，它的交互性和及时性都对现代的教育形式产生这样那样的影响。在推进新教育实验的时候，我们把建设数码社区也作为推动改革的重要路径。同时，我们也自己办了一个网站叫教育在线，网址是 www. eduol. cn，有人说我们的网站是中国教师的家园，是中国教师最大的培训学院，也欢迎腾讯网友、老师们能够加盟我们的网站进行交流。

如何利用好网络把网吧办成学习化的社区

主持人： 很多家长认为网络带有一些负面的影响，尤其是对于青少年来说。您在创办这个网站之初，是如何来塑造这样一种良好的教育形象呢？

朱永新： 我曾经在《人民日报》上写过一篇文章《把网吧办成学习化的

社区》，我希望有那么一天父母外出的时候能够对孩子们说你到网吧去吧。现在孩子的父母亲都把网吧看成是一个很危险的地方。的确，在网吧也发生了很多悲惨的故事，但是孩子们偏偏就喜欢网吧。上海最近做一个叫做离开网吧电视的生存实验，让24个孩子连续七天不上网、连续七天不看电视，结果绝大部分孩子都受不了，很多孩子就说离开网络就像生活中没有了灯，很多孩子说我郁闷、我烦躁，非常非常难受。事实上，网络也好、电视也好，当然青少年不能沉迷，会影响孩子正常的交往、学习、成长。但是网络本身是工具，是工具的话就无所谓好坏的，关键是我们怎么利用、怎么引导、怎么帮助孩子们去利用它。

我可以讲一个有趣的故事，我们教育在线网站有一个六年级的孩子叫海宁，她的母亲叫含音。含音考上师范大学以后没有了很多跟孩子面对面的时间，就叫孩子到教育在线网络，然后在网上跟她交流。海宁就开了“T601讲故事”专栏，每天把她自己班上发生的故事写下来，然后母亲跟帖，还有其他同学跟帖。最近这本书要出版了，题目是《成长方程式》，讲的就是这位母亲和她女儿的成长故事。这是很有意思的一个故事。

杭州市有一个小孩子叫胡亮，这是一个非常调皮的孩子，非常讨厌学习的孩子，非常讨厌写作文的孩子，他的校长张敏就把他叫到教育在线网站上让他在这里写作文，我们不管你写什么，你可以自由写作。胡亮就每天写一篇日记，一年下来学校帮胡亮做了一本书《成长的足迹》，《杭州日报》头版头条介绍了他。绿色网站改变了他的命运。

太仓市城乡第一小学四年级的一个孩子，二年级时她的老师把她带到教育在线网站，她就开始自己开专栏、自己读书、自己写文章，这个女孩子是离异家庭的，跟着她父亲长大，本来很孤僻，但是后来她完全改变了。

创办教育类网站的缘由

网　友： 为什么您要创办一个教育类的网站？我们看您的资料知道这完全是您个人出资做的教育类网站。

朱永新： 我的一个博士生叫李振西，他是一个网络好手。他当时在一个网站做斑竹，老是被我批评，我说你怎么老是上网，你要好好地读书。他说朱老师，如果不懂得网络就不是现代学者，你的思想只有通过网络才能传播得最快，同时网络里也有一些很好的思想。我想想很有道理，于是在几个年轻朋友的帮助下就办了一个网站。本来是想办一个小小的我们团体的网站，后来没想到这个网站来的人越来越多，现在注册已经达到15万人，是中国BBS里最大的教育BBS。

网站对于个人的影响

主持人：从一个开始对网络带有一些偏见的网民到慢慢地自己创办了一个网站，而且现在注册用户已经非常非常多，形成一种良好的教育交流环境，您现在再看到这个网站，每天点击进去时是一种什么样的心情？

朱永新：这个网站是我的第二个家，我每天回到自己的家，第一件事情就是进我的第二个家，我精神的家。每天通过这个网站和老师们进行交流，老师有什么想法、建议我随时都能看到，我看到他们在笑，我看到他们在哭，我听到他们呼吸的声音，我和他们完全心贴心地在一起。我的很多教育灵感、很多好的建议，包括这次两会的很多提案都是一线老师们给我的。所以网络的确帮助了我很多，也改变了我很多。

网络为教育资源的共享做出的贡献

主持人：在今年两会中也提到很多关于教育的话题，而且您近几年来也提了很多关于教育的提案。大家提的很多的是关于教育的不公平。通过网络实施教育，是不是迈向公平的一个良好开端呢？

朱永新：对啊，我之所以支持网络这也是一个非常重要的原因。因为很多优秀的教育资源，包括我们的专家，平时很少有机会到边远地区，教育在线网站链接了一批优秀的老师，他们开辟了专栏，帮助农村的教师。只要一根电话线，只要能够上网，网络资源是平等的。所以现在很多农村的老师成长得非常快，农村学校发展非常快，一下子就直接把最先进的理念、教育方法学到了。过去他没有机会聆听这样的声音，没有机会和一线的大师进行交流。我们有一个版主是云南贫困地区的老师，他通过一根电话线上网，把整个学校的孩子带到网上，这个学校12个孩子所有的衣服、课本、鞋子都是我们给提供的。网络的确具有其他媒体、其他行政途径都无法实现、达到的一种优势。

造成教育不公平的几点原因

主持人： 既然我们谈到了教育的不公平，我相信您也回答过很多次这个问题，您能不能总结一下，教育不公平是因为哪几方面的原因造成的呢？

朱永新： 教育的不公平是一种长期、逐步形成的问题，主要是以下几个问题造成的：第一是政府的资源配置。长期以来各地政府在资源配置时都是把最多的钱给了好学校，把最好的教师配给好学校。好学校的设施、建设也是好的，所谓的窗口工程、示范工程、现代化工程，这就造成资源过分集中，学校和学校之间差距越来越大、城市和农村之间差距越来越大，这是政府资源配置造成的。所以我们主张政府少一点锦上添花，多一点雪中送炭，政府多关爱一点差学校，政府应该更多地把经费、教师用来支持差学校，这是一个资源配置的问题。

第二是评价机制的问题。过去的评价都是给好学校评示范学校、重点学校，差学校、落后学校没人管。如果是评不达标学校的话政府就慌了，主要精力就会抓薄弱的学校。

第三个原因是学校资源的垄断性。现在教师属于学校，没有办法流动，校长也是属于学校的。所以一个学校的老校长一辈子在这个学校工作，没有办法流动。今后校长和教师要不断地流动。像日本等国家都是这样的，轮岗制，慢慢地学校资源就能够比较均衡地分布了。

如何创建一个健康的网络环境

网　友： 网络教育只是教育中的一种内容，青少年上网更多是接触其他的内容，产生不良影响，我觉得单纯靠网络解决是不可能的。

朱永新： 现在孩子们上网两个最多，一个就是游戏，因此应该把游戏软件往学习化的方向引导，让学习变得快乐起来。国外就有很多非常好的学习游戏，有很多历史知识、地理知识、各种各样有趣的物理化学的东西完全可以通过游戏的方式来呈现。现在很多游戏，特别是国外引进的一些游戏，充斥暴力、色情，当然会毒害孩子。所以对游戏行业以后就应该加强检查、监督、激励，鼓励他们做学习型的游戏。因为游戏主要是面向青少年的。另外一个是你们的 QQ。现在女孩子大部分在网上有 QQ，很多不良交往在 QQ 上。能不能把 QQ 变得更健康？QQ 也要有意识地对内容进行监管、进行限制，甚

至于能不能有一些好的格言、好的劝学的东西通过 QQ 给青少年，给他们引导、激励。这个观念就要求政府在加强监管和控制、领导上下工夫，这样我们的网络就会变得很健康。我一直在梦想着苏州要建设一个真正绿色的网吧，把网吧变成学习型、研究型的社区。网吧这个星期是研究月亮的，把月亮所有的东西通过资源来呈现，有月食、有月亮的物理等等，孩子们在里面做研究性的课题，写篇关于月亮的小文章。QQ 也可以做，游戏也可以做，大家都这样做的话就能够做起来的。

所有的老师都可以自由地进入网站进行交流

主持人：谢谢朱老师对于 QQ 的期望，提出了很多很好的建议。我想这个话题也谈到了现在关于网络的健康问题，其实更多的是需要政府通过一些途径来规范网络内容。对于教育方面的话题，在您今年提出的提案中第一个提到的就是关于老师。网站上的老师您是如何来选择的呢？

朱永新：网站没有选择，所有的老师都可以自由地进入我们网站进行交流，每个老师都可以开自己的专题帖，都可以给我发短消息，没有任何门槛、没有任何限制。

老师应该怎样更好地完善自己

主持人：您觉得在中国的教育环境里，目前大家都觉得教育体制需要改革、需要变化，您首先提出的就是老师，您觉得老师应该怎样更好地完善自己呢？

朱永新：教育家梅贻琦讲过大学非大楼之谓，乃大师之谓也，学校同样也是这样的，最好的教育不是把学校建得多么漂亮，而是是否有一批有理想、有智慧的好老师，有了好的老师，就会有好的教育。教师是教育的资本。过去我经常讲我们的教师是没有教师地位的，教科书里就讲以学生为本，学生是第一位的。所以一切是为了学生，为了学生的一切，为了一切学生。老师是蜡烛，只燃烧自己，照亮学生。老师的使命就是牺牲自我，春蚕到死丝方尽，蜡炬成灰泪始干。现在我们提出不能这样做，教师要做一个幸福而快乐的教师，要让教师能够享受教育这个职业带给他的快乐。他不仅仅是蜡烛，他要跟孩子一起在教育中享受教育的幸福。通过自己专业的发展、通过自己的成就、通过自己读书写作发现自己的价值，他可以发表文章、可以出书、可以有自己的作品，这样他跟孩子之间的交流就变得更加便捷。最好的老师应该是有理想、有激情的老师。我们的老师虽然不多，15 万人不到，但是全中国最优秀的一批老师、最有影响的一批老师在我们网站上。任何一个刊物上都有我们老师的文章。虽然我们成绩不大，但是在中国教育界的影响力很大，他们很多是通过网络成长的，过去很多人没有发表过文章。有一个版主叫洪秀，是深圳育才中学的老师，他过去并没有著作，到了教育在线之后坚持自己写文章、做斑竹，前年他做班主任开了一个帖，学校把高三班交给他，他就开了一个帖“守望高三的日子”，每天把班上的故事记录下来，学生也上来进行交流。一年之后这本书出来了，名字就叫《守望高三的日子》。过了一年学校又把一个更差的班给了他，他问我怎么办，我说没关系，怀揣着希望上路。他的帖子就叫“怀揣着希望上路”。作为老师完全可以生活得很幸福、很快乐，只要他能够静下心来认真读书、认真思考，只要他热爱孩子、热爱自己的生活。

解决教师待遇问题的关键是解决农村教师的待遇问题

主持人：我知道您除了是教育方面的专家之外，还是苏州市主要的管理者，接下来这位网友的提问是，目前来说中小学教师的待遇即使在苏州这样的城市也是不高的，您有没有好的建议来吸引更高质量的人才？

朱永新：苏州的教师待遇在全国层面来看还是比较高的。我们城区教师的收入在 4 万左右，农村教师稍微低一点，但是也是不错的。和苏州的公务员比起来可能还有一定的差距，提高教师的待遇和收入，让教师的收入能够不低于公务员，这次在总理的报告中已经明确提出来了。我觉得目前最关键的还是解决农村教师的待遇问题。农村还有一些代课教师，很多人一个月才拿一百多块钱，所以解决代课教师的待遇是当务之急。对于我们这样的大国来说，让教师的工资都达到公务员的水平，还需要一个过程。但是很可喜的是很多政府已经开始注意这个问题了，江苏省拿出 17 个亿来解决教师的工资问题，从过去欠教师工资，到现在不仅可以达到国标，而且可以达到省标，这说明各地政府已经非常重视这个问题了。

通过网络了解到民办教师的困惑

主持人：有关民办教师的问题也是您今年提案的重点之一，据说您也是通过网络了解到民办教师的困惑的。

朱永新：每天都有很多老师在网上交流，谈他们的故事、谈他们的教育，这个我心里还是比较了解的。网络的确是非常好的管道和窗口。

中国教育存在的问题及体制的改革

主持人：大家都认为中国教育体制需要改革，您通过多年对于中国教育体制的研究，能不能客观地评价一下目前的体制到底怎么样？好，好在哪里；不好，不好在哪里。

朱永新：我觉得很难用好和不好来评价中国的教育体制。

主持人：比如说我们要进行改革，要适应当前社会发展，教育体制需要如何改进？

朱永新：首先要充分肯定我们国家这么多年来在教育发展上取得的巨大成就，我们用全世界相对来说比较少的钱，支撑起了一个世界上最大的教育体系。几亿人接受基础教育和高等教育，如果没有教育行政部门和全体教育工作者的努力，我想支撑这个大厦是不可能的。今天下午一个美国记者采访我，他说知道全中国有300多万人辍学，这已经是一个非常了不起的世界奇迹了，就是在美国也有不少孩子，不是因为家庭困难，可能因为各种原因而辍学。我们基础教育的发展、职业教育的发展、高等教育的发展为国家的经济建设、社会发展都做出了非常积极的贡献。这个主流成绩是应该肯定的，如果看不到这一点就把握不住教育的方向。

中国教育也有不少问题，我觉得大的问题主要有以下几个方面：第一，用科学发展观的观点来看的话，我们的教育发展不平衡，城市和乡村、东部和西部、同一个城市的好学校和差学校相差太大，而且还有进一步扩大的趋势。好的城市区域经济发展越来越好，对教育投入越来越大，这也是造成教育不公很重要的因素。“不患贫而患不均”，这是一个所谓均衡的问题。第二，是素质教育的问题。今天胡锦涛总书记到我们小组来看望委员，倾听我们的发言，我也讲了这个观点。我觉得目前中国教育很大的问题是做人教育的缺失，德育教育不够重视，我们的教育是见分数不见人，大家唯一的心愿是上好大学，唯一的评价标准就是考试分数。学生看分数，老师看分数，家长也看分数，一个分数把中国教育压得喘不过气来。所以要重新思考教育的本质，要重视做人的问题。做人都做不好，分数还有什么用呢？爱因斯坦说过，如果教育仅仅是教分数的话，学生就是受过训练的机器，甚至于就是一条受过训练的狗，而不是和谐发展的。所以做人的教育太重要了，我们的教育中很少有人和孩子谈理想、谈人生，谈你的权利、责任、义务，你的社会责任感，你的生命价值，这些东西在学校里缺失。所以我们新教育实验就努力提出让师生和人类的崇高精神对话，要教给学生一生有用的东西，这些都是我们进行素质教育的探索。恐怕中国教育最大的两个问题在这个方面。如果从体制上解决均衡的问题，从教育内容上解决素质教育的问题，那么中国教育的春天就会来临了。

主持人：可不可以把这两个标准作为评价教育办得好与不好的标准呢？

朱永新：我想应该是可以的。

中国教育体制存在的问题、解决方法及读书的重要性

主持人：刚刚也谈了很多网络教育，大家之间的观点也不一样，在这里有一些讨论。今天的访谈开始之前也提到了一个问题，教育到底是以什么为本的？您刚才的解读既有对素质教育的思考，又有对于教师这方面工作的想法，您认为最重要的应该抓哪一块？

朱永新：整个中国教育的工程还是抓两块，第一块体制问题。我经常说木桶原理，能够装多少水取决于木桶最短板有多短，短到跟桶底一样的话就装不了水了，所以要把最短这个板拉长。中央政府帮助西部和农村，把人力、财力、物力往农村集中，所以我提出由国家培养农村师资，你的工资由国家发，而不要由当地政府来发。工作若干年以后国家再你给调度，送你出国进修、做公务员，这样就没有后顾之忧了，应该能吸引那些有本事的孩子来做教师。现在有本事的孩子都考到北大、清华了，北大、清华的孩子又不做教师。教师是母鸡，母鸡不下蛋就麻烦了。在城市，像北京、苏州，政府部门努力地把最差的学校办好，把最好的校长派到最差的学校去，把最好的教师调到最差的学校去，把最多的钱投到差学校去，这样花几年时间，就不会有最差学校了，像抓 GDP、抓生产一样来抓教育，这样就不用择校了。现在所有父母都担心自己的孩子考不了好学校，把这个问题解决了，做新教育实验就有好的基础了。我认为素质教育就应该从读书开始。今天本来我还要谈一个重要的话题，就是读书。这次我提出设定国家阅读节。你问问聊 QQ 的网友不知道有多少人在认真读书的。现在读书的人越来越少，聊 QQ 的人越来越多，当然 QQ 不是不好，QQ 交流也很好，我的意思是读书以后再 QQ，一

边读一边 QQ 也可以。我一直认为一个人的精神发育是很重要的，人的躯体发育靠什么？身体是靠母乳，母乳是第一个营养，一年以后要靠食物。你每天吃的东西直接影响到你的身体结构，你是健康的还是不健康的，你是强壮还是瘦弱，都和你吃的东西有关系。现在人的寿命为什么越来越长？生活条件越来越好了。精神怎么发展？很少有人考虑过孩子的精神发展。第一，上学。上学就跟母乳一样，只管你早期的精神成长，管不了精神真正的发育。真正的发育要靠你自己寻求食物，这个食物就是书。人类几千年的文明能够传承下来，就是靠那些伟大的经典、一部部经典积累起来的，人类的精神财富就是这样积累起来的。你不看这些伟大的经典、不去和它们对话、不去读书，你的精神只能停留在原始水平，只能停留在比较低的水平，达不到最高的境界。所以世界上最伟大的民族、最优秀的民族都是善于读书的。我经常说犹太人很了不起，他们本土在以色列，500 万人，在全世界 3 000 余万人，但是我们知道近一百年三个最伟大的思想家都是犹太人，他改变了人类对社会历史的认识：马克思是近代共产主义运动、无产阶级的精神领袖；爱因斯坦提出相对论，改变了人类对时间、空间的认识；弗洛伊德提出精神学说，改变了人类对自我的认识。世界上最富裕的人是犹太人，美国人讲全世界的钱在美国人的口袋里，美国人的口袋在犹太人的脑袋里。要从领导干部开始多一点书卷气，少一点烟酒味，全社会好好沉下来读一些好书，领导干部多读书、中小学生多读书。我认为读书问题是中华民族最紧迫的问题、最重要的问题、最基础的工程。学习型社会的建设要从书香校园、书香社会建起。这也是我今天特别想跟 QQ 网友交流的。

中小学生负担太重的原因

主持人：简单总结一下您刚才这段话的意义，就三个字——读书吧。谈到读书，我想并不是说中小学生不愿意读书，只是中小学生负担太重了，尤其是在城市，周六、周日都安排得很紧，我们的教育能不能让这些小朋友学习得更轻松一些？

朱永新：这是一个问题的两个方面。一方面涉及父母的教育素养。因为教育的很多问题过去都看成是教育行政部门的问题，我要帮行政部门说两句话，教育的很多问题跟父母有关系。现在很多父母都是“无照上岗”。做母亲比开汽车要复杂得多，开汽车三个月就可以领一个证，做母亲至少要学三个月，至少要领一个证，才可以生孩子，才可以教孩子做什么。现在你什么都不知道，就告诉孩子你必须做这个，必须到那个补习班，必须去学外语、学钢琴。实际上天生我材必有用，每个孩子都有最适合他的东西。现在所有的父母都要把自己的孩子培养成哈佛女孩刘亦婷，那本书发行了500万本，我的《新教育之梦》比它精彩多了，但是发行得特少。我不是替我的书做广告。最合适的才是最好的。很多父母亲都把孩子送到最好的学校，还不如送到另外一个比这个学校稍微次一点的学校。现在按分数招生最好的是600分，后面学校最高分数可能是599分，这个学校前20%、30%和那个学校后20%、30%的学生进行比较，就会发现这个学校前20%、30%的学生绝大部分会战胜在他分数后面的后20%、30%的学生。这说明什么？这说明父母有时把孩子送到好学校是害了孩子，而不是帮了孩子，这也是很多父母盲目择校的后果。教育是科学，要懂得怎样让孩子更快乐。一个孩子从小就那么负担沉重、那么没有欢笑、那么没有童年，我觉得会给他一生笼罩一个阴影，他一生很可能心理会不健康。父母都说是为了孩子好，这是一厢情愿，所以我们的父母要学一点教育。我一直想写给父母一本《教育知识读本》，让父母亲知道什么是好的教育、怎样帮助孩子更好地成长。这是一个非常重要的问题。

教育事业的重要性、基础性

主持人：谢谢您作了这么详细的解答。刚刚我看到一位网友也提到，中国目前的教育问题已经比抓计划生育的问题更严重了。您认为呢？

朱永新：计划生育的问题也不是说不严重，现在每年大概净增长人口有1 000万以上。特别是在农村，多胎的情况还比较普遍。我们国家资源也非常有限，如果不抓计划生育的话也很困难。社会是一个系统工程，不能说哪个更重要，但是不管怎么样教育是一个基础的事情。我一直说现在的孩子的精神风貌如何、人格发展如何、品德发展如何，既会影响到我们民族的未来，也会影响祖国的前途，因为今后国家是要这些人来建设的，今后国家的领袖也要在这些人中产生，所以要追求好的教育，这是我们应该努力思考、探索的问题。现在国家应该更多地鼓励各级地方政府，包括民间力量来探索好的教育，更多地走多元化办教育，要多元化，让大学自己去做，让中小学以自己的教育理念来办教育，这样中国教育会更开放、更好。

如何解决中国教育现存的问题

主持人：您也谈到大学的教育，尤其是今年的就业压力更大了。无论是农村还是城市，大家都会遇到投入和产出的问题，现在乱收费现象、教育的腐败问题都依然存在着，您觉得要改变这几种现状存在着哪几个方面的障碍？

朱永新：解决中国教育问题首先还是政府层面要加大投入，很多问题与投入不足有很大的关系；其次政府要做好教育资源的配置，向薄弱地区、薄弱学校、薄弱人群倾斜；第三是要抓好素质教育，抓好做人的教育，特别是抓好中华传统美德的教育。前天我们小组发言时，我也当面跟胡锦涛总书记提出建议，因为现在孩子们过的是洋节，圣诞节、情人节，这几个节日比我们的春节、端午节、七夕都要热闹得多。孩子们过的是洋节，吃的是洋饭，说的是洋话，父母亲重视英语比重视中文还要厉害，久而久之孩子到底是中国人还是外国人？中华民族传统的美德，仁义礼智信，这些都非常好。过去《四书》对孩子“洒扫应对进退之节”都非常强调，现在都没有了。这是最最关键的事情。在这些方面国家需要真正地做一些研究，做一些思考，做一些部署，不要盲目地跟在国外教育后面走。国外教育一来了马上各种改革都上去了，什么多元智能，搞得非常忙碌，我觉得没有必要。还是要站稳脚跟，立足本土，吸收、推广我们民族的、传统的、优秀的东西，这是目前比较重要的。

教育的最终目的，建议降低中小学课程难度

主持人：目前很多父母或者是学生认为教育到最后就是为了找一份好的工作，难道教育最终的目的只是一个好工作？

朱永新：这也是一个现实的考虑，哪个父母不希望自己的孩子找一份好工作呢？好工作的门槛越来越高，本科不够得硕士，硕士不够还得博士，所以就不断读下去。如果能够能力本位，而不是学历本位的话，这个问题就会好一些。另外各种“立交桥”还没有形成。大学和大学之间没有“立交桥”，你读了职业大学就不能再读北京大学了。如果在他们之间建立管道，职业大学可以进入北京大学，也可以进入清华大学，这就无所谓了。我今年先进职业大学，明年好一点可以进北京大学，这样各个学校之间的管道就流畅一些。另外在职人员也能够继续进入学校。培养科学家很重要，但是这个群体还不

是太大的群体。现在我们是95%的人在陪5%的人读书，是用科学家的标准来设置整个课程体系，中小学课程那么难，干什么？我建议降低难度，让他们学得快乐一点。让有兴趣、有能力的人学习深入一点、难一点，用大学俱乐部、暑期班等来做。让大部分孩子学得快乐，这是最重要的。

主持人：谢谢您做客这次访谈，您谈到很多教育体制里面的问题，让我们对此有了更清楚的了解。同时也感谢网友的参与。

朱永新：谢谢各位网友，下次我也申请一个QQ号跟大家交流。

好家长胜过好学校吗

2011年12月2日
媒　体：新浪网

新浪教育： 新浪教育特别邀请到新教育实验发起人朱永新谈“好家长胜过好学校吗”，请有相似困惑的各位博友快来提问呀！

网友： 我现在在市重点学校上高三，实在是很累很累，但觉得还不一定能考上一本。

朱永新： 考上考不上一本不是最重要的，重要的是你能不能从学习中感受到快乐，感受到智慧的挑战。考不上一本也没关系，以后还有很多的机会，甚至以后可以读一本学校的研究生，还可以做一本学校的老师，关键是能不能不断地学习，不断地进取，能不能用心地做好每一件事。

网友： 你的新教育观影响着全国的广大教育工作者。新教育观如何与家庭教育融合？

朱永新： 新教育需要新父母，我们目前已经建立了新教育的亲子共读研究中心，在全国各地正在建立亲子阅读的工作站，我们希望中国有更多的父母主动地加入到新教育的行列，与孩子们一起成长。

网友： 如果说择校是攀比来的，那么“花钱买前排座位”也演变成一种“择位”。真是让人情何以堪。

朱永新： 这也是很荒唐的事情，一般情况下座位应该优先照顾那些有视力缺陷、听力缺陷的人，以及那些相对来说身材比较矮小的人，在同样的情况下可以采取轮座的办法。

网友： 学生和老师是互动的，学校只不过是给学生提供他们活动的一个场所。学生的成绩高低是他自己的勤奋、资质，结合老师教育的技巧所得，和学校的好坏有什么重要关系？

朱永新： 这里讲的好学校，当然不是抽象的，是指好的老师、好的课程、好的教学，这些对学生的发展当然具有重要的作用，决定教育品质的关键不是学校的那些设备，而是站在讲台上的那个人。

网友： 孩子的一年级语文老师本来打算推广绘本阅读，只上了一次阅读课，就被学校给叫停了。办教育的都不是懂教育的人，家长和老师干着急又有什么用呢？

朱永新： 让不懂教育的人来办教育和管教育是中国教育的悲哀，语文老师其实可以利用自己的课堂做自己想做的事情，但最后还是要用成绩单来证明自己。“读写绘”是新教育的重要课程，在小学低年级对发挥学生的想象力，对培养学生的阅读兴趣，对培养学生的表达能力，有着重要的作用，你们的支持很重要。

网友： 朱老师好，我想问一下，你弟子苏静的微博有吗？我很喜欢她的教学风格。

朱永新： 我不知道她是否开了微博。苏静是一名很优秀的教师，最近在青岛大学的青年教师教学讲演中得到了第一名的好成绩。她的诗意课程也非常有特色，孩子们在几分钟内可以作一首诗歌。我可以转达你的问候。

网友： 朱老师，你好！曾经看到一句话，觉得很有道理：作为师范大学的学生，如果我们不去关注、投身教育改革，那么还有谁会去呢？教育改革任重道远，而作为师范大学学生的我们，在基层的教育实践中深刻感受到有心无力，微弱的呼喊和微薄的努力被淹没在教育功利化浪潮中。

朱永新： 是的，每个人都是教育的力量。教育发展，人人有责。我和许多老师讲，关起教室的大门你就是国王。很多情况下我们在批评和埋怨制度的同时，往往忽略了其实我们也是造成这个制度的力量之一，为什么不从我们自己开始做起呢？所以，从现在开始，为做一个好的老师作准备吧！

网友： 时代瞬息万变，国家、社会和个人的思想也都在转变，当孩子的思想和家长的思想发生分歧时，如何让家长认识到时代对现代学生的要求在变化，让家长的思想跟上现代思想的解放，更好地促进孩子和父母的良好沟通？孩子应该勇敢地表达和求证自己的想法还是听父母的建议安排？

朱永新： 事实上，在现代社会，孩子和父母的平等的沟通是非常重要的。按照社会学的理论，现在已经进入“后哺”时代，许多孩子已经比父母懂得更多，所以尊重孩子独立的人格，尊重孩子的选择，是非常重要的，孩子和父母可以相互学习，共同成长。

网友：对啦，什么时候可以在新浪微博上看见童喜喜老师的身影呢？哈哈。

朱永新：相信她会来的，她现在在教育在线与父母们交流，你可以加入到她们的队伍中去。

网友：你好！中国现在的留守儿童超过5 800万，这是一个严重的社会问题，哪个家长不愿意留在自己孩子身边？但是迫于生计不得外出打工，这样对家长对于孩子的教育带来巨大阻碍。朱老师，你有什么好的建议？

朱永新：一般来说，父母和孩子在一起对教育效果的最大化是有好处的，亲子之间的交流是任何教育都无法代替的。对于那些外出打工者而言，如果有可能，与孩子在一起当然最好。如果不可能，就应该尽可能跟孩子建立起基本的联系方式，无论是短信、电话还是传统的通信都可以。不能让孩子从父母的视线中消失。

网友：您觉得中国教育有希望还是中国足球有希望呢？

朱永新：巧得很，我今天上午和一些专家研究中国足球的问题，它们两者的病是一样的，管办不分、体制僵化是共性的问题。但是中国教育出台了《国家中长期教育改革和发展规划纲要》，理清了教育改革的发展思路，关键是下一步能不能采取切切实实有效的行动。足球的发展还需要进一步形成共识，进一步理清思路。

网友：好学校与差学校的区别是什么？

朱永新：简单来说，好学校的教师和学生都开心、都快乐，他们的个性能够得到更大的张扬，潜能能够得到最大的发挥，生命之花能够在学校里得到绽放。差的学校是教师和学生都不开心、不快乐，用一个标准和一个模式来培养学生，把本来具有无限发展可能性的人培养成单向度的人。

网友：为何优秀的教育资源都集中在那几所重点学校里？难道普通学校的学生不该受到平等的对待吗？这是不是也会造成两极分化呢？

朱永新：优秀教育资源集中在重点学校是不合理的，政府再也不能做锦上添花的事情了，而应该尽可能雪中送炭，尽可能缩小学校和学校之间的剪刀差。教育公平是社会公平的基础，优先帮助薄弱学校的发展是政府的重要职责。

网友：朱老师，您好！请问如何培养孩子的阅读兴趣呢？

朱永新：建议你上教育在线网站，上面有新教育亲子共读的专栏。还有亲子共读的QQ群，作家童喜喜会与大家一起，交流、分享和孩子共同阅读的方法和途径。

纯手工刺绣：没有考试的教育会是一个什么样子的教育呢？目前衡量教育是否成功的唯一标准就是考试，所以老师、家长、孩子都累！

朱永新：其实国外有这样的学校，没有考试没有分数，学生照样也学得很生动活泼。没有考试没有分数不等于没有评价，但是现在的考试和分数所培养出来的“考试机器”和“分数英雄”把学生分成了三六九等，造成了大多数人陪少数人读书的状况，造成了很多学生成为学校的失败者，这是老师、父母和孩子都累的重要原因。

网友：朱教授，类似家长拿证上岗的婚育前培训，以及国家补贴的发放，以及孩子入学家长必须参加相当课时的培训和考试这样一些规定，在近年内，是否有国家组织进行？11月11日实施的《家长委员会指导意见》是否真实施行了？有什么强制性的措施吗？

朱永新：其实，做父母比开汽车要困难得多，开车必须要经过培训，取得执照，但是现在做父母不需要执照。苏霍姆林斯基曾经说过，他希望一个好的家长都必须经过培训，都必须懂得家长教育学。父母亲的教育素养，父母亲对教育的理解，父母亲对好的教育的自觉的追寻，是非常重要的。

网友：教育好一个孩子不是需要社会和家庭的共同努力吗？一定要分出谁轻谁重吗？分得出吗？

朱永新：你的问题非常好，这个问题本身是一个伪命题，学校和家庭没有谁更重要的问题，在孩子发展中的不同阶段，在不同的教育问题上，学校和家庭可能发生的作用是不一样的，但他们同时都是很重要的，双方形成了合力，教育效果就好。

网友：朱老师您好。在家长与学校之间，我们一直缺乏一种真正意义上的沟通渠道，每学期的家长会上也都是学校把应试的理念强加给了家长，我们家长与学校之间一直没有实现真正意义上的理念对接，在这样的背景之下，似乎既谈不上好家长，又谈不上好学校。朱老师，您怎么看呢？

朱永新：我认为现在中国的父母还没有真正介入教育中来，很多父母都认为教育是学校的事情，他们对老师说：孩子就交给你了，就拜托给你了，要打要骂也随便你了。其实，他们不知道自己和老师一样都是教育最重要的力量，推动摇篮的手也是推动世界的手，有什么样的父母就会有什么样的孩子。

网友：宁波学校开始实行电子书包计划，使教学更直观，老师更好地了解学生情况，使学生不必每天背负十几斤的实体书上学。但脱离纸质书对学生真的好吗？

朱永新：电子书包今后可能会是一个发展的方向。其实，更多的教材、辅导材料、练习题，都可以通过网络的方式，国家通过购买最好的电子教材、教育资源，无偿地提供给所有的孩子，这样就可以解决学生书包负担重的问题。

网友：朱老师，您好，您推行的新教育实验，如果最终还是要跟现行的高考模式接轨的话，您觉得是否可以对接上？

朱永新：好的教育应该是不惧怕考试的，在全国的很多新教育学校，学生一方面大量地阅读，一方面照样取得优异的考试成绩。

纯手工刺绣：都说农村教学质量太差，可是农村孩子比城里孩子的童年更自由，接触大自然更多，你如何评价这一现象？

朱永新：目前中国农村教育的质量总体上来说与城市是有差距的，尽管可能农村的孩子比城市的孩子有更多的童年，有更多的自由，但是他们拥有的教育资源毕竟是有限的，特别是有一些农村教师的学养还是不够的，所以我们要进一步推进教育公平，把更好的教育资源向农村倾斜。应该建立国家教育标准，保证学校基本质量。

北狼传奇：您是全国人大常委、民进中央副主席、中国教育学会副会长，高考户籍限制您认为合理吗？在每年的两会上，您有没有这方面的议案呢？

朱永新：高考的户籍限制是不合理的，我在全国两会提过专门的建议，应该取消高考学籍和户籍的限制，据说教育行政部门也正在制定相关的政策，希望在不长的时间内能够得到解决。

网友：朱老，怎么看待现今的教育体制？教育体制应如何改进存在的弊端！

朱永新：我还没到朱老，谢谢您。目前教育体制最大的问题就是管得太死，是管办一体化。应该给学校更大的自由空间，给校长更大的办学自主权。

网友：我家就住在北京丰台新教育小学旁边，所以最近对新教育有所关注，感觉新教育理论更偏重人文教育。请问在理工科方面，新教育有什么理论观点？

朱永新：我想您应该是幸运的，未来的丰台新教育小学不仅仅是关注人文，同时还关注孩子的科学精神、孩子的艺术和体育，新教育是身、心、灵统一的，他追求的是幸福完整的教育生活。

北狼传奇：朱老师您好，我比较反对给孩子在社会上报学习班，可是大部分家长都这么做，认为学校课堂的知识不够。您怎么看？

朱永新：一般情况下我不主张把孩子送到各种补习班，因为孩子的课业负担已经够重了。孩子们发展需要自由的空间和闲暇的时间，如果把孩子们的空间时间都填满了，孩子们就失去了自由发展的可能性、学习的主动性和积极性。

网友：有人说现在中国之所以出现“狼爸”、“虎妈”，除了传统之外，最重要的是现在的教育模式有问题。您怎么看这个问题呢？

朱永新：“虎妈”、“狼爸”不能代表中国教育的全貌。但是，中国家庭教育中等级森严，体罚教育，不尊重孩子人格的状况应该得到改变。

小宛妹妹：朱老师，特别喜欢您的教学理念！我想问一下您在广西有没有试验学校呀？我老家是广西的，我姐姐想让孩子去您的试验学校。

朱永新：谢谢您。在广西目前还没有，但是广西的南宁市和柳州市已经准备加入新教育实验区。希望今后在广西有更多的实验学校。

春晨之骄阳：您好朱会长，请问家长在孩子教育问题上应该充当什么角色？能完全代替学校教育吗？

朱永新：家庭教育和学校教育同样重要，互相不可替代。父母和老师一样，应该和孩子一起成长，应该是孩子成长过程中的朋友兼导师。

如何保证把钱花在刀刃上

2012年3月3日

媒　体：《中国青年报》、中青在线

主持人： 大家好！朱代表身份很多——全国人大常委会委员、民进中央副主席、中国教育学会副会长等等，也是新教育实验的发起者，但我知道很多头衔中他最喜欢别人叫他朱老师。朱老师，我们知道这几年每到两会的时候，教育界的代表必提一个数字4%。这几年提得多了，公众对4%也比较熟了。前年推出的教育规划纲要2012年实现4%这个目标，我看今年这个态势很好，大家都觉得4%实现是有希望的。但对普通老百姓而言，这个4%实现了能对我们的教育带来什么样的改变呢？

朱永新： 4%是指教育经费占GDP投入的比例，每增加0.1个点都是一笔很大的数字。这次一下子增加这么多，意味着我们可能会增加数万亿的教育投入，这些投入如果用在农村教育、特殊教育等方面，会极大地改变民生，极大地推进教育公平，极大地提升教育的品质，所以它是一件造福每个家庭每个孩子的好事情。

主持人： 是不是钱多了，就可以给边远地区的孩子买校车了？

朱永新： 不一定，有一个轻重缓急的问题。增加的钱怎么使用，在一定程度上，这个问题的重要性不亚于这笔钱本身。从1993年中国教育发展纲要提出要到20世纪末实现4%，实际我们已经走了整整20年的历程，用20年的努力争取实现了目标。有了4%以后，首先是怎么能够保证这4%的落实。这次国家下了很大的决心，总理亲自督办，财政部也是具体安排，各级地方政府也在努力筹集资金，从全国的情况来看我估计4%应该在今年能够落实。

当然这4%怎么确认，或说用什么样的标准，什么样的内涵是很重要的，过去很多经费比如说党校教育经费、公务员培训经费、企业培训经费等等，都没有纳入教育经费的统计。4%是一个国际比较的概念，不是我们自己人为确定的。据统计，从1999年到2000年，澳大利亚、加拿大、法国、日本、英国这些国家的教育投入占 GDP 的指数都在 4.8% 左右，而哥伦比亚、古巴、约旦、秘鲁、泰国等中等收入国家更高一些，达到 5.6% 左右。4.8% 也好，5.6% 也好，都应该有一个国际比较的基本标准，哪些经费是属于 4%，哪些经费不能算 4%。如果把民间的教育投入也算进去，那可能就不合适了。首先应该有一个科学的界定，4% 应该包括哪些条款，包括哪些内容。

主持人： 现在我们的 4% 一般是哪些项目列到里面?

朱永新： 现在国家财政部有一个具体的说法，详细的内涵我不是很清楚，当然主要是指公共教育投入。政府财政的安排过去主要集中在正规的学校教育阶段，从中小学一直到大学的经费；现在可能会把学前教育经费安排，包括地方政府预算外资金安排，正式纳进来，因此需要尽快统一全国的口径标准。要有清晰的内涵和项目，才能确认到底我们有没有做到 4%。这个口径应该是国际间可比较、可换算的，否则可能因为口径不一样而得到不一样的结论，我们名义上 4% 实际达到国外的 5%，或者名义上 4% 只达到国外的 3%。

主持人： 好像各地实现 4% 也都不太一样，4% 的内涵是相当不同的。

朱永新： 对地方政府来说不太适合用 4%。因为 4% 是一个国家层面的概念。关于地方政府，我经常讲，应该用教育支出占财政总支出的比例比较合适。第一，很多地方的 GDP 是有水分的，长期以来很多地方的 GDP 统一口径也不一样，所以有些地方财政占 GDP 本身的比例非常少，如果教育再占比，很可能有的地方就算把所有的财政都拿来办教育还是做不到。所以对地方来说，我更主张用教育支出占财政支出的比例占 20% 左右。一般情况下财政收入占 GDP 的 20% 左右比较合理，如果教育支出再占财政支出的 20%，两个 20% 乘起来就是 4%，这样对地方来说基本上可以换算成 4% 的单位，这个结构是比较合理的。地方政府的差别很大，所以需要国家还有财政的转移支付，需要国家的统一安排。

主持人： 您觉得这个钱应该是投向哪个方向?

朱永新： 这笔钱我个人主张主要用于促进国家的教育公平。20 世纪 80 年代以来，我们走的是效率优先的道路，各个地方建设重点小学、重点中学、示范小学、示范中学，更多的是锦上添花而不是雪中送炭，这样产生一个很大的问题，就是造成了学校和学校之间差距拉大，地区和地区之间教育的差距拉大，所以很多教育的难点和热点问题和教育不均衡发展有关系。

比如说择校热。像北京这样的城市要想真正改变择校热，就必须把所有的学校都办好。那些相对来说好的学校已经是几十年投资的积累，无论是师资资源还是其他，都集中了最好的资源，一下子要跟其他学校拉平还有很大的难度。所以政府首先必须要把这笔钱用在“雪中送炭”上，帮助最薄弱的学校发展。

从管理学的木桶原理来讲，一个木桶能装多少水不是取决于最长这块板，而是取决于最短的短板有多短。如果短板短到零，木桶不能盛水；把短板拉长，是下一步教育最重要的方向。把钱用在最薄弱的学校、最边远地区的学校、最弱势人群的教育上，用在留守儿童、农民儿童、智障残障儿童上，用在过去长期以来欠账太多、被忽视太多的地方，这是最重要的。

目前来看，存量的部分要去调整还有很大难度，我主张应该把增量部分优先向这些地方倾斜，包括在大学里面优先向地方高校倾斜——国家这么多经费主要向“211”、“985”重点大学倾斜，造成大学和大学之间差距越来越大，造成不公平竞争。国家还是应该把经费用来推进教育公平，促进平等竞争，整合教育资源，提升教育品质。

主持人：您刚才说的好多更偏重于硬件的投入。

朱永新：软件投入也很重要。村里的好教师到了镇里，镇里的好教师到了县里，县里的好教师到了市里，市里好教师到了上海、北京、深圳这样的大城市——好教师孔雀东南飞现象依然在进行着。怎么让好教师到农村、到薄弱学校去？需要国家在软件上作一些制度设计和安排，包括帮助农村教师提升他们的教学能力、教育素质，包括投入经费进行教学软件的开发等等。这些年在“普九”的过程中，在巩固“两级”的过程中，硬件的建设应该说总体上来说还是抓得比较紧。

主持人：各个工程主要抓硬件建设，但是软件这块明显感觉经费投入未增加。重硬件轻软件，一手硬一手软，软件一直上不去，有好的校舍，但是老师不在。

朱永新：对，包括培训、管理能力的提升，这些都还需要进一步加强。

主持人：以前每当国家有大的经费投入的时候，感觉总会滋生各种问题，您做人大常委会委员检查的时候，应该也会遇到过一些这样的问题吧？

朱永新：我觉得，如此巨量增加的教育经费，首先要保证这些教育经费的合理使用。合理使用最关键的就是项目论证的公开、透明，科学化、程序化、规范化，这个钱往哪里投很重要。

以职业教育为例，前两年我们增加了一百亿的职业教育经费，但其中很大一部分是用来给每个中职学生每年补贴 1 500 块钱，这个投向就不尽合理；很多家庭富裕的学生拿着这笔钱没有意义，而困难家庭的学生看到那些富裕的孩子也拿 1 500 块钱，他也觉得很不公平。如果把这笔钱用在改进中等职业学校的实验设备，改进他们的校企合作，改进他们的教师培训，用在这些方面，可能就会更合理。同样的钱怎么花，的确还是一个大学问。这个怎么花，首先建议避免部门说了算。

主持人：是指哪个部门？

朱永新：教育行政管理部门。这个教育经费到教育部，教育部自己做预算，应该有一个国家教育拨款委员会。《纲要》里面提到，这个教育拨款委员会应该对超过多少以上的教育经费进行全面规划和监督。

主持人：拨款委员会由哪些人组成？

朱永新：由社会各界人士组成，财政、教育、发改委甚至教育家、社会人士、人大代表、政协委员组成一个教育拨款委员会，对重大教育项目投资。过去“211”、“985”投入的时候，实际上也偏向学校，没有偏向学科，有些学校的钱像撒胡椒面一样撒到各个学科去，对推动学科发展没有起到更好的作用。

钱怎么花是很有学问的。成立一个拨款委员会后，首先，对重大教育投入要进行科学的论证、公示，摊在阳光下。其次，对教育经费的使用全程进行监控。比如投入在培训上，对于培训的全过程各个环节怎么使用，这些开支应该透明，能够接受检查。政府工作报告应该对每一年 4% 有没有落实加以说明。有钱固然是好事情，但是有了钱以后，如何把钱用好，是一件不能说更重要，起码也是同样重要的事情。

主持人：本届两会的代表委员们特别关注的一个话题，就是怎么能把这个钱用好。

朱永新：的确如此。每个城市面临的困境、面临的问题不一样。这笔钱从国家的宏观教育政策来说，需要调动地方政府的积极性。现在很多地方政府需要好的政策去引导，鼓励他们能够更多地为弱势人群的教育去做更多的工作。比如说北京外来民工子女非常之多，这笔投入我觉得国家财政可以给予适当支持，以调动北京市的积极性。

主持人：现在有一个问题，中国太大了，各地的发展是特别不平衡的，就像4%出来之后，肯定有条条框框，比如这笔钱用到什么方面，有一个大的标准在那里。但各地的标准太不一样了。昨天顾秉元老先生在一个会议上说，他回到他老家江阴的一个农村中学，有点傻了——教室里面有电子显示屏，上面有温度计、湿度、恒温；可是到一些西南地区，到城市的中学都未必有江阴农村地区的学校这么好。

朱永新：衡量教育投入的一个标准就是生均公用教育经费。这笔钱摊到每个学生身上，投入最好的省跟投入差的省相差有十倍，最好的上海小学生的生均公用教育经费是贵州的七倍，上海中学生均公用教育经费是江西的八倍。

中国如此之大，本来就是地区发展不平衡，没有差距也不可能，但不能有如此大的差距。国家应该有一个底线，在全国生均公用教育经费不能高于两倍；或者有一个过程，或者第一年4%的时候保证不超过四倍，第二年不超过两倍，要有一个逐步改进的长远规划。这笔钱靠地方政府无法筹集的时候，中央政府新增财力的部分就要转移支付支持给它。现在生均公共教育经费主要是投在日常的教育活动中，主要是软件，这是维持学校正常教育发展的一笔费用。

主持人：教育费用其实还有很多特别细化的，比如教师的绩效工资。

朱永新：工资也是这样。东部和西部、城市和乡村，甚至有些地方同在一个城市，但在开发区、工业园区的区域之间，教师收入也不一样。这时教师的流动就很困难，教师到边远农村服务的机会就会受到很大的限制。的确，表面看起来是怎么用钱，实际涉及国家教育基准，涉及国家教育均衡，很多教育的其他问题需要统筹考虑。

主持人：听说前段时间您去检查工作的时候，很多老师跟您反映绩效工资差异太大的问题。

朱永新：绩效工资当初设计的时候出发点非常好，想改进与提升中小学教师的待遇，让他能够和公务员比拼。但基于这样的出发点，其他问题相对没有考虑到，比如一个其他教育阶段的教师，像高中、学前甚至于大学教师，在一些地方，地方高校也是由地方政府统筹的，现在造成义务教育阶段老师的工资有时高于高中甚至高于大学老师，带来一些新的问题。另外，学校里面的奖金或者教师的激励机制由校长、管理层综合考虑，但是有绩效工资以后更多走平均路线了，这样一来给校长在激励教师的管理活动上带来一些困难。

主持人： 在不同地区绩效工资差别也是很大的。

朱永新： 不同地区的公务员待遇差距也很大。

主持人： 关于老师的流动，我们一直提倡让重点校和薄弱校之间都有教师的流动，甚至说要有地方校长进行流动，但是流不起来。在这里，优质资源和相对薄弱资源是没有办法进行互补的。

朱永新： 是，教师的流动受很多条件的限制。可以采取不同方法来推进教师的流动，一种是工资奖金待遇不变的流动，通过组建教育集团学校对口支持的方法去推进流动。这种流动可能相对来说会容易一些，也可以起到帮助薄弱学校教师发展的作用。同时，有些地方现在探索利用社会智力资源来帮助农村教师提升这样的办法，比如像有扶贫基金会在广西、南宁进行试点，组织退休教师到农村去帮助学校整体进行教育管理的提升、学科教学的提升，刚刚退休的教师身体还很好，经验也丰富，所以试验取得了很好的效果。

主持人： 去年我们的记者去沈阳市采访，沈阳市人大本来出台一个规定强制执行校际间流动的方案，已经提到常委会审议，最后被否掉了。不为别的，政策初衷特别好，但是他们担心执行的难度。

朱永新： 因为受很多条件的制约。不仅仅是待遇问题，还包括住宿。农村学校没有教师住的地方，甚至没有教师吃饭的地方，没有生活老师的编制，去了之后要有人烧饭、有人做家务，这些编制没有，会带来一些新的问题，这些问题不统筹解决，也很难实现真正的流动。

主持人： 现在有一个明显的感觉，很多教育政策的制订有时候是被媒体推着跑。最简单的比如说去年的免费午餐，这些地区孩子的营养状况和吃饭问题，在并校之后是可以想象的。但为什么在制定政策的时候，根本没有想到这些具体的问题？一拍脑门政策就出来了，最后出现这么多问题。校车问题是最严重的。

朱永新： 当时撤校并点的时候没有想那么多，想的更多的是整合农村教育资源，提升农村教育品质，让学校集中起来，好的老师会更多一些，教学效率更高一些，孩子们受的教育更好一些。这个出发点好不好？非常好。但是，做的过程中，很多问题就没有细致地考虑到，比如孩子上学路程的问题。我到贵州一个山区去，孩子上学走两个小时山路，他们说还有更长的。一个孩子每天这样来回走两个小时，多艰苦？而且那个地方根本不可能通校车，在那样的情况下不应该撤村并校，应该保留。

我一直认为，农村的学校在一定程度上是农村文化生态的魂，村小的老师就是村里的文化人，对村里的文化建设、文化生态起着很重要的固化作用。学校走了，老师走了，文化人走了，这个魂就没有了。农村学校的问题，不仅仅是一个教育的问题，我觉得这些问题我们考虑得也不是很周到。无论在西方还是中国台湾，很多微型学校如今在农村里同样存在，几个孩子的学校，几十个孩子的学校，几个老师的学校，照样存在。没有必要一刀切。中国的教育政策制定最怕的是一窝蜂、一刀切。

主持人：包括这次校车一出事，应该最起码保证孩子上学路上安全。但是又来了一窝蜂的政策，好像一下子一哄而上。

朱永新：校车的事情也要因地制宜。校车也不是说百分之百的能够安全，我们小时候每天都是走路上学，同样也很快乐。

主持人：但是不会走两个小时吧？

朱永新：那不会。

主持人：我在宁夏采访的时候，就遇到过您说的这个问题。撤点并校把西吉下面一个乡的孩子集中到一个地方，住校的条件很差，大通铺，几十个孩子挤在一个房间，家里的孩子比较穷，一般从家里带上馍吃上三天，中间一天由父母走上三个小时，给孩子送一次馍。

朱永新：这次提的建议里，关于改进农村寄宿制学校的条件问题，非常严重。我考察了很多农村寄宿制学校，安全的问题、营养的问题、心理的问题，都非常严重。不到万不得已，不应该把孩子从父母身边剥离；不到万不得已，不应该让孩子住在寄宿制学校里面，应该尽可能让孩子回到家庭中。

主持人：刚才您说的科学决策的问题特别重要，好多政策真的不能是几个人在那儿空想一下。

朱永新：关键是决策过程的规范化、公开化、透明化。应该至少有专家的论证。任何决策都必须有专家论证，有公众的听证，有小规模的试点，有不同区域的实验。这四个环节缺一不可，才能保证决策的科学化、民主化。

主持人：现在有好多专家感觉太浮在面上，对情况不了解。

朱永新：现在很多是假专家，并不了解实际情况。我觉得还是应该尊重那些真正专家的意见。充分的调查研究是非常重要的，那些真正的专家总是经过充分的调查研究，对国外国内的情况也比较了解。专家之间意见也有不一致的，这个倒没有关系。所有的专家都能真正作出科学决策？也未必。我们很多重大的决策有时也有专家误导。不过，即使有些专家不是那么靠谱，总体上来说有专家论证比没有专家论证要好得多，可以集思广益。可以多请一些专家，可以多经过几轮论证。

主持人：刚才我们一直在说关于硬件和软件的问题。这几年明显感觉，盖房子工程，尤其是农村这边，在边远地区兴起盖房工程，改善校舍，盖得差不多了又赶上汶川地震，又开始校园工程一定要加固。房子建了拆、拆了建，教育投入是多了，但钱是不是浪费在不必要的地方了？

朱永新：过去人家讽刺我们的 GDP 是建了拆、拆了建，都会统计到 GDP 去，就是一个 GDP 工程。现在这个也反映了我们教育缺乏比较系统长远的考虑。早就应该出台学校建筑标准，就不用靠地震发现问题了。现在整个中国是一个大工地，在全面建设过程中，一开始就应该有人关注这个问题。应该了解国外的动向，尤其是我们临近的像日本这样的地震多发国家的校舍建设，去看看它的学校标准就知道了。当然这和我们的教育投入分级管理有很大关系，我们是以县为主的教育管理体制，县级财政相对来说又比较紧张，压力也比较大，所以能低标准的就低标准一些，能将就的就将就一些，没有统一标准。因此需要出台国家标准就是这个道理。国家标准也不是就一个标准，可以 ABC 分类，西部、中部、东部建立不同的标准，但是鼓励大家以最好的标准来建设学校、管理学校。

主持人：您做新教育实验有很多条腿，老师们把一线各方面的情况都反馈到您这里来。

朱永新：我们新教育实验现在全国有三十多个实验区，有将近 1 400 所实验学校，有一百多万师生参与我们的新教育实验。第二，我们还有一个教育在线网站，这个网站有 40 万左右的老师在上面进行交流。第三，我还有自己的博客和微博，我的腾讯微博和新浪微博加起来有 350 万左右听众，这些都是我重要的信息来源。我经常说我不是最有学问的人，但是我是和一线老师走得最近的人，每天打开电脑，各种各样的声音八面来风，对老师的所想所思，对他们的实际情况，相对来说还是比较了解。另外，我作为民主党派一员，每年有大量的时间在全国各地进行调查研究，所以相对来说对教育问题、教育的情况还比较熟悉、了解。

主持人：对于您这次来参会他们最想反映的问题是什么？

朱永新：我这次带来十多个关于教育方面的建议和议案，很多都是老师给我们提供的。比如，有些老师通过互联网给我发来邮件，希望我来呼吁老年教育的问题。现在中国进入老龄化社会，退休以后没地方继续学习，老年大学经费、师资、校舍各地方没有统一规定，都很困难。再比如，有人希望我呼吁解决异地高考的问题，北京的一些父母跑到民进中央来找我，提供很多材料给我。还有人希望我关注乙肝携带者的问题，等等。但从我个人来说，各种各样的问题之中，我还是比较致力于或者说主要还是关注教育问题。因为这是我专业以内的事情，相对能够有所把握，有一些专业以外的问题也会关心，但要直接写成提案建议，条件还不是很成熟，也借这个机会跟那些朋友说一声抱歉。

主持人：他们会不会比较关心教育投入增多了，钱会投在哪里？

朱永新：这个还是有很多人关心。首先老师们希望提高自己的待遇，改进学习的条件、机会，同时比较希望能够关注弱势人群、薄弱地区农村。这两个方向是大家比较关注的。

主持人：您刚才提到科学决策的问题，有没有可能我们做一个特别深入的调研，能够把一些后续可能出现的问题整合在整个设计规划里面，不要头痛医头脚痛医脚，出了问题临时抱佛脚。

朱永新：整个教育投入的方向，把中国最需要投入的方面要进行分类，分成第一最紧迫的、最重要的，第二最重要的、不是很紧迫的，第三很紧迫、不是很重要的，第四不是很重要、也不是很紧迫的。这是管理学很重要的原则。目前来说，最关注的是最紧迫和最重要的事情。

主持人：您在教育问题上这四类是怎么分的？

朱永新：公平的问题是目前最紧迫也最重要的，这涉及一个欠账问题。有些很长远不是很紧迫的要进行积极部署，比如国家的一类大学建设问题，短期可能出不来，但是是很重要的。国家培养创新拔尖人才的问题，我们在推进公平的时候，不能因为推进公平而把这个问题给忽视了，要体现兼顾效率。另外，很多问题很紧迫，但从重要性来说没有其他的那么重要，也必须去应对和解决。具体说来，其实每个人眼里的看法不一样，分类本身还需要进行缜密的调查研究。

主持人：我记得前两年有个很有意思的现象，一开两会的时候大学校长们都在呼吁大学的钱太少了，大学太穷了。后来有了“985”、“211”以后，国家对高校的投入增加，大学校长开两会时，有一年居然集体代表农村教育要钱。

朱永新：应该说投入大学教育的钱还是不够的，即使像北大、清华这样的一流高校，和世界一流高校比，对他们的教育投入还是很少的。据我了解，大概北大的总经费是哈佛的1/10，不知道这个数据是不是可靠，反正差距很大。因此，想办世界一流大学，没有投入也是很难的。这个钱是不是完全靠政府去投？这也是一个很大的问题。国外很多著名大学不是政府投资建的，靠来自民间的资金，国家在科学研究项目上可能给支持，但是大部分还是靠学校自己去经营，包括吸纳教育捐赠等。现在民间资本进入教育的渠道还不畅通。

主持人：民间资本进入教育，这个是不算在4%里面的？

朱永新：应该是不包含的。这个具体统计我不是很清楚。

主持人：我们常常开玩笑说，现在的民间教育资本在民间疯狂敛财，各种培训班已经把很多中产阶级都要掏空了。一个孩子的一个一对一培训花上几万，再报这个班那个班，可能很多城市家庭一年为了孩子的投入花上小十万块钱都是很正常的。

朱永新：这个主要和应试教育的压力有很大关系，也和父母的观念有很大关系。

从应试教育的压力来说，现在分数竞争、考试竞争、重点学校竞争非常之激烈，所以你要想进一个好大学必须进好高中，要想进好高中必须进好初中，要想进好初中就要进好小学，要想进好小学就要进好幼儿园，不让孩子输在起跑线上。每所学校又有各种花样百出的人才选拔办法，所以要参加各种各样的补习考试，有一些培训机构还是利益共同体，这样一来，毫无疑问给父母增加了非常大的经济上的压力。

当然，这个问题本身和我们很多父母的教育素养或者说教育观念还是有关系的。我经常说，你要知道教育本身最高的境界是把每个人培养成他自己。不可能所有人都上北大、清华，应该尊重孩子的个性，尊重孩子的潜能，帮助孩子成为他自己。当然，从根本上来说，大家为什么参加如此激烈的竞争？当然因为优质教育资源不够，但是背后是什么？背后还有一个很重要的原因就是社会的收入分配差距太大，社会的等级之间界限太分明。

在丹麦、北欧这些幸福指数相对比较高的国家，他们有一个共同的特点，就是社会的分层不像我们那么大，一个部长跟一个熟练的技术工人工资差不多。我不能做科学家，我做工人没问题，我做工人照样可以住别墅，照样可以有尊严。我觉得这是很关键的。教育的很多问题不是教育的问题，要放在社会背景中去看。

包括考公务员，为什么一定要硕士生、博士生？你接受过基本的高中教育就可以做公务员了。公务员有不同的类型、不同的职务，全社会应该更加看重人的能力而不是注重学历，注重人的品行而不是仅仅注重人的分数。教育的很多问题应该从教育之外寻找答案，需要整个国家对社会作一个顶层设计。

主持人：教育闷头自己做是没用的，就算我们实现了教育公平，学校与学校之间的差距缩小，整个社会观念没有扭转过来，可能也是在做无用功。说到4%的问题上来，您说的要科学决策，设立各种委员会，您今年准备把它做成一个建议送到两会上吗？

朱永新：我在去年全国人大常委会上已经讲了，教育经费优先、推进教育公平、优先放到农村放到薄弱学校，要建立国家的拨款论证制度等等，袁贵仁部长代表教育部在回应的时候已经作了相对全面的回答。我今年不准备继续正式提一个议案。有些代表提出是不是建一个《教育投入保障法》？我觉得暂时没有必要。因为立法方面最迫切、最重要的是像《学校法》、《学前教育法》、《教师法》、《高校法》的修订等等。毕竟4%已经写进教育规划纲要，政府已在落实，至少到2020年之前稳定一段时间应该是可行的。

主持人：怎么能够把您说的让拨款不再是一个工程，变成一个长效机制，不再是这块弄一个校园工程，那块弄一个营养餐工程？

朱永新：这个要国家统筹安排。有一些地方解决为主，有一些中央财政解决为主，进行分工合作。我觉得还是需要按照《纲要》提出来的这些目标任务去全面落实。因为《纲要》毕竟是经过大量的论证，上百万人参与调查反馈讨论，几上几下反复地修改形成的。这是一个相对来说比较科学的决策典范，能把《纲要》规定的这些事情做好就很不容易了。

主持人：怎么能够把钱花到刀刃上不是一个容易的事情，需要各方的努力。感谢各位网友。特别感谢朱老师，谢谢他跟我们分享各种观点和见解。非常感谢。

朱永新：谢谢各位网友，谢谢主持人。

二、位卑未敢忘忧，积极建言献策

长期以来，中国社会存在的二元结构，造成城市和农村比较大的差异。城市的居民和农村的农民收入、社会福利、居住条件也都有非常大的区别。从一定的意义上说，是农村支持了城市的发展，是农业支持了工业的发展，因此现在，工业反哺农业、城市帮助农村、东部支持西部应该成为我们的一个基本国策。这是建设社会主义和谐社会的一个重要的途径。

一个国家的文明程度，在很大程度上取决于这个国家的均衡发展的程度，取决于这个国家人民生活的平均富裕程度。缩小过大的差距，应该成为中央政府的重要决策。

摄影：腾靖南

作者：杨明义

我当委员第一年

2004年2月27日
媒　体：人民网

朱永新：强国论坛的各位网友大家好！

三叶青：朱永新委员，您看过“网友建言”里的文章吗？

朱永新：网友建言的大部分内容我都看过了，里面有很多非常好的建议。

震　斌：高等职业教育应有新思路。

朱永新：关于高等职业教育的思路，大部分我都赞成。高等职业教育和普通的高等教育是不同的范畴，应该有不同的思路，目前高等师资的确良莠不齐，尤其缺乏既懂理论又有丰富实践经验的老师。如果方便的话，我回到苏州以后我们可以当面交流。你也可以给我写信，对苏州的整个高等职业教育提出意见。

雷云昆：对于下岗职工，社会对他们是不公平的，请关注一下他们吧。

朱永新：你的问题能否给当地的政府反映一下，下岗职工在全国是一个很大的群体，目前，他们的处境的确是非常困难，我也有同学和亲戚在这个群体之中。

农阁居士：谢谢老朱的教育在线，谢谢您的《新教育之梦》。

朱永新：谢谢你，我想你一定是教育在线的老朋友，也非常感谢你看我的《新教育之梦》。

米仓古柏：请朱市长关注教育在线网友们对“创建新型半工半读教育”提案的热情支持！

朱永新：新型半工半读教育应该是我的一个设想，我曾经设想在中国很多高等职业技术学校，或者中等职业学校，贫困的学生可以不用交一分钱来读书，他们用自己的工作和薪水来交学费。而学校和相应的企业联系，或者学校自身有这样的企业。我们在苏州大学的高等技术学院（周庄）准备进行这样的尝试。

三叶青：真担心明天此刻我们这里处于停电状态，那将是一大遗憾——失去一次交流机会。

朱永新：我们都是政协委员，加强调查研究、提高建言献策的水平，是我们每个政协委员应尽的义务。从我来说，我通过网络以及其他的途径，经常开展一些调查研究，希望我们能够加强联系。希望你们那里不会停电。

新闻眼：您那个网站是你自己创办的还是以你的名义及声望来创办的？

朱永新：新教育在线网站是我和我的朋友一起创办的。我的博士生李镇西是总版主。

屋大惟：朱代表谈谈一年来的感受怎么样？酸甜苦辣咸的滋味不好受吧。

朱永新：做政协委员一年来，感到肩上的担子很重，要把民间的声音带到政协。我曾经在省政协做过十多年的委员，当时主要是关心全省范围内的问题，成为全国政协委员以后，我关心更多的是全国的问题。由于精力所限，同时也由于专业领域所限，所以我更多关心的是教育的问题。我希望能够把全社会对于教育问题的关注，比如说教育经费的投入不足，比如说高考制度的改革等等，能够带到我们的政协来，能够反映到我们国家的有关部委。虽然很忙，但是很充实。

谬　论：请问朱先生我一直没有搞懂的问题：政协是一个什么样的组织？它的权力范围是什么？与人大有什么关系？为什么有了人大还要有政协？难道其他党派不是人民，不能当选人大代表？

朱永新：你可以到人民政协网进行详细的了解。政协是一个参政议政的人民团体，它跟人大不一样，人大是行使人民的权利，一个权力机构。在人大代表里面也有很多民主党派的人士。

远　文：中国经济改革已经取得相当不错的成绩，但很多人认为政治体制改革严重落后，您怎样看待这个问题？也请你关注一下群众上访的问题。

朱永新：谢谢你！我们才刚刚开始利用网络来了解民间的声音，我们希望能够更多地听取网民对政府的意见。经济改革已经取得相当不错的成绩，实际上我们政治改革也迈出很大的步伐，政治体制改革相对于经济体制改革来说，总是具有一定的滞后性，经济基础对市场变革总会提出一定的要求。

新闻眼：您是主管教育的，请问您怎么看苏州这个特殊地理位置的基础教育？我想大家也非常想知道当地的农村基础教育。

朱永新：苏州的确是一个非常特殊的城市，它有着 2 500 多年的历史，有着丰厚的历史文化底蕴，苏州的基础教育应该说是全国比较好的基础教育，我们在全国中等城市中是第一个普及九年义务教育的，同时我们的农村基础教育应该说也是全国最好的。苏州城乡之间学校的差别，可能是全国最小的。从政府方面来说，我们的策略是尽可能雪中送炭，而不是锦上添花。帮助农村的学校以及城市的薄弱学校改变面貌，是我们最近几年来一直努力去做的。

青　鸟：朱委员，这一年来你自己觉得做政协委员合格吗？

朱永新：我给自己打70分吧，因为毕竟我还不是把整个的身心用来做政协工作的。我主要的精力是为我的城市、为我分管的社会事业尽心尽职，为我热爱的教育奔走呼吁。当然，这些跟政协工作有很大的联系，所以我认为自己还是基本合格的。

中华是我亲爱的家：因为是老师，晚上很忙，稍后就要下班了。

朱永新：听说你是老师，我感觉特别亲切，作为老师能够上强国论坛说明你除了关心教育以外，还关心整个国家的政治，有着强烈的社会责任感。我觉得这是非常重要的，能够把对国家、对民族的关心和爱传达给孩子们，而不是让孩子们的眼睛仅仅盯着分数，这是一个真正的教育者应该去做的。

谬　论：请问朱先生，为什么教育乱收费屡禁不止？我国的义务教育算得上名副其实的义务教育吗？

朱永新：教育乱收费是非常复杂的问题，我们国家是一个经济还不非常发达的国家，穷国办大教育，政府的财力非常有限，政府的投入不足，在很大程度上是教育收费不规范的原因，当然也不排除有一些教育行政部门和学校的校长乱收费的情况。从根本上来解决教育乱收费的问题，我觉得应该是加大政府投入，确保学校的基本公用经费，确保教师的工资，由政府财政来支持。我们正在努力纠正教育乱收费的现象，比如说学校财务公开，比如说今年实行一次性收费等等。

无名之贝：您对强国论坛网友们的爱国热情和建言水平如何评价？

朱永新：对强国论坛网友的爱国热情和建言水平我是非常感动的。一个国家政治文明的程度，在很大程度上取决于这个国家的人民参与政治的程度。每个公民都有这样的爱国热情，都能够关注国家的建设和发展，包括关注国家存在的各种问题和弊端，这是一个国家的福音。

神光之剑：朱市长对网络亲民有何体会？在强国论坛有什么收益吗？

朱永新：坦率地说，强国论坛我来得不是太多，我主要的精力在打点我自己的教育在线网站，但是我也会经常到强国论坛来看网友们对政治、对社会问题的一些见解，很多看法对我是有帮助、有启发的。在现在这样一个社会，离开了网络，我想可能就不一定是非常有现代意识的现代人。谈不上是网络亲民，因为我跟大家一样是个普通的网友，我也会灌水，也会聊天，当然因为我是用真名上网，所以相对来说会更加严肃。

zcyx2004：朱市长，您认为参加今天这样的交流应该达到一个怎样的目的？

朱永新：在网络上的交流就跟我们平时跟朋友们聊天交流一样，很难有什么功利性的目的。但是作为一个政协委员，今天的交流从我的内心来说，我是想倾听大家的意见，我们正在开常委会，过两天就要开全国政协大会，我有责任和义务把大家对国家、对社会、对教育以及其他问题的看法带到会议上。这就是我的目的。

无名之贝：您对实行人大代表和政协委员常任制的意见怎么看？

朱永新：人大常委的常任制已经出台了，有一批年富力强的专家开始他们的专职常委的工作；从长远的发展来说，政协也应该有一些常任的委员，这样才可能有充分的精力、时间来进行调查研究，提出高质量的建议，高水平的建言献策。

吉日兮辰良：朱市长，问您一个苏州的问题，苏州现在大兴土木，大面积圈占土地，发展得很快，而吴文化也在被毁灭性地破坏，您作为副市长，对此有何看法？

朱永新：我不完全同意你的看法，苏州是一个有着 2 500 多年历史的文化名城，对于苏州文化的一种认识和关怀，应该说是最近几年来苏州市的自觉行为，文化苏州是苏州最大的品牌。当然，一个城市，特别是在苏州这样一个古老的城市，怎么样发展经济，怎么样发展工业，这是一个值得我们重视的课题，我们在苏州古城是绝对不允许大兴土木的，绝对不允许大面积圈占土地的，但是在苏州的工业园区和工业新区，我们发展一些高科技的产业，不仅可以提升整个城市的地位，而且有助于这个城市的可持续发展。文化的发展，也需要有经济的支撑。

无名之贝：请朱市长谈一谈苏州市的中学素质教育的开展情况，并请问朱市长，如何进一步改进目前的应试教育模式？

朱永新：素质教育和应试教育是一对矛盾，中国的高考制度在很大程度上制约了整个教育的发展，影响了中小学的素质教育。苏州作为全国的一个部分，当然也存在着应试教育的各种问题。面对这样一些问题，我们做了很多努力，其中我主持的新教育实验，提倡营造书香校园，聆听窗外声音，就是为了强化人文底蕴，强化素质教育。

zcyx2004：朱市长，您对自己工作中目前最不满意的是什么？

朱永新：对自己工作中最不满意的是我的时间太少了，没有充分的时间去认真读点书，去深入地开展一些调查研究。

顺　便：朱委员，你整天只顾着为人民服务做人民的公仆，对自己的家庭照顾应该有很多不周的地方，你的夫人会有怨言吗？

朱永新：不仅我的夫人有怨言，我的父母亲、我的孩子、我的亲友都对我有意见。做任何事情都是有得有失的，做一些自己想做的事情，做一些对社会有益的事情，可能能够让更多的人得到益处。

飞跃万重山：朱委员，我认为毛泽东教育思想是英明伟大的，毛泽东时代的教育制度确有合理性，你怎么看？

朱永新：毛泽东的教育思想有很多非常精辟的观点，比如说他对于学生负担的批评，对于考试制度的批评，比如说他对教育和生产劳动相结合的观点，比如说他对人格教育的重视，都有很多创造性的阐述。但是毛泽东教育思想也有一些弱点，这些弊端在“文化大革命”中产生了一些消极的影响。你如果有时间，可以看我在《中华教育思想研究》这本书里对毛泽东教育思想的论述。

太行山抗日游击队：请问朱老师，《中华人民共和国义务教育法》第10条明确规定“国家对接受义务教育的学生免收学费”，你认为目前的教育政策做到这一点了吗？

朱永新：从政策上来说，对于义务教育是有规定的，但是我们收的是书本费，是杂费，而不是学费。当然学费跟杂费很难有严格意义上的区分，所以这次我们提出对西部地区以及其他贫困地区的学生采取全部免费的措施，包括教科书，包括各种杂费，甚至于还应该提供免费的午餐，这样才能够真正让贫困的孩子读书。

三牛哥：朱委员，您认为教育非得产业化才适合我国国情吗？

朱永新：总的来说，我不赞成提教育产业化的概念，尤其是在基础教育阶段，应该以政府的投入为主，这是政府为纳税人应该尽的义务和职责。如果在基础教育阶段提教育产业化，就会削弱政府的责任。当然，我们不反对在非义务教育阶段发展一些教育产业。在当前，尤其应该重视强化政府的职能，加大政府对教育的投入。

飞跃万重山：朱委员，你能不能像陈德铭同志学习，也到西部贡献几年你的才华？

朱永新：陈德铭同志是我的老领导、老朋友，我非常敬佩他。我也非常乐意到西部贡献我的才华，如果有机会，我愿意服从组织的安排。

新闻眼：这种与网友的交流您会经常进行吗？在当地您还有什么形式与市民进行交流？

朱永新：这样的交流我几乎每天都有，在我们的新教育在线，我每天和老师们进行各种形式的交流，上面有我自己的主题帖，我也经常在其他老师的帖子后面跟帖，老师们也经常通过短消息和 e-mail 和我交流。

崛起中华：朱常委，你的乙肝提案很好，但设立阅读节是务虚的！

朱永新：从内心来说，阅读节是我最重要的提案，去年我曾经提过这个提案，今年我再次提出，可见我对它的重视。我认为在我所有提案里面，阅读节是最重要的提案，因为没有什么比阅读对于我们这个民族更重要的。一个民族的精神，一个民族未来的发展，在很大程度上取决于这个民族的每个个体的阅读，因为一个人的精神发育史就是一个人的阅读史。一个人的气质、一个人的社会责任感，在很大程度上取决于这个人是不是认真地读了一点书。事实上，不同的国家、不同的民族，他们的竞争力也取决于他们的阅读状态。

打了一针强心剂来上网：朱委员，关于高教的高收费你不敢回答吗？

朱永新：对不起，不是我不敢回答，因为现在问题太多，来不及回答。高教的收费问题，是一个非常复杂的问题，从总体上来说，我们高教的收费还没有完全按照高等教育的成本核算，我们也不清楚一个学校的人均教育成本到底是多少，因为每个学校的差异很大，成本有很大的不同。高等教育是非义务教育阶段，作为一种投资的行为，为高等教育付费，由受教育者买单，是正常的，问题是我们怎么样能够让所有的人都能够接受高等教育，那就要建立比较畅通的助学贷款制度。在苏州，我们承诺：所有在苏州就读的孩子不会由于家庭困难而影响他们的学业。我们通过各种手段帮助贫困的学生顺利地学习。当然，通过贷款进行学习的学生，他今后有责任和义务偿还贷款，这也是世界各个国家通行的做法。所以，不能简单地说高教高收费。同时我也认为，应该对某一些学校，比如说培养教师的师范大学，采取免费读书的办法，鼓励那些贫困的但是又非常优秀的学生报考师范大学，毕业以后，他们有义务到贫困的地区进行教育的服务。

论坛新用户：一些高校领导为了迎接教育评估，强迫教师伪造试卷，请朱市长关心一下此事。

朱永新：我这次有一个提案，就是讲评估的。我提出完全没有必要由政府机构进行大规模的评估，应该把评估交给中间的机构去做。实际上，学校办得好不好，老百姓心里有一杆秤，学生心里面最明白。应该看学校的社会反响，应该看学生的竞争力，应该看同行对于学校的学术能力的评价，这些在国际上有通行的指标。实际上我们只要要求学校如实地向社会公布指标就可以。如果学校发布虚假的信息，那么就让它受到应该有的惩罚。没有必要进行各种兴师动众的、大张旗鼓的检查，这样不可避免地会出现做假账的情况。

无名之贝：请问，您的提案在强国论坛贴出后网友提了不少建议，对提案的修改完善作用大吗？

朱永新：我准备在修改提案的时候，参考大家的意见，实际上我写提案的时候就已经看了很多网友的建议。

飞跃万重山：朱委员，你能不能说服苏州大学对西部的某所院校给予支持？你本人能不能做特聘教授？

朱永新：苏州大学属于省属高校，对于西部某所院校的支持，取决于江苏省教育厅和苏州大学本身。当然我愿意做红娘，我也愿意做特聘教授，但是很坦率地说，我可能没有太多的时间。

吉日兮辰良：朱老师，你常来强国论坛吗？有几个马甲？

朱永新：我经常来强国论坛，但是我没有马甲，一般我只是看看而已，很少发表意见。

吵一吵：不知道我们的物理、化学、数学等教育，其目的是什么？是为了培养专家、学者吗？

朱永新： 对于我们课程的开设，难易的程度到底应该以什么为标准，我想是值得讨论的。我也有这样的感觉，就是我们的数、理、化程度太深，有一些课程，比如说外语，面向所有的学生，要求太高，而这些课程的功能主要是应付高考，这就造成了很多人陪另外一部分人读书的状态。教育，尤其是义务教育，主要不是为了培养专家，也不完全是为了升学，它应该是为了培养公民，所以我主张应该大力降低我们的数、理、化等学科的难度。在中小学可以开设不同难易程度的选修课程，让那些在数、理、化方面有天赋的孩子，在外语方面有天赋的孩子，能够学得更深一点，大部分的孩子则完全可以用选修课的方式来学习这些课程；这些课程的考试，也应该以大部分学生的基础为标准，而不是面向少部分的学生。除了个别的国家重点大学以外，可以加试一些课程，对于接受普通高等教育的其他学生就可以考得简单一点，让学生们在学习期间，能够学习真正对他们一生有用的东西，能够真正让他们快乐一些、充实一些，学得主动一些、积极一些，这样我们的教育可能会更加受到社会的欢迎。

八方风雨笑神州： 朱市长你好！我们是主人，那么请您转达主人的建议——公务员财产公开！什么时候能公开，请答复。谢谢！

朱永新： 公务员财产公开的问题，我没有办法给你一个时间表，但是，我相信随着我们国家民主进程的加快，随着我们政治制度的完善，公务员财产公开是迟早的事情。

张　度： 你对我国的教育腐败问题怎么看？

朱永新： 教育腐败的问题，我觉得现在我们有点夸大了，但是由于教育和我们每一个老百姓的生活紧密联系，所以社会对它非常关注。我们不排除有一些教育收费不规范、有一些教育官员有腐败的行为，但是不能由此而判断我们整个教育是腐败的。我认为最近这些年来，整个教育有了很大的发展。其中，很多老百姓，包括农民，为教育的发展做出了很大的贡献，甚至于牺牲了他们自己的一部分利益。解决教育的问题，关键还是进一步加大政府的投入，进一步强化政府的职能。

赤县农夫： 朱老师，你在论坛里，把自己看成是一名普通网友吗？

朱永新： 我认为我是把自己看成是一个普通网友的。前面我讲过我灌水，也跟大家开玩笑，甚至于我还跟网友见面，至于网友们是不是把我看成是他们中一员、看成是普通的网友，那是他们的事情，不过，我相信还是有很多把我看成是普通网友的朋友。

农阁居士：朱老总，您会把您的独生孩子送到西部去当教师吗？

朱永新：孩子的事情由孩子自己做主，今后孩子到西部还是到东部，甚至于还是到国外，我想都取决于他自己，取决于他对社会的认识，取决于他自己专业能力的发展。

崛起中华：朱市长，假如我投诉某校乱收费，来找您，您的秘书将会如何打发我？

朱永新：欢迎你来，你根本不用找我的秘书，你直接在网上给我发短消息或者 e-mail 就可以了，当然你也可以直接写信给我，所有的来信，我都会认真处理，请你放心。

替父申冤：朱市长，有不少基层的领导干部，口是心非，说一套做的又是另一套……

朱永新：如果你是大连人的话，你可以写一封信给大连的贺市长，她是我的朋友，是民进中央的副主席。我们的基层干部，绝大部分是好的，当然也有一部分可能工作作风有各种各样的问题。

十寸钉：请问朱委员，政协委员提交的提案对党政有多大的影响力？提案是如何反应或落实到实际中的？

朱永新：政协委员的提案有很大的作用。我在江苏省做政协委员的时候，曾经提出把江苏省的科技兴省的战略改为科教兴省的战略，后来被采纳了。苏州市政协委员提出了许多提案，政府都是认真地来办理的。我曾经就专门负责过一个议案的办理，并且反馈给政协。参加全国政协以后，我感觉到我们各级政府的部门对提案也是非常重视的。比如说我去年的一些提案，教育部等有关部门都给予了非常认真、详尽的答复，同时还听取了我对提案的答复是否满意的意见。事实上，所有的提案都要有办理的结果，都要听取提案人的意见，这是提案工作的基本要求。

各位网友，由于时间关系我再回答大家最后一个问题。

21 世纪汤剂疙瘩：朱市长，教改常改而无实质进展，是否会陷入科举制度一样的泥沼而不能自拔？

朱永新：教育改革是一个系统的工程，教育面临着许多问题，也有人说是患了一个综合征，那么，无论是课程的改革，还是制度的变革，都需要认真探索，都需要从科学地论证到小规模地试点，再到大规模地推广，一个改革需要很多改革的配套，否则很难取得真正的成功。在目前的教育改革中，考试制度可能是一个核心的问题，是一个指挥棒，所以这次我提出了一个关于考试改革的提案。

各位网友，今天我们的讨论就到这里。过几天我们还会在强国论坛继续两会专题的讨论。最近这段时间，我也会关注强国论坛网友们对于国家社会经济、文化教育的一些好的建议。谢谢大家，祝大家晚安！

解读《政府工作报告》

2005年3月5日
媒　体：人民网

《政府工作报告》的最大特点是科学态度和平民情怀

朱永新：各位网友大家好！今天我很高兴跟大家进行交流。今天上午在人民大会堂聆听温家宝总理的《政府工作报告》，和往常一样，都是那样平和、亲切、振奋。总理的《政府工作报告》内容非常丰富，最大的特点是它的科学态度和它的“平民情怀”。它的科学态度表现在对成就充分肯定的同时，对问题和困难的认识。特别是对一些长期积累的深层次的矛盾，也毫不回避！温总理用相当大的篇幅分析了目前我们所存在的一些新的问题。一是粮食增产和农民增收的难度加大；二是固定资产的投资的增幅偏高；三是部分行业过度投资的不良后果开始显现；四是涉及人民群众利益的一些问题，例如看病难、看病贵的问题和上学难、上学贵的问题比较突出；五是安全形势依然严峻。《政府工作报告》还指出，我们各级政府的职能转变比较滞后，效率还不高，形式主义、做表面文章的情况比较突出。

《政府工作报告》中的“平民情怀”，表现在把相当的精力用在关注人民群众的切身利益上。《政府工作报告》专门用一个部分的篇幅，提出高度重视解决实际问题，提出坚持一切为人民，提出要“抓紧解决人民群众最关心、最直接、最现实利益”的问题，其中很多措施是非常到位的。例如，今年中央财政安排250亿元来解决再就业补助资金问题。还有，今年开始用五年时间投入200亿改造乡村卫生院和一部分县级医院卫生设施配套；今年中央财政“三农”方面的支出是3 397亿元；从今年开始全国彻底取消农业税；今后五年新增义务教育经费达到2 182亿元。这些都体现了对人民群众的关心和爱护。

《政府工作报告》还有两点使我感觉印象特别深刻：

一、这次报告用很大的篇幅来阐述教育问题，提出用两年时间全部免除农村义务教育的学杂费，这是我们教育史上重要的里程碑。同时，中央财政要支出100亿来支持地方义务教育的发展。高等教育要创新教育教学模式，提出要培养一支德才兼备的教师队伍，造就一批杰出的教育家。这是我第一次听到在政府工作报告中提出要培养“杰出的教育家”，这标志着教育工作者与其他领域，例如企业家、科学家、文艺家一样也是国家的优秀的、杰出的人才。

二、关于台湾问题。总理重申了我们和平统一、“一国两制”的基本方针，新阶段发展两岸关系推动祖国和平统一的八项主张，提出四个“绝不”：坚持一个中国的原则绝不动摇，争取和平统一的努力绝不放弃，贯彻寄希望于台湾人民的方针绝不改变，反对“台独”分裂活动绝不妥协。温总理关于台湾问题的阐述引起了与会代表三次长时间的热烈掌声。

赤县农夫：朱老师，您好。对总理的《政府工作报告》代表们总体反应如何？您感觉今年的《政府工作报告》相比往年有什么不一样？

朱永新：总的来说，今年的《政府工作报告》结构、主要内容和写法与过去并没有太大的区别。区别主要是两个部分：第一，增加了一个关于国民经济和社会发展的《第十一个五年规划纲要草案》的说明。第二，写成绩的篇幅比以前少，写问题的篇幅比以前多，关注民生的内容、分量更加重。

张胜军：《政府工作报告》对去年的工作进行了总结，请问嘉宾，你如何评价这份总结？

朱永新：我认为这个总结基本上是一个实事求是的总结。一方面对去年我们社会主义现代化事业所取得的成就进行了全面的肯定，例如经济平稳较快地发展，改革开放迈出很大的步伐，社会经济取得新的进步，人民群众的生活进一步得到改善；同时，对存在的一些问题，也作了全面的分析。

北京一小人：嘉宾好，在您所认识的代表委员中，他们对《政府工作报告》的哪些方面反响最强烈？

朱永新：一、对建设社会主义新农村的问题。总理在《政府工作报告》中提出今年中央财政要比去年增加422个亿用于“三农”支出，提出要下决心调整投资方向，把国家对基础建设投资的重点转向农村，另外，彻底取消农业税也是一个热点，同时提出要全面推进农村综合改革。在这些问题上，代表们先后给予了五次掌声，说明大家对“新农村建设”的一种期待。

二、关于教育发展问题。总理提出全国农村实行免除学杂费的问题，以及要培养一批杰出的教育家。这将对全民素质的提高产生巨大而深远的影响，代表也给予非常热烈的掌声。

三、食品安全问题。总理提出集中力量开展食品安全的专项整治，严把食品安全关，加强生产和流通全过程的监管，让人民群众吃上安全、放心的食品。

四、推进社会主义保障体系建设问题。总理提出使失去父母的儿童、没有生活来源的老人和残疾人得到更多的关爱和帮助，让他们感受到社会主义大家庭的温暖。

五、台湾问题。总理提出两岸关系朝着和平、稳定、互利、共赢的方向发展是人心所向，任何人妄图破坏这种大趋势都是注定要失败的，最终完成祖国的统一大业是全体中国人的共同愿望，是任何人都阻挡不了的。

在这样一些问题上，代表们都给予非常热烈的掌声，说明代表、委员们对《政府工作报告》内容反响强烈。

人大代表要真正代表选民说话

红尘浪里孤峰顶上：请问朱委员，您认为政协委员普遍真正履行参政议政的职责了吗？

朱永新：我认为绝大部分的政协委员是比较认真地履行参政议政、民主监督职能的。政协会议上大家踊跃建言献策，每年有 4 000 多份的提案，这说明大家参政议政的积极性是非常高涨的。当然也有一些委员可能由于种种原因，没能非常好地履行这个职责，所以，前不久广东省要求一些不能履行职责的政协委员辞职。我相信，这对许多政协委员也是一个非常好的提醒。政协委员是一份荣誉，同时它更是一份责任。我想，我们都应该不辜负人民的期待，对得起这样一份荣誉。

老鹞子：老朱，看了你的两会博客，很不错。对博客上两会您有何看法？

朱永新：非常感谢你光临我的博客。其实，我早已经在教育在线网站开了我自己的“教育博客”。这次两会在人民网开的博客我以“春天的约会”为主题，每天把我自己的所见所闻所想记录下来，和大家分享，我想这也是中国政治民主化、公开化、透明化的具体表现，也是政协委员和人民群众之间的一种直接的沟通形式。很多网友在博客后面留言，对我的工作既是一个鼓励和肯定，同时也给我很大的启发，有一些也作为社情、民意反映给有关部门，因此，这个博客是联系委员和群众的一个桥梁。

新农村建设亟须解决资源有效配置问题

张兽医：请问嘉宾，为什么要把政府工作重点转到建设新农村上来？那城市怎么办？

朱永新：因为长期以来，中国社会存在的二元结构，造成城市和农村比较大的差异。城市的居民和农村的农民收入、社会福利、居住条件也都有非常大的区别。从一定的意义上说，是农村支持了城市的发展，是农业支持了工业的发展，因此现在，工业反哺农业、城市帮助农村、东部支持西部应该成为我们的一个基本国策。这是建设社会主义和谐社会的一个重要的途径。

一个国家的文明程度，在很大程度上取决于这个国家的均衡发展的程度，取决于这个国家人民生活的平均富裕程度。缩小过大的差距，应该成为中央政府的重要决策。当然，在城市中，也有一些贫困的弱势人群，他们同样需要得到政府的关爱。在总理的《政府工作报告》中也充分考虑到了这类人群。

金小斗：请问嘉宾，您觉得下一步城市该怎么走，新农村又该怎么建？

朱永新：首先，社会主义新农村建设是十六届五中全会党中央提出的重大举措。它关系到全面建设小康社会和社会主义现代化建设的全过程。建设社会主义新农村首先是发展现代农业，促进粮食稳定发展和农民持续增收；同时，应该加强农村的基础建设，改善农民的居住和生活的条件。

其次，应该加强农村的教育、文化、卫生等社会和公共事业。新农村建设最重要的基础是现代农民教育。只有新人才能建设新农村。

最后，建设社会主义新农村，还必须全面推进农村的综合改革。当然，建设社会主义新农村是一个非常艰巨的任务，是一项长期的工程。总理在《政府工作报告》中也特别提出，应该实事求是、因地制宜、分类指导，要尊重农民群众的意愿，不搞形式主义和“花架子”，不搞强迫命令，不搞一哄而起，而是扎扎实实、真抓实干。

至于城市的建设，在总理的《政府工作报告》中，没有作为重点来进行阐述。但是总理对做好国有企业下岗职工的基本生活保障，安排城镇新增的劳动力、高校毕业生、复员退伍军人就业，对国有企业改革、财税投资价格改革、民航体制改革、公共卫生体系建设、公共文化基础设施建设等，都给予了详细的论述。

我认为城市的建设，一个很重要的问题是解决城市困难人群的问题，是保持城市的个性和品位的问题，是保证老百姓能够“上好学、看好病”的问题。

四个“绝不”是13亿中国人的心声

手机用户wap（青青子衿）： 朱市长，您好！请问苏州近几年在古典园林的保护上的投入比例增长是怎样的？

朱永新： 园林工作不是我分管的。但是我知道，苏州园林和古典园林保护以及城市绿化建设都取得了比较好的成绩。特别是苏州有九个园林被列为世界文化遗产以后，我们在去年还承办了“联合国世界遗产大会”，这更加推动我们在古典园林保护中的自觉意识。最近几年我们城市的私家园林的建设也非常有特点。有一些艺术家、企业家纷纷建设具有古典风格的现代园林，成为苏州一道独特的风景线。

金小斗： 在台湾问题上您有何看法？

朱永新： 在台湾问题上大家非常赞同总理今天上午的工作报告讲的主要精神，也就是说四个“绝不”，一方面，要继续和台湾同胞一道促进两岸的往来和经济、科技、文化、教育交流与合作，争取在一个中国的原则基础上，恢复两岸的对话和谈判，推动全面、直接、双向“三通”的进程，依法保障台湾同胞的合法正当的权益，努力为台湾同胞做好服务工作；另外一方面，坚决反对“台独”势力，坚决反对分裂祖国的行径。这不仅仅是代表和委员们，我想也是13亿中国人共同的心声。

各位网友，因为我要赶回会场参加下午的小组讨论会，所以我今天跟大家的交流就到这里。欢迎大家到人民网光临我的博客，也欢迎大家到教育在线网站和我们进行长期的交流。希望我们一起为中国教育的发展、为中国民主政治的进程而共同努力。谢谢大家。再见！

解读新《义务教育法》

2006年7月14日
媒　体：人民网

新《义务教育法》有四大亮点

朱永新：各位网友大家好，非常高兴再次来到人民网和大家讨论教育问题。今天我们的主题是讨论新修订的《义务教育法》，我认为这一次《义务教育法》的修订，对中国教育发展是具有里程碑意义的。从2003年开始，全国人大就有将近600名代表强烈要求修订《义务教育法》，2004和2005年全国人大又有20多件议案涉及修改《义务教育法》，而且每次有近四分之一的人大代表要求修订，这在全国人民代表大会的历史上也是罕见的。连续三年的时间，将近四分之一的代表强烈呼吁修改这部法律，可以看出全社会对这部法律关注的程度。

这一次《义务教育法》的修订全国人大经过了非常深入细致的调查研究，广泛地听取了各界的意见，对中国义务教育发展的走向、基本的政策，作了非常完备的规定。大家普遍认为这部法律有四个大的亮点：第一个亮点是强调了义务教育的国家行为和各级政府的责任。过去我们都是人民教育人民办，更多的是发挥群众的力量、社会的力量来办教育。这一次明确地提出主体是政府，是中央政府和各级政府，所以这部法律提出来各级政府根据职责共同承担义务教育的经费安置，分项目、按比例分担。光经费保障一项就专门有一章14条，对义务教育实施的经费问题，有比较明确的规定。

第二个比较大的亮点，就是教育均衡发展的理念贯穿在这部《义务教育法》之中。这次的《义务教育法》明确各级政府要合理地配制教育资源，包括经费、课程、教学、质量、办学条件、教师的配制，特别强调要加大对薄弱学校的扶持和支持力度，缩小学校和学校之间的差距，同时明确不准把学校分成重点校和非重点校，不准办重点班和非重点班，这对目前人为拉大学校差距的做法是一个非常有力的法律规定。我觉得非常好，也体现了教育公平的基本理念。

这部法律还有一个很重要的亮点就是素质教育。这部法律把素质教育明确写进法律，就是对义务教育的目标方向提出了明确的要求。义务教育做什么？就是促进人的素质的全面提高。贯彻党的教育方针，提高质量，让孩子们全面发展，不是简单的应试教育、分数教育，而是以素质为导向，培养有理想、有道德的建设者和接班人。这次义务教育法对教学内容、课程设置、社会实践也作了相关的规定。

再一个亮点是对教师的权利、义务、责任，包括教师地位也作了明确的规定。因为全国有将近906万教师，整个《义务教育法》最终能不能比较好地贯彻落实，取决于教师的地位、权利、责任和义务能不能得到保证，所以这一次对建立全国统一的义务教育阶段的教师职务制度，还有对教师的收入也作了规定。这次明确地提出教师平均工资水平应该不低于当地公务员的平均工资水平。别小看这句话，这句话是非常非常关键的，因为很多区域、很多地方教师的工资水平是远远低于公务员的，今后再出现这种情况属于违法行为，教师可以起诉当地政府，我觉得这对教师的基本权益作了非常好的保证。

这一次《义务教育法》的颁布是中国基础教育发展的一个里程碑。特别是对于广大农村的义务教育的发展，将会起到根本性的推动作用。

没头脑80：你若没有失业的经历，没经受过筹集学费的辛苦，还解释什么呢？

朱永新：严格意义上来说，我有过失业的经历。因为在高中毕业后相当长一段时间内，我做过搬运工人、做过泥水匠、做过翻沙工人、做过营业员，社会的酸甜苦辣也都尝过，这也是我最近这些年来比较多地关注弱势人群、关注适龄儿童教育的一个很重要的原因。这次《义务教育法》修订了很多内容，包括取消重点校和非重点校等等，也都是我作为一个政协委员一直在呼吁的问题。新《义务教育法》是一部“免费义务教育法”。

白云黑土：2005年对教育来讲议论最多、最受关注的就是“义务教育”了，各媒体屡屡出现某地要实施“免费义务教育”的说法，这个“免费义务教育”到底是个什么概念？相信很多人都没有搞明白。“义务”＝“免费”？“义务”≥“免费”？“义务”≤“免费”？

朱永新：从义务教育本身来说，它本来就有免费的意思。但是因为我们上一次的《义务教育法》没有突出和强调免费的概念，由于我们是穷国办大教育、大国办穷教育、人民教育人民办，所以淡化了免费的特点和要求。因此，现在讲免费义务教育，在一定程度上是强调了免费。有人开玩笑说这一次《义务教育法》的修订是出台了一部“免费义务教育法”，因为它明确提出了“实施义务教育不收学费和杂费”。当然在这个意义上，义务和免费是一致的。

鲁　楠：温家宝总理提出：“从2006年起，用两年时间全部免除农村义务教育阶段学生学杂费，2006年开始在西部地区实施，2007年扩大到中部和东部地区。”其中免除学杂费的含金量有多大？目前免费的义务教育实施情况如何？

朱永新：因为严格意义上，我们过去是没有学费的，只有杂费，所以免除杂费就是指免除目前我们各个学校所收的基本的杂费，当然对于教科书费用的问题没有明确的规定。现在国家对于边远地区和贫困地区困难学生的家庭免除教科书的费用。免除学杂费的含金量，虽然可能一个学期就一二百元钱，但是对于边远地区、困难地区的农村的农民来说很可能就解决了孩子读书的问题。我知道农村地区一年的收入非常微薄，如果教科书不要钱了，孩子今后的发展就会有更多的机会。2007年扩大到中部和东部地区，我知道事实上总理对城市的免费义务教育也非常关注，教育部的领导最近也正在全国进行调研，我所在的苏州市从今年开始实施免费义务教育。这次《义务教育法》的颁布和实施，我想对于东部地区免费义务教育也是一个很大的推动。这个进程我觉得已经大大加快了。根据总理的想法，原来是用三年的时间，对于农村困难地区的困难家庭免除义务教育学杂费，2006年开始用两年的时间，解决所有农村的免除义务教育学杂费的问题。我的想法应该在三到五年内全国实施免除义务教育学杂费，相当一部分地区免除教科书费用的一个格局会基本形成。

顺便五级士官：所谓的“免费”，免的只是学费和杂费，而对于很多人来说，每个学期一百来块钱的书本费照样是他们所承担不起的。所以请问嘉宾，既然实行了免费，为什么不免费得彻底点？哈哈！

朱永新：在免除了杂费以后，书本费的问题我觉得应该是下面一个重点。一方面是现在的确学生的课本很贵，量也很大，很多困难家庭承受不起。同时，我觉得更重要的是从科学发展观的要求来说，从环境资源的可持续发展来说，免除书本费也是一个非常重要的举措。因此，我今年两会期间就提出教科书循环使用的问题。我是主张要加大教科书免费的力度。教科书免费以后，各级地方政府就会用很大的精力来推进教科书的循环使用。我们应该让大部分的教科书能够在我们的学校循环使用。有人曾经统计过，我们国家大概每一年要砍掉900万棵大树，才能满足我们中小学生的教材用书，这是一个巨大的资源浪费。而且有一些课本本身使用的频率非常之低，比如说像体育课本、艺术类的课本，还有一些其他的读本，如果采取学校图书馆采购、学生到图书馆借阅的方式，或者采取教科书固定在教室的方式，学生轮流使用问题，这样就可以大量节省父母在教材上的开支，同时也可以节约利用资源。这也是许多国家一个通常的做法。现在教科书的循环使用推进非常艰难，很多利益群体在阻碍着，同时和我们的教材经常变化有关。我建议教育行政部门和新闻出版部门要共同研究，定出时间表，解决我们国家的教科书循环使用问题，从而尽快推出教科书免费使用的新的政策。这样，《义务教育法》的落实也会得到进一步的保证。

新《义务教育法》着力解决上学贵、上学难问题

happylongwei：朱委员，有句话，不知当不当讲。真的很希望让孩子们都能上得起学。我家孩子要上小学了，现在就开始请客吃饭，准备择校费，选班费，联络感情……我很不愿意这么说，但不得不说，就算是新法出台了，相关部门还是可以换个名称换个方式乱收费。怎么解决这些问题呢？

朱永新：我想在这里任何问题都可以讲。大家都是在关注我们的义务教育。孩子择校的问题、选班的问题，随着《义务教育法》真正的实施和贯彻，都应该得到解决。因为，第一，这次明确地规定学校不允许分重点校和非重点校，学校不允许分重点班和非重点班；第二，规定逐步缩小学校和学校之间的差别，特别是加大对薄弱学校的改造。所以我想这个法出台以后，现在的择校选班是没有法律依据的，也就是说它不合法。关键是我们怎么样去监督、去有效地执行。所以今后遇到这种情况的时候，我觉得老百姓可以拿起法律的武器，用《义务教育法》的武器维护自己的权益。我们的新闻媒体也可以对照法律的标准，监督各级政府行政部门和学校的相关行为。当然很多事情有很大的惯性，从思维方式到观念，到实际的操作，可能都还有一

个逐步改变的过程。我们期待有一天大家不用为上学而焦虑，都不用去请客吃饭，而是该进什么学校就进什么学校。

鲁 楠：学费太高、书包太沉、安全没保障、好学校难进，是不少义务教育阶段的学生和其家长头疼的事，这四个问题，新的《义务教育法》能否解决？分别有哪些措施？

朱永新：学费太高、书包太沉、好学校难进的问题也是这次总理在《政府工作报告》里面提出的上学难、上学贵的问题，我觉得其实最关键的是两个问题：第一个就是认真地贯彻这次的《义务教育法》，保证政府对所有学校尤其是薄弱学校的基本投入，把每一所学校办好，尽可能缩小学校和学校之间的差距。我主张公办学校应该基本上没有差别，在硬件的配制上，在学校的基本设施方面，在教师的基本素质上，没有太大的差别。所以在公办学校义务教育阶段，家长不需要花很多精力去进行选择。如果要选择的话，到民办学校。政府办好每一所学校这是关键。第二个我觉得这一次新的《义务教育法》对解决这些问题，已经有了明确的规定。这种规定比如说不允许分重点校和非重点校，在学校里面不允许分重点班和非重点班，学校收费基准统一，这样把学校和学校之间的差距缩小到最小的范围内。今后在义务教育阶段，应该是就近入学，在家门口入学，我觉得这是义务教育阶段长远的基本目标。所以从现在来说，最紧要的就是应该先把差学校消灭掉。撤并、重组、一帮一（好学校帮助差学校），通过各种各样的方式尽快把差学校提高到一个比较好的水准。学校和学校之间的差距到了最小的程度之后，我相信谁都不会去择校，那时候择校也就没有价值和意义了。新《义务教育法》关键在落实和监督。

独孤求道：朱老师，我从事农村教育三十年，我关心的不是《义务教育法》的新旧，而是《义务教育法》在地方尤其是基层几乎不被官员们和社会上重视，执法、守法以及监督的质量和水平很差，有法不依、知法犯法、监督缺失、走形式等问题相当普遍。新《义务教育法》下来后，会不会重蹈覆辙？义务教育是否仍然徒有虚名？希望朱老师重视并予以解答。

朱永新：这个问题问得非常好。消除有法不依、知法犯法的现象，是保证这部法律顺利得到贯彻和落实的一个前提。所以在《义务教育法》颁布以后，要明确怎样加大宣传的力度，让全社会能够了解我们修订的《义务教育法》基本内容、主要条款以及一些变化的内容，让全社会的知晓率有很大的提升，同时在执法上要加大力度，对于违法行为要形成“老鼠过街人人喊打”的格局。比如说规定教师的工资要不低于公务员的工资，这一条从今年年底各级政府就要认真地去实施，媒体要大力宣传，社会要严格监督，教师本人也应该利用这个法律的武器，来维护自己的权益。教育工会组织，也应该加大与政府和财政以及有关部门的沟通和联络，为教师权益的落实去努力工作。新的《义务教育法》出来以后，我觉得最关键的是认真落实。

自我批评：嘉宾您是否能告诉我们，学校是按照法的意志办还是按照执政（上级主管）意志办？

朱永新：这很大程度上取决于我们是一个人治的社会还是一个法治的社会。如果是人治，当然最好听上级的，一级管一级，官大一级压死人。如果是法治的社会，当然应该按法治意志办。在一个不断走向法治社会的国度，特别是在我们《义务教育法》刚刚颁布的这样一个时期，我觉得强化“法”的意识，按照“法”的意志办，应该是我们努力的方向。

大满贯：义务教育是谁的义务？是国家政府的义务还是父母的义务？如果政府不做这个义务有什么惩罚？

朱永新：《义务教育法》既是政府的义务，也是父母的义务。从政府的角度来说，这次《义务教育法》在法律责任里面明确规定，国务院有关部门和地方各级人民政府违反本法第六章规定，未履行义务教育经费保障的，由国务院或者上级人民政府责令限期改正，情节严重的，对直接责任人给予行政处分。县级以上政府有若干的规定，对照条款都有相应的处罚措施。针对父母的，第58条也有规定，适龄儿童少年的父母，或者其他法律监护人，没有正当理由没有送孩子上学的，由当地人民政府给予批评教育，责令限期改正。从义务来说，既是政府的义务也是父母的义务。法律条款第七章主要是针对政府行为提出来的。

义务教育和均衡教育的实现程度取决于国家和地方财力

独孤求道：朱老师，据我所知，日本、老美都是十二年免费教育，还给孩子发生活费。我们的义务教育和他们有何异同？

朱永新：世界上义务教育的问题、免费的问题、实践的问题都各不相同，有一些国家真正义务教育可能是免六年，有一些国家是九年，也有一些国家是十二年，像欧洲一些国家连上大学都不用交钱。这个当然取决于综合国力和国家财力支持的力度。据我了解，在日本，困难的学生还有生活费，还有交通补贴、餐费补助等等。我们现在国家对于农村的贫困学生住宿费给予补贴或者免除，今后很可能对困难学生的餐费也给予支持。我觉得这取决于一个国家的经济实力和财力。我们国家义务教育和他们从本质上和性质上是一致的。

邋遢道人：上海中小学生均教育经费是河南的10倍，河南郑州生均教育经费是全省平均的6倍，是滑县的15倍。《义务教育法》是否解决这些问题？如果不解决，“义务教育”不是句空话吗？

朱永新：大家可以看到，这次《义务教育法》对教育均衡的问题用了很大的笔墨，要求首先实现区域内的均衡。目前各地的区域经济发展水平造成各个地方的教育成本、教育投入都不相同，所以不同区域能够完全在教育投入、教育经费上均衡的话，可能要有一个过程，但是国家已经明确提出了一些基本的教育基准。这次《义务教育法》已经提出来，要求各级各类的地方政府保证义务教育的最起码的办学基准，包括这次提出学校的生均供应经费基本标准由国家财政部门（在第43条）和教育部门规定，也就是说全国要有一个统一的标准。各地人民政府应该制定不低于国家标准的生均公用经费标准，这就设置了一个最低门槛。如果达到最低标准，在这个上面有一个逐步上升的空间，国家只能控制最低标准。这一次对特殊学校的生均教育经费标准也作了一些明确的规定。各地的教育经费和各地的经济发展水平是相联系的，包括教师的工资水平和各地的公务员工资水平也是相联系的，今后国家要不断地努力解决这样一些问题。

义务教育是国家教育战略的基础

想唱就唱：朱老师，作为一个高校老师，您觉得中国的教育应把重点放在高等教育还是义务教育，或是职业教育？

朱永新：答案毫无疑问，在一个国家社会经济发展最重要的时期，义务教育是任何一个国家必须作为一个战略重点来支持的。因为义务教育涉及全民族所有人的素质的全面提升问题，所以把重点的人力、财力、物力放在义务教育阶段应该是国家行为，是政府意志，也符合最广大人民群众的根本利益。在这个基础上，我认为职业教育应该作为目前我们重点扶持的一个新的领域，因为它和国家的产业政策、经济发展更加密切。高素质的员工对企业的成长、经济的发展具有非常重要的意义。但是目前我们整个职业教育滞后于经济的发展，优秀的学生不愿意报考职业学校，企业的员工没有经受过非常好的职业精神和职业技能的训练，所以我觉得对职业教育要给予特别的关心和支持。至于高等教育，我一直主张，国家应该重点办好一些影响国家根本利益的国立大学，比如说像清华、北大这样一些涉及国家竞争力的学校，再比如说像农业、师范、军事这样一些特殊领域的，需要特殊人才的院校，重点院校国家支持，其他的原则上都应该调动民间的力量，吸引民间的资本来进行。所以我主张对现在的一千多所大学进行全面的梳理，用股份制的方式改造一些大学，用转制的方式卖掉一些大学，吸引国内外的教育机构来参与我国的高等教育的建设与发展。高等教育以放为主。

老笨牛：就义务教育，向朱永新先生讨教一个问题。义务教育制度，说到底就是在教育资源有限的条件下，如何使教育的社会效益最大化的问题，对吗？

朱永新：老笨牛是我们人民网的老网友，也是一直关注我们中国教育问题的朋友，他的很多想法我都有同感，也非常乐意把他的一些意见带到政协和两会。老笨牛讲的问题，是一个比较系统的问题。在资源有限的情况下，怎么样让社会效益最大化，一个很重要的方面就是加大优质教育资源的覆盖和影响的力度。在我们苏州，我们就要求好学校帮助薄弱学校发展。好学校去兼并薄弱学校，好学校和薄弱学校组建教育集团。评价好学校，同时也评价它所帮助的薄弱学校，这样政府在配置资源的时候，就能优先帮助薄弱学校的成长和发展。

子曾经曰过：嘉宾，新的《义务教育法》好像没有对远程教育进行规定，您觉得应该如何规范？

朱永新：远程教育的问题虽然不是这一次《义务教育法》立法的重点，但是这次法律的规定要求各级政府要合理配置教育资源。我想这种合理的配置当然包括学校的网络建设，包括远程教育。我们不能要求一个法律对所有的问题都全面规范，因为目前对于义务教育来说，远程教育似乎还不是最重要的问题。当然，我们知道国家实际上在做义务教育的信息资源共享的工程，这几年也做了很多的投入，包括使优秀教师、教学资源能够传到农村，能够帮助薄弱学校，只不过这次《义务教育法》没有作明确的规定。

青铜器先生：朱委员，何时我们这些外省考生能够和上海、北京的考生分数待遇一样，在同一起跑线上进行竞争？

朱永新：我觉得政府首先应该把学校进行分类，像上海、北京，他们自己城市办的大学，他们可以用城市的标准进行衡量，也可以对本市的学生进行各种各样的照顾，但如果是国立大学，我主张应该采取全国比较统一的分数线和评价方式。当然这可能需要一个漫长的历程。

义务教育违法行为将被严惩

乡音村乐：现在不少地方设有重点初中、重点小学，还异地招生，无疑需要自己掏钱，这种现象的存在，如何体现义务教育？

朱永新：根据《义务教育法》，如果再出现重点初中、重点小学，这种行为就是违反第53条的规定，把学校分为重点校和非重点校，以及改变和变相改变公办学校性质，《义务教育法》提出上级政府要限令改正，通报批评，情节严重的对主管人员和责任人员依法给予行政处分。

lup：请朱老师说一下义务教育资源的配置问题。现在江苏省各个市都在义务教育学校推崇“特色就是卓越”的理念。以这个理念建设的义务教育学校成为热点学校，实际上已经成为多收费的理由。不知道朱老师此刻是如何想的？

朱永新：这次《义务教育法》对资源配置问题讲得非常清楚，不允许分重点和非重点，但是对于学校办出特色来还是继续鼓励的，这本身也是教育发展的非常重要的前提。义务教育办特色学校我是赞成的，但是我们不赞成在公办学校以特色来收费。

各位朋友，因为我下面还有一个会，所以今天和大家就交流到这里，希望大家能够进一步关注《义务教育法》的宣传、普及和贯彻，也欢迎大家到教育在线网站 www. eduol. cn 来与我交流，那里有我的博客，也有我的专栏。谢谢大家！

位卑未敢忘忧国

2007 年 3 月 2 日

媒　体：新京报、新浪网

高考不公给一些家长和考生带来伤害

主持人： 各位《新京报》的读者和新浪网网友们，大家好，欢迎来到新京报和新浪网的嘉宾聊天室，今天的嘉宾是全国政协委员朱永新，还有一位家长秦先生。

高考不公的问题近年来是大家比较关心的问题。目前存在的高考制度给一些家长和考生带来了伤害。今天来到我们嘉宾聊天室的秦先生的遭遇应该是比较典型的案例，我们先听一下他的遭遇，然后请嘉宾分析一下，给他出一些点子。

秦先生： 我的小孩现在北京上高一，2003 年的时候北京有政策可以申请北京居住证，申请了这个证之后可以在北京上高中，而现在出台了一系列的政策，要求户籍和学籍相结合来决定是否能参加考试，这样我的孩子就不能在北京参加考试了，得回到原籍，但原籍没有学籍也不能参加考试，所以现在我的孩子就没有地方参加考试了。

主持人： 请嘉宾分析一下为什么会出现这个问题。

朱永新： 高考牵动了很多家长的心，高考影响孩子一生的前途，因此能不能参加高考，在什么地方参加高考，对孩子的命运有至关重要的影响。怎样给父母和孩子一个公平的高考权，是很值得关注的问题。

我个人主张，应该根据传统的居民概念决定高考的准考资格，也就是说当孩子在某个地方居住满一定年限后，就可以参加这个地方的高考。但由于我们国家不同区域的命题不同，这样做以后会引起高考移民的问题。大家都涌入同一个城市，在同一个城市居住、就学，参加当地的考试，这样一来，就给管理上带来很大不便，而行政部门来不及建那么多中学，大学也可能面临着满额或者招生困难的问题。

我主张在目前的情况下，坚持全国性统一考试的制度，在北京、上海以及其他自主命题的城市，同时应该有全国卷，学校的课程结构和考纲应该符合全国的考纲，然后再符合城市的考纲。现在北京市的命题以北京为主，全国卷和北京的结构差异很大。要求城市的考试大纲跟着全国的考试大纲走，这样各地考生都可以参加全国统一考试，不存在没有地方考的问题，这样问题就可以得到比较好的解决。

我一直主张高考应该分类，现在分区域不是我主张的做法，我主张搞国内大学、省内大学和民办大学几个大的类型，国内的大学比如清华、北大这些名校，可以组织一些全国统一的考试，这样全国的任何学生都可以参加这个考试。每个省可以面向本省的学生设立本省的考试，有条件的市可以组织市的考试，民办大学可以自主选择自己的考试，把权利交给大学。

这样可以避免高考移民，因为高考移民的人总是想上最好的大学，他们往往希望通过移民上更好的大学。如果国家有政策，每年在全国统一考试里面有定向到地区的名额，比如说西藏地区每年定向一万名考生，这样比区域划分更重要。现在很多新疆、西藏的考生进了清华、北大后就不回去了。所以我觉得采取这样的方式可以一箭几雕，解决很多孩子没有办法考试的问题。随着社会的发展，社会变迁的程度会越来越加深，随着建设社会主义新农村政策的推进，农村劳动力的分流问题会进一步发展。从这个意义上说，我觉得应该为所有的人提供公平考试的机会，让所有的孩子都能够公平地参加高考。

考生相同的分数、相同的成绩可能有不同的上大学的机会

主持人：朱委员谈了根源上的高考不公的问题，我想再请朱委员从秦先生本身的遭遇谈一下治标之策。

朱永新：从深层次原因来说，这涉及国家户籍制度的改变。传统的户籍制度是造成城乡二元结构的重要原因，不利于社会的变迁，也不利于管理。实际上我们现在是把户籍跟非户籍分开管理的，我建议今后把户籍管理变成身份证管理，以居住地管理为主，在这个区域居住，就是这个区域的居民，居民的概念就是居住在这个地方的公民。甚至可以去掉户籍制度，是这个地方的纳税人，就要在这个地方读书。政府担心城市膨胀，就应该建设一个卫

星城。每个城市的容量和结构要设计好。现在北京、上海等很多大城市，包括苏州，膨胀得很厉害，我不主张中国的城市无限地膨胀，每个城市不能简单地追求经济的增长，还要考虑城市的平衡，我想这是最好的办法。只要对这个城市做出贡献的人，都应该享受这个城市给他的权益。

高考制度改革：建议在哪里就读就在哪里参加高考

主持人：朱委员刚才说的是我们国家正在着手做的事情，现在我们看到国家在这方面加大了工作力度。刚才朱委员谈到户籍制度改变问题，这是很大层面的改变，我们能不能从小的高考制度的改革先开始？

朱永新：这是系统的工程，为什么我们异地高考的制度没有推开，有很多的复杂性。高考制度的问题，是值得迫切研究的问题。我建议在哪里就读就在哪里参加高考，前提是他的法定监护人必须在当地工作。

主持人：秦先生觉得这个建议怎么样？

秦先生：我觉得很好，我们在这里工作这么长的时间，小孩在这里长期学习后，政策却改了，我们不得不举家迁到别的地方去，这对我们的影响很大，对孩子的影响也很大。如果像朱委员刚才说的，给他一次机会就可以了，没有其他过分的要求。

主持人：请问朱委员，怎么看待北京市居住证的政策，这个政策是不是有一定的滞后性，是不是该与时俱进地发展？

朱永新：这个不太好评论。每一个城市有每一个城市的办法，现在很多政策是不公平的，有一些地方要缴纳很多费用。把人分成三六九等本身就不公平，但是对一个城市的管理者来说，他为了控制城市的人口数量、城市产业的发展，我觉得这些政策都是可以理解的，关键是怎样尽可能地简化对人群的划分。就是说不要把人分成本地、外地人口，人和人本身是平等的，既然是这样就应该给每个人平等的机会，我们的政策不能再给人造成新的不平等。在这个意义上说，所有的人都可以享受权利。

全国人民纳税的大学就应该面向全国，不存在地区的问题

主持人：我们去年做过一个报道，关于地区招生指标分配不均的问题，大家认为现在存在不公平的现象。你怎么看待这个问题？有人说北大在北京招得多，在外地招得少。

朱永新：是全国人民纳税的大学就应该面向全国，不存在地区的问题，只要是高中文凭就可以参加考试，现在高考按学校来统计，也是应试教育，以后的学生拿着高中毕业证在全国的任何地方都可以报考。

主持人：去年高考的时候我们采访了九个全国著名高校的校长，他们认为当地的财政投入很大，在现在的教育体制现状下，这是不是一个合理的理由？

朱永新：学校之间可以产生学分、转学，建立这样的体系我觉得很重要。鼓励不同的大学之间互换学分，赋予大学更多的自主权利、更多的选拔学生的权利，另外大学可以多元化，每个大学有自己选择人才的标准，让学生选择最适合自己的大学。

乱收费的原因就是高校无限制地扩大规模

主持人：有网友问前一段时间发改委曝光了学校乱收费现象，有些学校不认账，有些学校认为这个收费是合理而公开的，这是不是意味着有钱的人可以上这个学校，没有钱的人就不可以上？

朱永新：用钱来买分数，这本来就是不公平的。高校的问题很多，行政化的趋向越来越严重，学生化的特征越来越单薄，很重要的原因就是高校的膨胀。中国很多大学是投资十多亿建设新校区的，很多城市建设新校区的过程中或多或少有一些问题，新校区建设起来，而国家不可能给那么多的钱，就转嫁到学生身上了。乱收费的原因就是高校无限制地扩大规模。大学的主要精力应该是培养优秀的学生，参与国际的竞争，而不是比校园好。这样一来，毫无疑问就把负担转嫁到学生身上了。

主持人：关于高考扩招的问题我想问一下学生家长，前两天教育部长说现在很多人对教育不满，是因为中国的教育底子比较薄，在政府投入不足的情况下，学校想了很多办法，这实际上满足了家长和考生的需要，朱委员怎么看待这问题？

朱永新：涉及更深的问题就是社会的用人标准，我们的公务员最起码是大学生，我说要降低公务员的门槛，为什么高中生不可以当公务员，关键是看他的能力，国家要从学历考核过渡到能力考核，能力达到不上大学也无所谓，照样可以找到工作，照样可以生活的水平，这样就可以减缓就学的压力，社会还是要从学历社会走向能力社会，让大家更注重培养一个人的真才实学。

主持人：我想用人单位听到您的话会说现在高学历的人很多，这是一个鸡生蛋、蛋生鸡的问题。

朱永新：现在高学历低能力的情况已经很普遍了，很多企业不用高学历的人就是已经看到了这个问题，现在很多部门还是招大学生，这个本身是不现实的，也没有这个必要，等教育今后发展普及了，每个人通过发展都能上大学，这是相辅相成的辩证关系。

应该鼓励社会的力量、民间的力量参与对学校的监督和管理

主持人：现在对高校的教育质量有没有一个评估和监督的机制？

朱永新：也有，我认为这是一个多元的评估，应该鼓励社会的力量、民间的力量参与评估，参与对学校的监督和管理。

主持人：就像您刚才所说的，现在出现了很多学历很高但是能力和学历不一致的情况，这是不是说明我们的教育体制不到位？

朱永新：至少可以说明这个问题。

主持人：怎么样解决这个问题？

朱永新：我觉得第一要减少公办大学的数量。现在公办大学有一点类似于我们过去的国有企业。国有企业效率低下的问题，成本过高的问题，等等，所有类似的问题会在我们的大学里面有更多的反映。大学之间的竞争都是不公平的，招生就有不同的批示，这个批示本身就是不公平的。只要你是大学，就应该公平地招生，有第一批、第二批这本身就是荒唐的。为什么人为地把大学分成三六九等？我认为没有这个必要。

其次，我们的民办大学太少。真正的民间资本没有进入到高等教育里面，我们应该鼓励更多的人把钱用于办民间教育，让这个民间的资本带来民间的机制和活力。现在大学本身是不平等的，有正厅级的大学等等，大学不平等，你让它们怎么竞争，所以应该给中国的所有大学提供一个公平的竞争机会，站在一个起跑线上我觉得很重要。

主持人：刚才网友提出了一些问题，像这种民办大学对考生来说吸引力不够，他们的人文环境对学生缺乏一定的吸引力，这可能也是民办大学现在走起来有一些达不到预期目的的原因。

朱永新：有一些民办学校办得不好也是正常的，在美国也有一些民办大学死掉。当然了，不同的大学满足不同层次人的需要，有的民办大学不应该

叫大学，只能叫专修学校。不同的大学有不同的培养对象、不同的培养目标和方法，我们没有必要让所有的大学都创办成北大、清华这样的。存在的就是合理的，有人报考它，它有市场，就应该允许它探索。

主持人：我们明白你的意思，每个考生有自己的情况，应该按其所需，根据自己的能力选择合适的学校。刚才还有一个网民提出一个问题，他说他的小孩现在上初二，他的情况和秦先生很相似，在北京有一个人才绿卡，现在他很困惑，能不能请您出一个主意，避免发生和秦先生同样的情况。

朱永新：呼吁啊，通过北京的人大委员向北京市人民政府建议。有了困难能够保持和政府的沟通和联系比较重要。有一些地方政府考虑得不太周全，甚至有时候有一些失误，这是不可避免的。用正常的渠道和政府保持沟通和联络，向人大代表反映我们生活中的困难，这是解决问题的最好的办法。

主持人：还有个网民提出一个问题，针对您刚才提到的鼓励民间资本办学的问题，他说社会资金办学必然不中立，怎么避免教育的产业化？

朱永新：社会办学不一定不中立，哈佛大学就是民办的，它是非盈利的。我们国家现在鼓励把剩余的资金用于办学的政策，鼓励捐款办学校，就不是以盈利为目的的。关注教育就是关心自己，我自己可能不在读书，但是可能我的孩子在读书，所以教育关系到我们千家万户，关系到我们每个人，我们应该在全社会唤起关心教育的共识。同时国家应该出台非常好的财政和税收政策，鼓励投资者。我们现在有体育彩票，为什么没有教育的彩票？现在教育面临的资金短缺的问题应该引起国家的重视。

主持人：时间差不多了，谢谢嘉宾做客新浪网嘉宾聊天室！

教育经费投入保障要有三道防线

2010年2月24日

媒　体：中国日报网

中国日报网消息：第十一届全国人民代表大会第三次会议和政协第十一届全国委员会第三次会议，将分别于2010年3月5日和3月3日在北京开幕。2月23日下午，民进中央召开“两会”新闻通气会，披露了民进中央将在2010年“两会”发言和提案的情况。此次两会，民进中央共有17个党派提案，其中有关教育改革的提案共有5个。全国人大常委、民进中央副主席兼秘书长、中国教育学会副会长朱永新在会上对和讯网表示，教育经费投入的保障要有三道防线。

教育经费投入保障要有三道防线

2006年通过的《十一五规划纲要》中提到，“要保证全国财政性教育经费占GDP比例4%的目标”，而这个目标一直没实现，2008年财政性教育经费占GDP的比重达到历史最高，但也只占GDP的3.48%。教育部日前公布的2010年工作要点再重提这个目标，但今年是否能够顺利实现仍是一个问号。在2月23日民进中央两会提案新闻通气会上，和讯网向朱永新副主席提出了这个问题。

朱永新副主席对和讯网表示，教育经费投入的保障要有三道防线，第一是“三增长”的目标，即用于实施义务教育财政拨款的增长比例应当高于财政经常性收入的增长比例、保证按照在校学生人数平均的义务教育费用逐步增长、保证义务教育教职工工资和学生人均公用经费逐步增长。

他提到第二道防线是教育支出占财政支出的20%。这个目标比较好控制，至少是以省或者地级市为单位考核。教育支出占GDP总量4%这个目标实际操作上存在统计和考量的困难。每个地方的GDP和财政结构都不一样，例如在苏州GDP是7000亿，教育投入占比2%都不到，但它却是全江苏省教育投入最高的城市。而在一些农村地区，教育投入即使占到GDP100%都不够，还需要中央财政转移支付。并且财政部对教育的支出很多时候不仅通过教育部直接划拨，农业部等其他的众多部委对教育也有投入，这在统计上就会有难度。所以4%这个大目标对地方政府是很难考量的。

第三道防线他认为才是教育支出占GDP 4%，“在我们中国财政支出占GDP 20%，如果能保证教育支出占财政支出的20%，这样20%乘以20%，就能保证4%这个指标”。

农村义务教育经费保障新机制的新问题

此次两会民进中央重点推出有关教育改革的提案共有5个，有2个提案是关于落实教育经费投入的问题的，其中“关于完善农村义务教育经费投入保障机制的提案”是由朱永新副主席主抓的调研课题，由民进中央教育委员会推出。

朱永新副主席表示，作为一项涉及面广、改革力度比较大的新制度，农村义务教育经费保障新机制在具体运行过程中也显示出了一些新问题。主要包括：公用经费补助标准偏低，“保运转”问题不大，但教学辅助用房、学生生活用房、教学设备设施，以及教师培训等支出项目，保障程度较低；教育经费拨付不及时，拨付时间与学校运营情况不匹配；学校预算管理制度不够健全与完善，预算收支项目比较粗，经费实际支出没有严格按预算执行等问题。

所以，他在此次两会提案中建议，第一，要较大幅度提高农村义务教育阶段中小学校生均公用经费基准定额。他表示在调研走访过程中，发现2009年规定的小学300元初中500元的定额，在南方省份勉强够用，但在北方，例如海拉尔市的一些小学，光是冬季取暖费这一项都不够用。第二，要确保义务教育经费按时足额拨付到位，加强对专项资金的审计。第三，要针对农村地区的特殊情况，比如农村的教学点等予以一定的制度倾斜。第四，各级财政部门要帮助各学校做好预算编制工作，加强经费管理，合理地使用办学经费。

在被问到有关社会关注的代课教师群体这一热点问题的时候，朱永新副主席表示，在调研过程中，他看到了目前代课教师存在的很多问题，作为全国人大常委，他还在筹划一个呼吁解决代课教师问题的议案，将于近期完成。

"两会"问道之2011

2011年3月1日

媒　体：中国网

入园篇：应鼓励民间资本进入

中国网： 整个2010年，社会上充塞着"上个幼儿园比上大学还难"的声音，家长们在入园名单前体会着"范进中举"的感觉，该如何审视这个问题？

朱永新： 幼儿园入园贵、入园难的问题，在一定程度上反映了政府在公共服务体系建设上的缺位和教育竞争的下移。最近一些年来，政府的主要精力在发展义务教育，加强高中教育，对于幼儿教育的投入严重不足，关注严重不够，加之企业和事业单位在改革过程中，人为撤销了许多幼儿园，导致幼教资源严重不足。而应试教育的下移，"不让孩子输在起跑线上"的心理，加剧了入园的恐慌感。根本措施，还是政府加大投入，积极发展幼儿教育事业。

户籍篇：成都探索值得肯定

中国网： 何时才能自由迁徙和居住，是我国人民长期的疑问。作为一次尝试，成都在2010年实行"中国最彻底的户籍改革方案"，这是否是大变革的希望曙光？

朱永新： 实现自由迁徙和居住，还有很长的路。

户籍制度只是迁徙和居住的一道坎，关键还是城乡二元结构、城乡差距过大、不同的城市差距过大造成的。自由迁徙和居住不是单向度的，也应该包括城市的居民到农村，而农村的土地政策和宅基地政策等，如果没有相应的改革，也是另外一道坎。但是，成都的户籍改革，毕竟突破了一道坎，提供了一种可能。在一个省域范围内进行这样的实验，是有积极意义的。中国如此之大，许多事情，应该先行先试，提供经验和教训。

退休年龄：要考虑调整人口政策

中国网：有专家指出，到2035年，我国将会面临两名纳税人供养一名养老金领取者的情况。对此，关于是不是应该推迟退休年龄有过很多争论，您觉得退休年龄应该被推迟吗？养老难题该如何解决？

朱永新：这个问题与人口政策和社会保险政策密切相关，不是一个孤立的问题，需要充分研究与论证。我个人认为，首先可以在非政府机构放开，由用人单位在劳动法的框架下自主决定退休年龄等政策。也可以在高等学校和科研单位先期试点。中国的事情，最好不要一刀切，一窝蜂，而是谨慎试验，小规模模拟，看准了再做。

房产税：应该在全国逐步推行

中国网：房产税已经率先在上海和重庆试点了，您认为房产税是否应该在全国推行？为什么？

朱永新：应该在全国逐步推行。总的来说，房产税是调节收入分配差距过大、降低房产硬性需求，从而遏制房价的重要手段，应该逐步推行。但是这是一个非常复杂的问题，需要认真调查研究，试点探索经验。目前，可以先对第二套房产、别墅和高档公寓等实行房产税。

春运篇：纯粹是个态度问题

中国网：春运难，买票难，许多年来都未见根本改善。本年度春运期间，是否应该用火车票涨价来解决买票难的问题又一次引发了广泛的讨论。您认为春运难的问题是否能解决？如果能，怎样才能解决？

朱永新：春运难的问题短期难以根本解决。春运，是中国人的一次大迁徙，是中国文化的一次大展示，是亲情、友情、乡情的一次大会合。回家的情结，对于劳作一年的人来说，也是一次心理与生理的大释放。春运问题的解决，不应该用提高票价的办法，那样受到伤害的只可能是弱势人群，那些可以乘飞机、开小车的人，是不在乎涨价的。

物价篇：对民众要实事求是

中国网：“蒜你狠”和“豆你玩”让广大百姓深切感受到了物价上涨的压力。您认为2011年物价还会继续上涨吗？怎样才能有力地控制住物价？

朱永新：物价的上涨，取决于货币流通的总规模，取决于市场供求关系的总平衡，取决于政府控制物价手段的力量。在这个问题上，我持谨慎乐观的态度。之所以谨慎，是因为我们的流动性过大是客观事实，为各种投机炒作提供了可能；之所以乐观，是因为我们有一个强大的政府，政府利用其有形的手，在一定程度上，可以限制市场无形的手。关键是政府要有敏锐的眼睛，洞察细微的变化，及时出手。

治堵篇：制定或调整城市规划

中国网：“治堵”在中国的许多城市都成为一个难题，包括收取治堵费在内，目前已经有了各种各样的讨论和建议。您怎么评价北京的治堵方案？您觉得怎样才能解决城市拥堵这个难题？

朱永新：北京的“治堵”任重道远。

首先是得真正解决公共交通的便捷通畅问题。从国际经验来看，如果一个人出行5分钟左右就可以搭乘公共交通，而且基本可以做到零换乘（不需要再步行很长时间），人民就会选择公共交通。我在日本工作的时候，许多日本人称自己开车上班的人是“傻瓜”。

其次是控制汽车的购买。现在单双号不是最好的选择，应该前置控制。

第三是减少高峰出行人数，实行错位工作时间、弹性工作制等。

儿童乞讨篇：整个社会的悲哀

中国网：最近，“微博随手拍照解救乞讨儿童”在网上开始得轰轰烈烈，也引来了很多讨论，有人认为乞讨也是儿童的权利，应容许儿童乞讨，还有人认为不管是什么情况，都应该禁止儿童乞讨。您怎么看这个问题？

朱永新：这是两个问题。一是是否应该禁止儿童乞讨的问题，二是是否允许将儿童乞讨照上传到网上的问题。前者我认为不应该禁止，后者我认为应该禁止。

乞讨的确是一个人，包括儿童在内的生存权的体现。在失去监护人或者监护人没有供养能力，而社会救助机构又无法帮助的情况下，儿童和成人都应该有乞讨的权利。当然，我们各级政府和慈善机构应该努力降低和消除这种现象。而将儿童乞讨照传到网上，是侵犯了儿童的肖像权，不利于儿童今后的成长，应该予以禁止。

“两会” 问道之 2012

2012 年 3 月 2 日
媒 体：腾讯网

论空气污染

腾讯：2011 年 10 月中国环保部门和美国大使馆的 PM2. 5 数据打架引发了民众对空气质量问题的广泛关注。2012 年 2 月 29 日国务院通过新修订的《环境空气质量标准》，首次将 PM2. 5 纳入空气质量标准。为何会出现数据打架呢？将 PM2. 5 监测纳入新标准是否有助于改善空气质量？

朱永新：民众对于空气质量的关注，反映了民间环境保护意识的增强，这是一件好事。至于数据打架，一是点与面的不同，二是监测工具和标准的差异，总体上是可以理解的。总体上，我支持强制监测和公布 PM2. 5 相关的数据，因为监测这些数据，可以进一步了解城市灰霾状况下空气污染水平，并为治理城市污染、改善城市空气质量提供科学的监测数据。同时，应该把这个数据作为全国环保优秀城市的条件。

论民间借贷

腾讯：中小企业融资难是当下不争的事实。于是，很多专家学者都呼吁将民间借贷合法化。问题是，人们都很担心随之而来的是借贷利率的畸高等种种问题。到底是否应该开放民间借贷？

朱永新：我支持适度开放民间借贷。目前我们的金融渠道比较单一，由于各种原因，国有银行借贷十分困难，中小企业生存艰难。另一方面，由于股市房市的低迷，民间的资本也缺乏好的出路，导致事实上的大量地下借贷活动泛滥。所以，与其严堵，不如疏导。建议尽快开放民间贷款，制定严格的监管和风险控制政策，让民间借贷健康发展。

论婚姻法新解释

腾讯：去年出台的婚姻法解释三因为对夫妻间的财产划分做了许多新的界定而备受争议。“婚后父母为子女购房属个人财产”等规定都更偏向重视对个人财产等权利的保护，却被认为对弱势群体（主要指女性）不公平，由此，婚姻法被认为在“鼓励离婚”。婚姻法到底应不应该偏重保护个人财产？

朱永新：作为全国人大常委，我们在审议婚姻法修订稿的时候，也经过了激烈的争论。总体而言，我是支持婚姻法保护个人财产的规定的。虽然也有人认为这种规定没有保护作为弱势的女性，保护了财产没有保护婚姻，但更多的专家认为，新婚姻法的颁布，会让更多女性不再奢望从男性身上得到现成的物质生活基础，从而更加自立自强，这样的婚姻也更加纯洁可靠。而且，这个规定更多是对于婚前个人财产的保护，婚后夫妇共同创造的财富，仍然属于共同所有。

论废除死刑

腾讯：今年以来，药家鑫案、夏俊峰案、许迈永案和前不久的吴英案，都引发了死刑存废的争论。国内法学名家力主废除死刑的呼声越来越高，而随之而来的反对声也越来越大。到底是否应该废除死刑呢？

朱永新：从总体上来看，立即废除死刑的条件还不成熟。虽然世界上已有139个国家实质上废除了死刑，占全球总数的70%，许多法学专家也呼吁严格限制或者废除死刑，但是，“法意”与“民意”的鸿沟，也是基于中国有着4 000年死刑传统和“杀人抵命”的民间“公理”共识，以及社会治安并不乐观、犯罪率依然较高这样的事实。所以，我主张最大限度地限制死刑，对于经济犯罪等可以免除死刑。

论 高 铁

腾讯：中国到底该不该修那么多高铁，又是否如一些分析所言，拆分铁道部，将铁路市场化就能保障铁路安全？

朱永新：从我们幅员辽阔的现状来看，发展高铁的方向是正确的。短时间修如此多的高铁，也是不合适的。一是建设资金难以保证，二是建设质量难以保证，三是运行实践有待验证。其中最主要的是安全问题。法国TGV高速列车30年来未出现过一起人员死亡事故，与其完善的监测报警系统是分不开的，从旅客报警系统、防范司机打瞌睡的监视器到火灾报警系统、道路灾情报警系统，没有长期的磨合运行是难以保证安全的。铁道部门的改革也是势在必行的。

论校车安全

腾讯：甘肃正宁、江西丰县……2011年一连串的校车事故让学生的生命安全成为社会关注的焦点，对各地政府教育机构的批评声也不绝于耳，有学者甚至将原因直指最近几年施行的“撤点并校”政策。那么，政府应在保障校车安全方面扮演什么角色呢？“撤点并校”政策是否该推行呢？

朱永新：政府在保障学生安全方面是第一责任人。校车安全事件与农村“撤点并校”是有一定关系的。撤点并校的本意是通过中小学布局调整，优化农村教育资源配置，提高农村教育投资效益和教育质量。但在“撤点并校”过程中，部分地区存在操作不当，工作简单化、程序不规范，以及撤并后交通跟不上等问题。少数地方一刀切搞“小学进镇”、“初中进城”，所以，撤点并校不仅产生了校车问题，也对农村的教育文化生态产生了影响。

论放开二胎

腾讯：近年来，无论学界还是民间，改善甚至放弃现行计划生育政策的呼声越来越高，特别是“放开二胎”问题，成为舆论的热点。现在中国应该放开二胎吗？

朱永新：我支持有序逐步放开二胎的政策。理由有三：第一，长期控制人口导致的劳动力短缺、老龄化、人口比例失调等问题将产生许多新的社会问题；第二，目前上海、苏州等许多城市人口已经连续多年负增长，而山西翼城、甘肃酒泉、河北承德和湖北恩施等偏远农村放开二胎的试点也没有出现人们想象中的人口暴涨。第三，我们已经进入了独生子女结婚高潮的时代，政策本身允许他们二胎。所以，可以在部分地区试行有序、逐步放开的二胎政策，根据试点情况决定是否全面推行。

促进教育资源均衡发展　深化基础教育改革成果

2013 年 3 月 6 日
媒　体：人民网

解读政府工作报告中与教育相关的内容　称代表委员应为人民代言

朱永新：各位网友，大家好，非常高兴时隔一年以后再次到人民网和各位老朋友见面。

一天一地一广仔：请问老师，关于教育领域的问题，你对今年的政府工作报告作如何解读？你每年关注的问题体现了不同侧重点，有哪些得到了妥善解决？像这个基础教育你又有哪些建议？

朱永新：广仔是老朋友了，我先回答广仔的问题。今年政府工作报告，对过去五年做的教育工作作了一个比较全面的总结，在坚持实施科教兴国战略，增强经济社会发展核心支撑能力部分，对教育的投入五年累计 7.79 万亿元，年均增长 21.58%，2012 年比例达到了 4%，教育资源向农村边远地区、民族地区、贫困地区倾斜，教育公平取得了进步。对今年的教育工作，第一是提出要把钱用好，教育投入达到 4% 以后，怎么样进一步把钱用好，让人民群众满意；第二，怎么样进一步深化教育改革，解决社会普遍关注的重大问题。还提出了要推动义务教育的均衡发展，发展现代职业教育，提高各级各类的教育质量，进一步促进教育公平，为国家发展提供强大的人力资源支撑。这个报告对今年的教育，我觉得从逻辑思路上来说，秩序上可以适当作一些调整，把促进教育公平应该放在第一位。目前教育的问题，我觉得最重要的、当务之急的，是解决教育公平的问题。这次两会我也专门提出了尽快地实现县区内的义务教育均衡发展的问题。对于应对教育信息化带来的革命，报告里面没有提到；对于发展民办教育，报告里面也提得不够，所以今天上午小组讨论的时候我也专门提出了建议。今年对教育问题的思路还可以进一步理清，让教育能够做得更好。我关注的教育问题，这十年以来，从政协到

人大再回到政协，每年都会提出十多个关于教育问题的建议、提案，有些问题应该说还是得到解决，比如说像免费义务教育的问题，关爱民工子女教育的问题，等等，国家也越来越重视。今年关于教育问题，我带来的十多个提案，比如要建立国家的教育基础数据库的问题，比如说要建立国家的教育资源平台的问题，比如说，要加强学校体育的问题，加强农村艺术教师的培养，加强县级的教师培训机构的建设，包括建立国家阅读节，成立全民阅读指导委员会，加强知识产权保护，打击网络盗版，建立驻校作家、驻校艺术家的制度等等，包括加强海洋教育，发展第三方教育考试和评价改革等等，这是我今年提案的重点。

网友岁月是个美人：嘉宾好，为您的一句“你的不称职就意味着67万人的缺席，你的失语就意味着67万人的沉默”所感动，如果每个代表委员都能像您这样意识到自己的责任，这个两会开得就大有意义。

朱永新：谢谢岁月是个美人网友。我没想到这篇小文章会引起如此强烈的社会反响。我想，一个方面，是反映了群众对两会的代表和委员的一种期待，另外一方面我们可能也的确有少部分的代表委员过去还多数没有完全地尽职，没有进入角色，没有积极地参政议政，反映社情民意，没有积极地贡献自己的智慧。所以，我这篇文章就得到了大家的一种感应。这也进一步强化了我们作为代表委员的责任意识和角色的意识，当然，我们不能不称职，因为我们不称职，就意味着67万人的缺席；我们也不能失语，我们失语就意味着67万人的沉默。我用它实际上也是自我勉励，至少我自己应该努力地做一个称职的政协委员，我自己应该努力地去为人民代言，才能真正地去发挥一个代表委员应该发挥的作用。

网友大辽：我是您的微博粉丝，看您经常在微博上分享推荐基础教育读物，很有感触。现在适合孩子们看的好书太少了。您有什么好办法让这样的好书多起来？

朱永新：谢谢大辽。现在我在腾讯、人民网和新浪有很多微博的粉丝，非常感谢在这个时候一起分享我的思考、我的意见、我们的探索。的确是这样的，适合孩子看的书还是太少，因此，我们专门也成立了新阅读研究所，第一，帮助孩子去选书，因为一方面书很少，但是另外一方面，乱七八糟的、不适合孩子的书也很多。每年我们中国大概出版40万种图书，当父母亲走进新华书店的时候，或者当父母亲上网的时候，发现各种图书往往鱼龙混杂，他选不到想选的书。所以我们用几年的时间，组织了全国的专家，专门研制了中国幼儿基础阅读书目100种、中国小学生基础阅读书目100种，即将推出中国初中生基础阅读书目100种、中国高中生基础阅读书目100种。我们还正在研究大学生的基础阅读书目、教师的基础阅读书目，我们想这样的书目出来以后，应该说能够给孩子一个最基本的好的读物，这些书目是一个人精神成长的最重要的食粮。一个人的精神发育史就是他的阅读史，一个民族的精神境界取决于这个民族的阅读水平，所以，早期的阅读对一个人一生会有关键性的影响。怎么样把最美好的东西给最美丽的童年，这是我们新教育一直在努力思考和探索的。所以，大家也看到了，我在网上经常会推荐一些孩子们的读物、老师的读物、家长的读物，也是基于这样的考虑。我们也鼓励中国的作家，特别是儿童文学作家，能够为孩子们创作更多更好的图书。

教育的当务之急是解决教育公平问题　政府应该把每一所学校办好

网友雨后有惊喜：嘉宾怎么理解“教育公平是社会公平的基础”？如何从制度和政策上让基础教育更加接近“公平”？

朱永新：教育公平是整个社会公平的基础，通过教育不仅可以改变一个人的知识结构，同时也会改变社会的分层。比如一个农民的孩子，通过教育以后到了城市，他就不再是祖祖辈辈继续做农民，教育是改变社会分层的一个非常重要的渠道。所以，如果教育公平了，所有的人得到的教育就都是比较好的、均等的教育，所有人就都是站在一个新的起点上。为什么我们说要缩小城市和农村的教育差别，甚至城市各个学校之间的差别？相对来说，权贵阶层都是进好学校，他们得到的教育比别人好，他的级别就比别人高。如果所有人都进差不多的学校，所有人的起点相对是公平的。教育公平是重新建立社会分层，根据一个人的智力，根据一个人的能力，重新调整其社会地位的非常重要的手段。在农村也好，弱势人群家庭也好，为什么要给他们特别的关心、特别的关照，在国外还专门有配额给他们？就是希望通过教育能够改变他们的命运。教育的确是改变命运的一个非常重要的渠道。所以，教育公平是整个社会公平的基础。当然，教育公平最关键的是，它有起点的公平、过程的公平和结果的公平。我觉得我们首先要做到起点的公平，也就是对所有人，你不应该有重点学校和一般学校之分，过去我们往往把钱砸在好学校身上，造成了学校和学校之间差距越来越大，学校之间差距越来越大就

造成了教育公平受到很大的影响。所以，从这个角度来说，首先应该尽可能完善基础教育，政府要办好每一所学校，教好每一个孩子，这是教育公平的最重要的起点。教育过程的公平就在于每个学校在教学的设施、教师的配备上，在硬件、软件上，基本上能均衡地配置，所以，最好应该是所有人都能够在家门口的学校读书，不要去择校，那时候教育就比较公平了。当然最终的是结果的公平。所谓结果的公平不是所有的孩子都考一样的分数，而是每一个人都都能够把他的能力、智力发挥到极致，每一个人能够成为他自己。我觉得这是一个很重要的政策措施。

网友归魂一缕：民间说，现在好的学校只向“三有”学生和家长敞开大门，这三有是“有实力”、“有财力”、“有权力”，您怎么看待这个问题？又该怎么破解这个问题？

朱永新：这实际上也是我前面提到的教育不公平的一个非常重要的表现。优质教育资源过分地向一些学校集中，使得进这些学校非常困难，所以他们选择的时候，一个是条子，一个是票子，条子象征着权利，票子象征着金钱。这当然是违反教育公平的基本原则的，我觉得这次在政协大会上我会作个发言，首先领导干部要带头，不要批条子、转条子，自己要想办法把孩子送到自己家门口的学校，不要抢着去好学校。这样一来，政府必须要把每一所学校办好。当然，相对来说，有权的有钱的人住的地方也是比较好，他所在的地方学校也比较好，所以政府不仅仅要把这些地方的学校办好，要把平民地区的学校办好，更要把贫困地区的学校办好。所以，政府公办学校应该用同一个标准来建设，每所学校的硬件和软件应该尽可能地均等化，就是在配置公共教育资源的时候能够配置比较合理。在这个前提下，让所有的学校采取就近入学的方式，解决学校名额的配额问题，我觉得这是很关键的。现在我们有点倒过来，最好的学校都是政府办的学校，因此这就带来一个很大的问题，好学校和薄弱学校都是政府在办，这个现象要尽快地去解决。所以，我曾经提出过，应该把最差的学校交给最好的学校去办，这样让他们尽可能地通过政府的行政资源配置，把最短的这块板拉长。所以每年解决几所最差的学校，最后把最差的学校拉到和好学校差不多的水准，我觉得政府的教育资源配置任务才算完成。政府就是保公平、保基础，保证所有的学校能够满足区域 内的大多数学生的基本要求。今后理想的状态，就是在义务教育阶段内，所有的公办学校是按照一个标准来做的。我们不是说学校用一个模子，但是在标准上，基本上是同一个水平。我觉得这样一来，整个的教育配置的方向就比较清楚了。

网友教育熊：说到基础教育，似乎都归结为学校的事情。家庭教育在基础教育中完全不见提及。请问，家庭教育属于基础教育范畴吗？促进教育公平是否也应包括对为人父母者的家庭教育指导？

朱永新：基础教育公平的问题当然不仅仅是学校的事情。我一直说，家庭教育缺失的教育是不完整的教育。家庭教育是贯穿于人的一生的，在基础教育阶段，一个人绝大部分时间是在家庭，是和他的父母亲、和他的监护人一起度过。所以，严格意义上来说，教育公平当然也包括让父母亲能够得到比较好的家庭教育的指导。所以，这一次《国家中长期教育改革发展规划纲要》，在家庭教育这一块也专门有所提及。现在很多学校也在努力地通过父母学校，通过给家长更多的教育机会，让他们能够得到必要的指导。更重要的是，让父母亲能够直接参与到学校的教育过程之中，一个好的教育体系中父母亲和孩子应该一起成长，父母亲能够参与到学校的教育过程中去。为此，我们新教育研究院专门成立了新父母研究所，每天早晨我也会写一段新父母晨诵，给父母亲普及教育知识，我们期待着父母亲能够更多地参与到学校的事务中来，期待着父母亲能够和孩子亲子共读，期待父母亲和孩子一起成长。好的教育是学校、家庭、社会方向完全一致，齐心协力的教育；好的教育也是教师、父母和孩子一起成长的教育。

教师的问题是教育的关键　民办教师、代课教师应与公办教师同工同酬

网友老豆腐：朱副主席，我是一名基层教育工作者，教语文的，在我们这个小地方、这个小学校，很多年轻老师来了不久又走了，总也留不住人才。请问您对基础教育师范人才的培养怎么看？

朱永新：老豆腐这个问题很重要。因为教师的问题是教育的关键，尤其是基础教育，中小学老师的问题，是中小学教育的生命线。因为决定教育品质的是站在讲台前的那个人，谁站在讲台上，谁就决定了教育的品质，甚至谁就决定了孩子的命运。所以，怎么样让优秀的教师到农村去，到基层去，去了还能够留得住，的确是国家应该认真考虑的问题。我觉得首先应该对到农村去的这些教师有特殊的津贴，因为这也是国际惯例，在农村在边远地区教学，他应该有特殊的津贴。其次，去了以后，他应该有更多的机会，特别

是免费师范生，他们很担心的一点就是他们去了以后上不来，永远就待在那。我觉得第一要给他们上来的机会，比如他们考研究生，他们出国培训，应该有更多的机会，让他们能够放心和安心，比如说要给他们更多的培训机会、教育机会，比如说要给他们更多的成长机会，包括转岗公务员，包括做教育行政管理人员等等，要给他更多的出路可以选择。同时，对于长期留在农村的这些年轻教师，在教师的住房、待遇、福利方面，能够特别地倾斜。同时我觉得应该实行教师的轮岗制度，就是城市的优秀教师必须要有到农村、到基层工作的经历，才能评优晋升，这样保证农村的学校能够有好教师。另外可以采取对口支持的办法，就是城市的学校和农村的学校对口支持，每年城市的学校有一些教师定期到农村学校去，农村一部分学校的老师定期到城市，这样大家对口顶岗，保证所有的农村的学校、边远地区的薄弱学校有好教师、优秀的教师在那，我觉得这是很关键的。今天上午我们讨论的时候也有委员讲，孔雀东南飞，好的老师都到东南沿海去 了，村上的好老师到镇上了，镇上的好老师到县城了，县城的好老师到省上，不仅仅孔雀飞了，麻雀也飞了，甚至连苍蝇也飞了，也就是稍微好一点的老师就走了，这样一来，我觉得基础不牢，地动山摇，教育上也是如此。

网友一篓蟹：嘉宾好，您觉得如何保障民办教师的权益？尤其是在一些经济发展相对落后的地区，很多民办教师自己生活很苦，却还在为教育事业坚守。

朱永新：民办教师问题也是我们过去长期一直在关注的问题。国家虽然现在不再新聘民办教师了，但是各种形式的代课教师，包括过去长期的民办教师，他们生活比较清苦，而且在很多地方，由于种种原因，他们得不到转正，得不到和公办教师一样的待遇。国家在前年已经专门出台了关于保障代课教师和民办教师，六个部委已经联合发文，现在关键是各个省市怎么落实国家规定的问题。我觉得关键的问题是，首先，解决他们的劳动和社会保障问题，让他们养老无忧；其次，在岗位上的民办教师和代课教师，应该享受同工同酬的问题，不应该和公办教师差得特别多，应该享受同工同酬。

网友叹世界：建议把环保及高科技的培养列入教科书，只有从小开始才能有效，小孩最容易变坏变好，世界之未来属于青年属于儿童。

朱永新：在中小学教育中，很多教育是缺失的，包括我这一次提的海洋教育的问题，是缺失的，包括这位网友提出的环保的问题，相对来说也是缺失的。所以我觉得我们在思考我们整个课程结构的时候，首先应着重思考怎么样进一步合理化，我们不可能环保重要就开设环保课，海洋重要就开设海洋课，计划生育重要就开计划生育课，国防重要就开国防课。我一直主张，在小学，第一，把这些内容要纳入所有的学科中，语文教学、历史教学、地理教学、自然教学，比如环保，在自然教学中就应该非常深刻地体现。纳入到课程中，这就需要老师有很强烈的课程意识。现在我们大部分老师或者相当一部分老师，都是照本宣科，缺乏对社会问题的关注这样一种敏锐性。所以，他很难及时地关注到相应的社会问题。比如说北京的雾霾，雾霾的问题就应该在我们的小学自然课、中学科学课、化学课、物理课，都应该结合这些问题进行分析，学生就会学得非常有兴趣，因为这是他们身边的问题。所以，我们的课程要进一步生活化、灵活化。其次，我觉得我们要整合课程。我一直主张，比如说在中小学可以开设两门课程，一门叫生命课，一门叫公民课。公民课程就是把作为一个公民的职能素养和他相关的知识整合起来。生命课就是一个个体的生命、健康、成长所涉及的东西。这两个课程，我觉得我们刚刚说到的几乎所有的重要的问题都可以纳入到这两个课程之中。我很喜欢美国有一门课，叫“health and wealthness”，中文可以翻译为《健康与财富》，这门课程就非常有意思，就把关于个体的健康的所有的东西，和作为一个公民所需要的素质，比较好地整合在里面了。

教师“失德”现象应该通过立法解决　教师理应在教育事业中获得尊严

网友一楼拜强坛：高考制度改革动静不小，基础教育阶段的考试制度是不是也应该动一动了？有些地方的中考已经在尝试改革，您是否有所耳闻？您怎么评价？

朱永新：考试历来是我们教育的指挥棒，高考制度的改革是整个考试的指挥棒。高考怎么考，往往直接影响到中考怎么考，下面考试怎么考。所以我觉得目前首先是要想办法解决我们的高考制度。民进中央也一直关注整个高考制度的改革，去年我们专门组织了调研组，对中国的高考制度改革进行了调研，也提出了一些高考改革的方案。比如说，加大学校的自主权；比如说，分类考试，把职业类的院校和普通类的院校适当进行分类；比如说多次考试，不要一考定终身；比如说减少考试的科目；比如说英语就可以走等级考试的分，不要纳入高考，等等。考试的问题，我觉得还有一个怎么样真实

地去评价一个学生的学习能力和水平的问题。这次我专门写了一个议案，就是引入第三方考试的问题。现在我们的考试还是一个在教育系统内部，教育行政部门既当运动员又当裁判员，所以，他的科学性、公正性就会受到很大的影响。所以，怎么样去建立独立于政府、独立于招生机构的第三方考试，我觉得就显得特别重要。对于中考来说，我觉得，首先它不是一种选拔性考试，它是一种达标性的考试，不应该用选拔性考试的方式来对待，就是要检查一个学生基本能力、基本知识的掌握情况。它和高考的性质是不一样的，现在我们用高考的方式来对待中考和小升初的考试是不对的。同时考试的导向作用也非常重要，因为考试更多的是要发展学生的思维思考的能力，发展学生创造性的能力，所以要更多地让学生能够反映他的思考问题、创新能力，在这些方面要进一步地加强。

网友贾胜国：您怎样看待网络上曝光的一些教师体罚、虐待学生的事件？有人说“师德”现在变成了“失德”，从制度建设的角度，应该怎样避免这样的现象？

朱永新：我觉得首先应该通过立法来解决这个问题，《教师法》要进行修订，对教师的行为进行基本的规范，比如说体罚、虐待学生，这不仅是一个道德问题，我觉得是违法行为。如果通过《教师法》，通过《学校法》，对教师的这些行为进行规范和限制，那么他如果体罚，他就是违法，违法就要受到法律的追究。所以，这个已经超越了一个道德的范畴。其次，我觉得，对教师来说，要思考怎么样去加强教师的道德修养，加强教师的专业发展。因为当一个教师在教育职业中能够找到他的尊严，能够感受到这个职业带给他的成长和快乐，他就会加强师德。往往这些老师在教育生活中自己也受到了很大的挫折，他对教育也非常没有兴趣，所以，他会把自己恶劣的情绪发泄到学生身上。当一个老师能够真正地去热爱教育、热爱孩子的时候，他就不会做出这样的事情。所以我觉得，一方面通过法律来规范和限制，一方面通过教育、通过让教师自身成长，达到自我约束，提高内在道德的目的。两条途径共同来帮助他更好地发展。

教育经费投入加大的同时还需把钱用好　建议设立教育拨款委员会

网友孙亚非：老师，许多地方虽然嘴上说教育重要，却不能竭力提高教育经费等，是否“口是心非”？其有什么“苦衷”哈？

朱永新：教育经费的投入，最近几年已经有了很大的进展，温总理提出最近这几年国家累计的财政性投入年增长超过21%，占GDP超过4%；各个地方政府在教育上投入也在逐步地加大，当然，贫困地区占GDP比重可能会更大，尽管总量还是不够。因为现在国家有刚性的规定，所以地方政府在教育的基本投入上，应该说绝大部分地区还是做到了，尽管可能有些地方有一些怨言，因为政府的财力非常有限，公用的财力也非常紧张，他们开玩笑，政府的钱被三个人民吃掉了：人民公仆、人民教师和人民警察。人民教师有时候要占到一个县财政的二分之一。这样一来，教育经费就显得比较紧张。另外，最近这几年国家出台的像校园工程、农村寄宿制学校的建设，等等，都要求地方配套，很多地方配套就很困难，所以财政还是拿不出钱来，就显得教育经费捉襟见肘。比如今天上午我们也有委员提出，甘肃现在农村寄宿制学校，因为国家出台寄宿制学校政策，房子建起来了，但是，孩子们取不了暖，冬天非常冷，只有36%的学校有供暖设施，另外60%多的学校就没有。孩子们冬天冷得七八个孩子抱成一团取暖，这样孩子用的基本生活保障就很困难。政府也拿不出钱来，所以我觉得，中央出台政策让地方政府买单的事情，今后要慎重，特别是对于边远地区、贫困地区，最好不要搞配套了，尽量能够中央财政一步到位，帮助地方能够真正地把好事做好，把实事做实。

网友教育熊：GDP4%的教育经费为何拖延了十几年才落实？另一方面，古人一书一笔一纸也培育出那么多大家、大师，中国基础教育停滞不前的症结，仅仅在于此前经费投入不足吗？

朱永新：谢谢“教育熊”。教育的问题当然不仅仅是教育经费的问题，没有钱是不行的，但是不等于有了钱就行了。怎么样把钱用好，是教育的关键。而且最关键的，我前面讲了是教师。决定教育质量的是教师，所以，古人一书一笔一纸也培养了很多大师；民国时期，包括抗战期间的西南联大，都培养出了一大批的大师。我觉得，体制、机制有的时候可能比经费更重要。所以，不仅仅是要保障4%的教育经费的问题，同时更重要的是怎么样把这个钱真正用好、管好。至于4%为何拖延十几年，当然有各种各样的原因，本身我们的财力，的确在发展过程中有很多困难；财力相对宽裕以后，4%的落实也是总理下了狠心，可以说是亲自监督。总理为这个事情开了多次的专题协商，把它写进了《规划纲要》，才加以落实。

主持人：有些网友关注财政对教育的投入比例问题，我们注意到一些高

等学府大兴土木，过度进行基础设施建设，而一些地区的中小学校往往连食堂都没有，您觉得我们财政支出对高等教育、基础教育的投入其合理比例该是多少？

朱永新：这个很难说一个绝对的比例。总体上来说，我们对高等教育的投入，相对来说是大了一些，对基础教育投入少了一点，从总的比例上来说。为什么会这样？因为我们公办学校数量太多了，政府的公办学校。美国也好，日本也好，世界上的发达国家，大部分国家，高等教育是民间社会力量为主的非营利大学为主，是社会力量来办的，不是政府投入，比如哈佛、麻省，世界大部分的名校都不是政府办的。但是我们高等教育的经费也很紧张，一方面我们看到很多高校在大兴土木，另外一方面更要看到，我们的高等教育，像北大，其经费和哈佛比，那是不好比的，不是一个数量级的，可能他们统计要差十倍。我们要建世界一流大学，没有充足的教育经费也是做不好的。所以我觉得第一要改变我们的高等教育的结构，就是要鼓励企业、鼓励民间的力量，鼓励公益机构、社会组织来办大学。所以我一直主张新大学的增量，应该由社会力量来做，政府不能再投资建新的大学。新大学一定是交给民间去做。另外一方面，可以鼓励民间的力量来参与中国大学的改造。有很多大学是可以拿出来，像企业转制那样进行改制的。我在十年前曾经提出过把一部分大学卖掉的建议，听起来有点危言耸听，也没有得到同意，但是事实上是有道理的，如果政府把一所大学的钱拿出来，补贴十个民办大学，就合算得多，教育经费就可以省出很多。这是第一。第二，中小学的学校建设国家标准尽快出台，现在我们的中小学建设有一个初步的标准，但是没有得到非常严格的执行。所以中小学的很多配置，我前面提到的，寄宿制学校没有取暖设施，很多学校没有图书，必要的设施没有，像这些都是不应该的，这些都是应该通过国家教育投入，保障性地得到制度性的安排。所以，你刚刚讲的投入比例的问题，我觉得的确是需要研究的。现在很大的问题，尤其是总理这次专门提到的，怎么样把4%的经费用好，我们提出应该建立国家教育拨款委员会，所谓国家教育拨款委员会，就是由教育部的专家、财政部的专家、教育学的专家、社会力量，多方面参与的教育委员会，拨款委员会，专门研究国家的教育经费往哪里投，重大项目做什么。现在一方面就是经费不够，另一方面担心经费的浪费。过去一段时间兴建大学城，几千亩、上万亩的学校，几个亿、十几个亿的建设，我觉得这不是方向，我觉得国家对于硬件的投入，大学的这种校舍的投入要适当减少，要加大对软件的投入。比如说职业教育。我觉得职业教育最重要的投入是实验室，是实习工厂，因为你的技能是在那里培养出来的，是教师职业技能的训练。把钱用在什么地方本身是需要研究的，而这个要放在阳光下。我们的钱往哪里去了，教育拨款委员会应该很清楚，权力放在阳光下就会受到监督，现在我们的专项经费太多，就会“跑部前进”。而且就会有新的不平衡。所以，我觉得还是应该尽可能地根据区域、根据学生人数来进行教育拨款，这样保证所有的学校、所有的区域，教育经费能够相对地均衡。

朱永新：再次感谢网友，很抱歉还有很多很多的问题没有回答，因为时间的关系，下面还有新的嘉宾在等待着访谈。好在我有博客、有微博，在人民网也有，在新浪网也有，在腾讯也有，所以大家还可以进一步和我交流。谢谢大家！

三、推进教育公平，深化教育改革

教育公平和效率的问题是任何改革始终必须面对的首要的问题，是公平优先还是效率优先，是改革的不同价值取向，也是改革处在不同时期的不同选择。我觉得从目前我们国家的情况来看，我们首先还是应该公平优先，效率兼顾。因为教育公平是社会主义制度的本质要求，是教育的公益性决定的，同时也是贯彻落实科学发展观的一个重要体现，因为教育公平是社会公平的起点。

摄影：腾靖南

作者：杨明义

我为教育说几句话

2005 年 3 月 10 日
媒　体：搜狐网

成立中国教育科学院，与中国社科院、中国科学院平行

主持人： 各位网友大家好。今年两会，教育是一个热点话题，在报纸、杂志、电视上看到关于教育的话题非常多。朱代表，您今年带来了哪些提案？

朱永新： 今年我带了 20 个提案，大致分三类。第一类是在我自己的管理工作中碰到的一些教育问题和其他问题。比如关于全国综合实力百强县的评比，有一些教育指标不太合理，规定一万人里有多少大学生、中学生、小学生，其实计划生育做得好的城市人就少，计划生育做得不好的就多。这不合理，我们要做一些修正，包括要把学校之间的剪刀差作为重要的评价标准。不是要看好学校多少，而是要含剪刀差，要看教育的经济系数。再比如说国有企业里现在有相当一部分从事职工教育和成人教育的人，他们现在没有享受教师的待遇。国有企业里中小学教师享受了教师待遇，因此这部分老师经常给我们写信反映他们的困惑，希望同样能够享受教师待遇。这一部分是我在工作中碰到的一些问题。

第二类提案是我在研究过程中对教育的一些看法，比如说我呼吁高考制度改革。目前中国教育有两个大的瓶颈，第一个是农村教育的瓶颈、义务教育的瓶颈，让更多人享受教育机会的问题。这是一个很重要的问题。我们这么大一个国家，有一个社会科学院、中国科学院，就是没有一个教育科学院，我建议成立一个中国教育科学院。因为教育的研究非常重要，它直接影响到整个国家的教育决策。而且我建议要设立院士制度，跟科学院一样。再比如说在全国应该推进全民读书运动等等。这是在我研究过程中觉得比较重要的问题。

第三类问题是通过网络来征集的。去年两会以后 3 月 17 号就在我们自己

的网站——“教育在线”开始征集提案，我的主题叫“2005，我们说什么?”，有一万多名网友上去访问，有800多个跟帖，我把它做了一个整理，很多提案也带过来了。很多网友提出“校长认证资格”。在一个学校里校长很重要，但是没有一个校长认证资格条件。再比如很多网友提出的民办学校不能享受公办学校的待遇，不能参加各种保险，应该让他们有同样的医疗保险、养老保险、社会保险等等。更直接的，和教育没有太多关系的，比如说乙肝携带者的权益保护法，中国有1.2亿人是乙肝携带者，他们的权益保护的问题。去年我提了一个提案，是公务员的问题，人事部今年出台了新的办法，基本上解决了。

这三个方面的问题构成了我今年的提案，包括对于新考纲的执行，现在离高考一百天了，教育部出台一个考试大纲的变化，我认为至少应该提前一年。现在学生要花很多精力背单词还有其他东西。我建议考纲只对后一年参加高考的学生有用，对于本年度应该执行上一年度的考纲。还有禁止有偿补课等等，我一共带了20个提案。

加大教育投入到了一个刻不容缓的地步
我期待到2010年全国实施义务教育免费

主持人：可以看出您是一位非常尽职尽责的政协委员。教育问题大家非常关注，因为这关系到千家万户，关系到千秋基业。今年有一个特别关注弱势群体、弱势地区，义务教育免费的问题。一方面在关心，在给予更大的资助，但另一方面教育经费占GDP的比例反而在倒退，这两个矛盾是大家感觉比较突出的问题，请您谈一谈。

朱永新：这一次温总理政府工作报告中讲到在2007年中国农村贫困地区基本上实现免费义务教育，一句话得到了两次非常热烈的掌声，我觉得反映了民意。我也很开心，这次正好也提交了这个问题的提案。

农村实行免费义务教育，其实不仅仅是农村，在整个中国都要实施免费义务教育。实际上义务教育本来就应该是免费的，免费这两个字是多余的。但是因为现在我们是特定的情况下，所以还是说免费义务教育。

这次提案希望到2007年能够在所有的农村实现免费义务教育，不仅仅是在贫困家庭。我算了一笔账，做这件事情很重要，这当然不用说了。在140多个国家都实现了义务教育，在我们国家周边的一些国家，像缅甸、越南、泰国等等都实现义务教育。我们边境的一些孩子甚至跨过国界去人家那里上义务教育，我觉得这说不过去。从它的可能性来说，也是有可能的。因为中国1.9亿初中以下的孩子，按照70%在农村算1.3亿，按照初中生1 000块钱，也就是675亿元，东部省可以自己负担就是不到500个亿，国家财政去年新增财力就有将近5 000个亿，所以我觉得国家应该是有能力做的。这也是中国教育工作者呼吁多年的。

再就是你刚才讲到从经费空间来说也还是有可能的。因为我们国家去年教育经费占GDP还远远没有到4%，去年甚至于比上一个年度还下降了0.05个百分点，这无论怎么说都是说不过去的。而且教育支出占财政支出的比例从21%下降到15%。我觉得从国家的情况来说，加大教育投入到了一个刻不容缓的地步。

主持人：我们现在讲的是针对贫困家庭的免费义务教育，下一步大家期望的是全面的免费义务教育，您估计大概需要多长的时间才能实现这个目标？从农村到城市，从边缘到发达地区，大概多长时间才能够完成？

朱永新：事实上农村能够做到以后，每个城市自己做，在一定意义上是可以同步做的。但是如果说国家财力主要放在农村的话，我想农村完成以后再用三年的时间解决城市问题，到2010年在整个中国实施义务教育全部免费。这是我期待的一个重要目标。

主持人：免费政策应该是义务教育最本质的东西了，但是按照政府的投入来讲，对西部的投入已经近万亿了，算下来经费也不少了，接下来就面临着使用经费的问题。重物还是重人？重地区还是重人群？在经费可能的情况下，经费的效益问题也是应该考虑的。所以我也有一个观点，经费投入到人、投到学生最多的地方是最好的。

朱永新：目前都是专项经费，比如说“两免一补”，应该把专项性的安排变成制度性的安排，专项性的安排是难以持续和保证的，只有制度性的安排才能解决农村义务教育的问题。围绕义务教育我同时提了两个提案，一个是制定义务教育国家标准，这也是我多年一直在倡议的。

我觉得义务教育应该有一个基本的国家标准，什么叫实施义务教育？应该从校舍开始，义务教育在所有的地区，像我们国家的台湾地区、日本很多地区，你要是学校，就要有课桌、板凳、黑板、窗户、光源方面的国家标准。现在我们很多地方是孩子自己扛着凳子到学校来，还要自己带课桌，灯也没有规范。我觉得现在应该有这个规范，有设施标准，一个学校多少学生应该有多少电脑、应该配多少图书。还有就是经费标准，一个学校有多少学生应该有多少经费。下面还有教师工资标准、学生学习成就标准。语文要学多少字、数学要学什么内容，义务教育五大标准体系要建设起来。我建议中央教科所应该作为立项课题进行研究，我觉得这对义务教育是迫在眉睫的，做好了是功德无量。我愿意主动请缨。这是国家标准的问题。

我还提了一个提案，国家财政体系的解决方案。现在全国办大教育来解决问题也有难度，各级财政要分担。东部地区可以自己来解决，西部地区主要是以中央财政来帮助解决。这是一个经费分担的体系。

特邀主持曾天山：您说经费分担就有两个问题了。一是教育成本的问题，我们国家现在一直没有教育成本概念，我们用钱、投钱都没有一个标准；第二是最低保的问题，硬件方面应该有低保的问题。

朱永新：只要你是中华人民共和国公民，哪怕是一个人的学校也要达到三类标准，我觉得应该是这样来做的。

要用教育券的形式解决流动人口教育的问题

主持人：义务教育是按照区域实施的，有一个盲区就是流动人口教育的问题，就是进城务工人员的子女教育问题。这个问题怎么办？教育部也拿出了一些办法、措施，一个是公办学校为主，一个是流入地为主。应该说这方面还是有一些问题的，比如说就学机会和质量还有心理方面的一些因素。还有一个是农村的留守儿童，就是没有跟着父母进城来流动的。按照中国流动发展的大趋势，这个问题越来越突出，您怎么看这个问题？

朱永新：这是中国义务教育发展过程中非常重要的问题，去年四部委发了一个文件，要求流动子女教育问题应该以流入地为主来解决。所以从去年开始各地政府高度关注这个问题，包括北京在内。

有一些地区人口流入太大了，靠当地力量很难解决。苏州流动人口差不多超过三分之一了，去年流动人口有16万孩子在苏州读书，他们的读书问题怎么解决？不可能在短期内造那么多学校。如果全部免费会不会造成就学移民，这会给城市带来新的压力。

中国国情跟西方不太一样，西方只要流入一个城市，就把你的教育解决了，不管是从哪里来的，但是在中国还有一些条件。我们苏州市是这样的。

我们的要求，第一，必须是独生子女。如果外来人口生五六个孩子，就不能享受我的教育。第二，在苏州有稳定的工作，不要说今天到苏州来，就把孩子送到苏州来读书了。今后我觉得国家应该对这些孩子有所谓的经费转移支付。比如说前面讲的农村每个小学生每人每年500块钱，初中生每人每年1 000块钱，国家已经把钱拨到这个地区了，所有孩子都有，你到城里务工时应该把这个钱用教育券的形式转到所在地，这样也调动流入地加大对这个问题的投入。苏州在全国算是解决得比较好的，现在60%多的孩子是在公办学校读书。今年我已经提出政府目标要求达到65%，已经跟政府签订了目标责任书，但是这对政府来说是相当大的支出，仅仅免除市区这一块，免除外来人员子女读书这一块收入就少了一个亿，这就要财政另外拿出来。

“以县为主”不是财政体制，而应该是管理体制

主持人：这就牵涉到体制问题了，义务教育基本上是地方区域负责的形式，现在改成“以县为主”了。有的同志讲了，“以县为主”不太全面，应该加一句：“以县为主，分级投入。”

朱永新：过去“以县为主”不是一个财政体制，以前说是管理体制。所谓管理体制是指办学的管理体制，而不是财政体制，所以“以县为主”不是财政体制，是各级政府对教育负责任，县级政府难以承受时应该上一级政府负责，上一级政府难以负责时应该是中央来负责，所以义务教育的主体应该是政府。教育界包括各级官员这个意识都不是很强烈，都以为“以县为主”，县就应该把教育给解决了。这就错了。

主持人：特别是中央政府要进行调控、进行平衡。我还有一个问题一直想问：超生子女教育的问题。有些网友也在问大学贫困生的问题。在农村义务教育中也有这个问题，比如在做教育规划时在配置教师时、在做学校建设时往往会出现这样的问题，我们往往是根据计生数据的，但是往往上学时就比计生数据多得多，甚至超百万。这也是一个很大的问题。

朱永新：我们国家计生部门要跟国家教育部门做一个联合的规定，现在国家计生委对于计划生育的家庭已经采取了养老保险的措施，也是我们一个同事去年提出来的，国家已经正式接受了。你接受计划生育的，或者是农村是两个女孩的，60岁以后国家每人每个月补贴给你50块钱。

教育腐败不像社会上认为的那么严重

网友：教育产业化怎么不行？教育腐败很严重，也请朱代表说说您的看法。

朱永新：教育产业化的问题，前两天我也讲了我的观点，教育有属于产业的，也有不属于产业的，比如说基础教育，就是政府提供的公共产品，它是绝对不应该产业化的，尤其是义务教育。但是也有属于产业的东西，比如说教育图书出版、教育音像网络等等，有很多，包括盈利性的教学单位、机构，也是产业化的。既然是产业，就应该遵循产业的规律，所以说应该把两个问题搞清楚，不能一味地说教育要产业化，教育什么方面可以产业化，什么方面绝对不能产业化，这要搞清楚。一味地产业化也不对，一味地说不能产业化也不对，要具体问题具体分析。

其实只要有人存在就会有腐败，不光是在教育，在任何领域都有腐败。教育的腐败是不是像社会上认为的那么严重。我觉得没有那么可怕。就我所接触的大量中小学教师和一线的校长来说，比如教育在线网站上我认识的一线的老师、校长，我觉得绝大部分都是非常敬业的，都是非常非常廉洁的，非常富于教育理想的。不能说中国教育腐败问题已经严重到像网友说的无法无天的地步了。

腐败的原因主要是政府投入不足，很多地方财政性的支出投入甚至不到50%。校长要吃饭，要维持学校的正常运转，要维护学校的稳定，他就会想办法到老百姓口袋里掏一点钱。作为校长来说这样做是不对的，但是背后的原因我觉得我们经费投入不多是很重要的问题。当然对于违规、违法的行为，教育行政部门历来处罚也是非常严格，规定也是非常严格的，无论是教育行政部门还是纪律检查部门各级政府都做了大量的工作。

至于有一些学校打着各种各样的幌子乱收费，特别是公办学校用民办学校来收费，或者是名目繁多的赞助费等等，这应该根据各地的规定。比如在苏州所有教育收费，第一都在报纸上公布，在学校里的公示栏公布，第二也是经过国家有关部门商量的，作为校长来说就很难再去另外收费了。再另外收费的话就属于乱收费了。我们还是要认识到，绝大部分学校整体教育是健康的。没有那么一批校长、没有那么一批教师，中国的教育也不会取得这样的成绩。

对贫困生不一定要采取特别照顾的做法

网友：中央对贫困生“两免一补”的政策，还有高校奖学金的政策，我担心一个诚信的问题。比如贫困生应该根据谁来定？根据家长的单位，单位就会开一个证明。怎么把国家政策很好地落在实处？

朱永新：的确有这个问题，我主张今后不一定采取对于贫困生特别照顾的办法。因为特别照顾就是国家助学贷款，面对哪些人呢？就是今后要做教师的可以申请助学贷款。第二类是将来做法官的，至少从这两类人才开始做起。

你不是家里穷吗，你可以自己来读书，贷款。以后到农村来服务，到最边远地区最困难的地方服务六年，国家就把你的贷款全部免除，连本金带利息。这样你就解放了，六年以后你可以选择，如果你很优秀，国家可以拿名额出来保送你做研究生。还有一部分可以送出国，还有允许自由择业，如果你愿意留在本地再给你加两级工资，这样鼓励优秀的年轻人到农村、边远地区去工作。扶贫的事情让民间资本去做。民间资本设立奖学金，看你贫困，我来给你支持。国家就做大的政策引导，真正让家庭贫困同时又富有理想的年轻人能够进好学校读书，同时今后有服务国家的机会，应该往这个方向走。

没有教育公平就不可能有社会公平

主持人：在我们研究的过程中，有不同的观点，有的人认为现在的教育差距小于经济差距，还有一种观点认为教育经济大于经济差距，还有的认为差距正在扩大，有的认为在缩小，还有人认为缩小差距一方面靠税收，还有靠教育来缩小。

朱永新：第一是怎么看待我们目前的差距，是拉大还是缩小了？我个人感觉教育差距是拉大了。拉大的一个很重要的问题就是重点学校政策。各级各类学校都在评重点、评示范校。这样政府投入导向就会主要投给最重点的学校，所以在全国包括在很困难地区的农村、县都有一些很漂亮的学校，那就是所谓的窗口学校、重点学校。但是从区位上来说这个差距是在拉大的。因为各地经济差距本身也在拉大。而且教育差距在一定程度上讲比经济差距拉得还要大。这是我的一个基本判断。也有人做过调查，教育差距的拉大大于经济差距。

教育是不是可以成为缩小经济差距的力量或者是要素呢？我认为应该是的。对于个体来说，那不用说了，教育就是改变个人命运的最重要的要素。我记得温总理有一次在给我们常委做报告时，他一开始也讲了这么一句话，他认为教育是让一个人彻底改变命运的最根本的要素，一个农村的孩子、一个很困难的孩子，只要他有读书的机会，只要上了一个好学校，他的整个人生就变了。教育对一个地区来说能不能起到这样的作用？教育经济学的研究也证明是有作用的。无论是国内的调查还是国际的调查，人受教育的年限和他的收入有直接的正向关系。让一个人提高受教育的年限、受好的教育，既是解决个体的问题，也是解决区域的问题。在一定意义上来说教育公平是整个社会公平最重要的基石。没有教育公平就不可能有社会公平。

文理分科：中国教育的毒瘤

网友：21 世纪最重要的是人才，但现在对人才的要求跟过去不一样了。比方说专业化的问题，高等学校现在在推迟专业分化，前两年是不进行专业化划分，后两年才进行专业化划分。反过来推导现在高中是文理分科，可能有它的特定背景，但是在复合型人才的培养上出现很多问题。比如社会的管理、政府各个行业都要求是兼容性、复合性的人才。高中文理分科应该是怎样的发展趋势？有没有可能取消？

朱永新：我今年强烈呼吁文理不分科，我用了一个很危言耸听的题目："文理分科：中国教育的毒瘤"。我认为文理分科是造成国民素质下降的很重要的原因。这是一个综合的社会，对人的综合素质要求也越来越高。从国际惯例来说美国是大学二年级以后，三年级才开始选科的。一个学文科的人明天可以学计算机了，在中国这是不可能的。在中国初中以后就文理分科了，我经常开玩笑说文理分科造成了第一批失败的文科学生，因为他学理科学不动了。在中国选文科的学生远远不如选理科的孩子，甚至连语文、外语都不如学理科的学生。更可怕的是学文科的学生不再学物理、化学了，不再接受最基本的数理思维的训练，而学理科的学生不再学历史、地理，一个不了解历史、不了解地理的人今后也没有生活情趣。人文知识对一个个体来说更有用。到最后越往上搞管理的文科人才越多，但是文科的人都是第一批被淘汰的人，所以这就构成了一个很畸形的社会，所以我是坚决反对文理分科的。

庆父不死，鲁难未已；考试不改，教育难兴

主持人：另外是关于课程改革的问题。我想课程改革和考试改革是不是应该相互适应、相互协调，过去我们提出要跟教师教育携起手来，使教育取得了很大的进展，现在跟考试怎么结合起来？

朱永新：也有人说新课程推进的最大障碍是考试制度，新课程、老考试实际上给学生增加了双重负担，一方面学新课程，又要准备老考试，可是变革毫无疑问是新课程推进的关键因素。因此考试制度变革很重要，我也带来一个高考提案，关于加大高考改革力度的提案。我个人曾经也讲过一句危言耸听的话，庆父不死，鲁难未已；考试不改，教育难兴。应该尽快组织团队来研究考试改革。

我认为考试应该分类，这么大的一个国家，所有学校都用一张卷子，这是不正常的。因此我主张北大、清华这些最强的学校单独举行考试，这样就把90%以上的孩子解放掉了，他们不是面对北大、清华的，绝大部分学校完全可以轻松一点。北大、清华可以考外语，其他学校可以不用考外语。我不主张把外语作为全国统一考试的基本课程，语文数学就够了，其他课程就看你高中学习的情况。顺便讲讲外语的问题，这次两会大家对外语也提出了议案。特别是大学四六级，造成很多枪手，很多学生都不学其他的，就主攻外语。包括研究生也是一样，外语是硬指标，其他都是软指标。我经常开玩笑讲，中国13亿人，有1亿人学外语就够了。当然在这么一个外语作为强势语言的社会，甚至是霸权语言的社会，如果你不掌握这个语言竞争上会处于相对不利的地位，这是毫无疑问的。所以作为个体来说也应该权衡。但是从国家引导来说没有必要把外语都作为一个负担，这件事我们也必须清楚地意识到。

高考改革应该把自主权交给学校。有人说交给学校之后，出现腐败怎么办，我说越是把权利交给他，他越是会珍惜给他的权利。有些人是你定的权利他不珍惜，真正把权利交给他了，他会更加慎重的。因为这涉及他的名誉。台湾等很多地区都是学校有自主权的，人家为什么没有腐败，为什么我们国家会出现腐败呢？完全可以采取公开、透明的方式。大学招生可以吸收社会成员，可以吸收人大代表、政协委员做招生委员会委员，对于平均分以下的学生可以一个个过堂，在报纸、媒体上公布，这样就逃不了了。你以为现在

就没有腐败了吗？我可以断言现在招生中还是有腐败的。今后放开以后，我相信腐败会比现在更少，这是肯定的。你把所有的学生，所有在分数线以下的学生一个个过堂解释清楚，在报纸、媒体上公布出来，他父亲是做什么的，是省长还是农民，让社会来监督。省长的孩子很优秀也可以破格录取，农民的孩子很优秀也可以破格录取，我觉得在这个问题上是一视同仁的。

排行榜的方向是对的，但关键是“学科排行榜”

主持人：还有一个“大学排行榜”的问题。高等教育毛入学率达到19%，意味着很多人有机会上各种各样的大学，现在大学究竟办得怎么样，政府搞了一个大学质量评估，主要是对合格、不合格、优秀的评估。但是民间搞的“大学排行榜”，一年比一年激烈。您怎么看“大学排行榜”的问题？

朱永新：排行榜的方向是对的，但是也不要把它看成作为判断一个大学的唯一标准。

从国际惯例来说，各个大学今后逐步地都要纳入社会监督之下，排行榜在一定意义下也是社会监督。美国常春藤大学就是经过排名多次在前面的，社会美誉度高。现在排行榜也在逐步完善，比如今年很多排行榜就开始听中国教育专家的意见，以前是没有的。下一步能不能听老百姓的意见呢？比如说苏州大学，我可以来调查这个学校到底怎么样。再就是每个优秀学生和普通学生的就业率怎么样。因此我觉得大学排名的问题、评价的问题，实际上老百姓心里都有一杆秤。

我认为排名要深入下去，应该排学科。学科在某种程度上比学校更重要。你虽然不是清华、北大，但是那个学科是全国第一位的。现在我们的投资片面地往学校投，包括211，这个方向是错的，应该往学科投。先不要忙着提一流大学，先提一流学科。我们的经费一方面很紧缺，另一方面浪费也很多。像211经费一个学校动不动几个亿、十几个亿，然后是装修办公室、发工资等等，这个钱都没有真正用在刀刃上。我们应该瞄准世界上的一流学科进行竞争，吸引世界一流人才加入我们的学科建设，这才是一流大学发展的最重要的方向。

主持人：现在大家都在提学校的质量建设，排行榜很有作用，但是也可以找出很多不足，其中一个不足就是信息不充分、不全面、不新。这方面学校也应该推进校务公开，把一些真实情况向社会展示，否则这个数据没有，那个数据也没有，数据应该是公开的。

朱永新：现在是信息不对称的问题，教育信息除了官方每年发表的统计公告以外，就没有其他可以公开地、合理地获取各个信息的来源。我们出版了一本书《中国教育蓝皮书》，这是从民间立场来积累中国教育信息的一个路径。我们把2004年这一年中国教育发生的一些重大事件，影响民间的、影响历史的一些问题做了梳理。然后用我们眼里的中国大事做了一个记录。这是民间的。所有学校都应该有一个年报，教授有多少，副教授有多少，每个专业教了多少学生，学生的就业情况怎么样，科研经费等等，每个项目都应该公布，除了影响国家军事等应该保密的以外，其他都应该无条件公开，这样才能真正建立一个信息对称的社会。在目前信息不对称的情况下这些评估毫无疑问是很难准确的，只能是参考参考而已。

要赶快立《学校法》

主持人：全国有50多万中小学，有几千所大学，我们的学校还处在没有法制的阶段。没有一个明确的学校法或者是教育法，缺这样一些法律法规，把学校法列为一个法制建设也是迫在眉睫的。

朱永新：巧得很，我这次也提了一个提案是关于建立学校法的。很多网友、很多老师跟我反映应该建立学校法，作为一级法人，他的权利、义务、校长怎么任免，当学校是一个法人与其他利益发生冲突时应该怎么处理，学校的责任等等，应该有一个法律，我听说教育部也在积极地考虑要推进学校法的制定。

主持人：现在教育信息发布量非常多，有来自各个团体的，有民间的，有科研部门的。我们是教育古国，也是教育大国，现在向教育强国迈进，如何提高我们的教育质量，家长如何让自己的子女更有出息一些，更能够成人成才，都是很重视的。大家对教育的需求是如饥似渴的，需要一些正面的东西出来，包括现在出了很好的研究报告，媒体的专栏、专刊，这样有助于提高国民教育科学的素质。

朱永新：你讲的这个问题太重要了，这次开两会我一直在想着写一篇文章《我为教育说两句话》，我这个人是有点儿理想主义。

当大家都在表扬教育的时候，我希望能够多找一点问题。当大家都在批评教育时我反过来要为教育讲点儿话。我觉得中国教育这么多年来，特别是最近这几年来，改革开放以来，发展的成就是巨大的。不能否认这么一些事实，中国教育的成长，增长的速度是超常规的。应该说各级政府和教育行政部门为中国教育发展作出了巨大的贡献，特别是普九的过程中，尽管农村目前教育普九遇到很大的困难，但是在普九过程中各级政府、各级学校实际上付出了非常大的努力。普九到现在，各级政府背的债务、各个学校背的债务也非常多，有很多壮烈的故事。所以我们总的成绩，特别是教育行政部门为此做的工作应该给予充分的肯定。

但是为什么老百姓不满意？这里有一个很大的问题：一方面是政府投入不足。另一方面，全社会教育素养跟教育发展也是处于不太对称的状况。我经常说每个父母亲全部眼睛都是盯着清华、北大，全部都希望孩子成为最优秀的人才，所有的父母亲都把自己的希望全部寄托在自己孩子身上，所有父母亲都很难承认孩子的差异，所有的父母亲都很难接受自己的孩子不如别人孩子的这个现实。我经常开玩笑说，现在做父母亲很简单，青年男女一谈恋爱，可以领一个结婚证书结婚了，生个孩子就可以对孩子发号施令了。你要学驾驶也要学几个月，做父母亲比驾驶要复杂多了，竟然不需要证书也不需要培养。我主张凡是想做父母亲的必须要有一个基本的培训，让他知道孩子跟孩子之间是有差异的，要让他知道让孩子有一个快乐的童年比什么都重要，应该尊重孩子。

一些最基本的教育知识全社会应该普及，所以我一直希望做一些最基本的普及工作，一个是领导干部教育知识读本。作为领导干部要知道教育对这个国家、对这个民族有多么的重要，因此要重视教育，要加大投入。另外是父母读本，真正意义上的中国父母读本。让任何一个准备做父亲、母亲的人能够好好看一看，让他知道教育的最基本常识，提升教育素养。现在父母亲一方面说负担重，另一方面负担轻了又说怎么不抓了，全社会的教育素养有待提升。我想这跟全社会知识的贫乏也有一定的关系，这些工作作为理论教育工作者也是责无旁贷的，也希望中央教育科学研究所能够推进这个工程，组织全国专家做一个大的攻关，提升全社会的教育素养。我们圈里人不去关注教育的现实问题，不去做一些重大研究的问题，这是很可惜的，我们要加强这方面的研究。

主持人：非常感谢您在两会期间与网友交流，感谢您的参与！

朱永新：很高兴跟大家见面，希望还有机会到搜狐来跟网友继续交流。当然我也欢迎搜狐的网友访问我们的教育在线网站，在教育在线上每天我都会和网友进行交流，谢谢大家。

高考改革，怎么改？

2005年11月18日
媒　体：人民网

朱永新：各位网友大家好，我非常高兴能够再次做客人民网强国论坛，就关于高考改革的话题和大家进行探讨。

目前从总体来说，我国高考制度仍然是较为客观公正、符合人才选拔宗旨的一项基本制度。也就是说，高考制度创立至今在选拔人才、维持整个教育制度的运行方面起了非常重要的作用。

但是，现有高考制度面对着变化的环境，特别是和我们现在素质教育的要求，特别是随着国家从精英教育时代向大众教育时代的转化，高考制度也有一些不太适应的地方。因为从80年代开始，高考是一个精英教育时代的基本的制度，其机制是淘汰型的。它寻求适合教育的学生。过去的高考制度寻求我们适合的制度，而不是适合社会适应的教育。大众化的教学是适应学生的教育，所以我们现在基本的高等教育正在从精英化走向大众化，15%的高等教育从过去的淘汰型向一种更合理的、个性化的、多元化的方式渐变。

据媒体报道，通过对全国246位校长进行调查发现，78.33%的校长认为目前推进素质教育最大的难题是高等教育，或者说就是高考。在这个意义上说，高考已经成为实施素质教育一个非常重要的瓶颈，也是整个教育制度改革的一个非常重要的突破口。在这个基本层面来说，顾海兵讲“高考没有错，只是我们高考的方法错了”自有其道理。

学生的情绪、爱好、特长这些东西都未能从现在的高考中反映出来，参加社会公益活动的情况等也没有得到及时的反映，比如说知识能力是以淘汰式为主。针对目前情况来说，现行高考制度确实不相适应。

网友：高考改革的切入点和出发点是什么？

朱永新：这关系到我个人对高考改革的基本设想，我先说一下这个大致的设想。第一，首先明确高考的部门定位，就是你高考是做什么的？现在我们高考是把高中毕业的学业考试和高等院校选拔考试合并起来，那么我首先从部门定位考虑，应该把高中毕业学历水平的考试，也就是高中会考分开。现在高考很大程度是水平上的考核，因为高中课程所有的知识点，所有重要的内容，所有的学科都想一次性考过，能够包含。

第二，现在高考我觉得它承载的负荷太重。首先应明确高考的功能定位。把它与学业水平考试区分开，这样就显得简洁明了。有两个意义，一个是改革“一考定终身”的做法，是不是可以多考两次试。我觉得拥有了高中文凭，或者说接受了高中基本知识教育以后，他多次考试多份录取都可以的。一个考生可以选多次考试中的最好成绩来选择学校，每个大学都可以录取同一个考生，让学生有一个考试的选择权。

当然，还有一个高校招生自主权的问题。各高校基本上没有自主权，因为分数线的原因，有些生源招不进来，而有一些生源高校不想要，即使这样还有人担心一些高校在招生过程中会不会有作弊之类的问题，但是我想，关键是保证制度的东西，而不是首先考虑现在大学是否也有这种腐败可能，不把这种招生的自主权交给大学。

第三，还要改变把分数作为升学的唯一标准，不把这个唯一作为主标准。现在只有高考分数是硬标准，其他不是硬标准，我想这是一个重要标准、主要标准，它与大学自主招生是完全联系在一起的。

第四，高考的报名应该社会化。应该有学校的制度，你考试和学校无关，你可以到社会上去报，由市教委单位来统计这个高考的情况，高考报名走社会化的道路，由社会的机构来做，不要成为学校的职能。

第五，对不同大学的高考进行分类。大学本身要分类，我们现在的国家重点大学，清华、北大和其他学校的录取不一样，这个很明显。把国家重点大学、院校分成几个大队，每个大队都有不同的考试方式。

第六，精简学科。因为我觉得现有学科设置太多。学科太多会让考生等于把高中三年的知识再学一遍，第三年完全是应付高考。前两年其实都学完了课程，我觉得如果这样讲只考数学、语文两门就可以了，你其实可以开其他的课，因为不同的学校有不同的标准，但是每一个学校都有一定的信誉度，在高校里面都有一个名声的问题。其次，他还是可以评价出来这个学生学习的情况。我不主张把外语放进高考考试科目中去。

第七，我觉得高考应以能力测试为主，从学知转向学能。靠加班加点来解决高考的问题是不可能的，我觉得这个是结合了实际情况的，也结合了高考改革的一个很重要的方向。

第八，要取消文理分科。我觉得文理分科不利于人才的成长和培养，也是目前高考一个很重要的弊端，这包括新的高中课程设置也应该取消文理分科，这是改变当前我们教育缺乏人文精神的一种途径。

第九，高考改革要慎重。尽管现在改革呼声很高，但我们一定要想好看准了再改，现在各地改革太频繁，今年出台一个方案，明年又出台一个方案。全国每个省都有自己的考试，动不动就考试，这些都造成很大的浪费。和这个问题相联系，我主张清华、北大这些国立的重点大学应该有统一的分数线，不应该有地区的差异，对全国考生应该予以公平的对待。

史记：据说苏州宣布实施免费义务教育，是不是真的呢？

朱永新：是真的，因为我们已经正式宣布从明年秋季开始，苏州实行免费义务教育。最近我们已经在扎扎实实地准备关于免费义务教育的具体方案。比如说信息费、杂费、讲义费，课本准备采用政府购买的方式。我们的方案还没有最后出台，前面三项即杂费、信息费和讲义费肯定是免费的，从明年开始推行，秋季开始正式实行。

云南罗义：为中国人悲哀，一生都在考试中度过。何时高考才能不复存在，这也许不会成为现实，但是我会好好思考，到底高考的出路何在？

朱永新：事实上，人只要有选择就会有考试，高考本身不可能不存在，它将会一直存在下去。当然今后的高考不会像现在的高考有那么重要的地位。现在这个高考为什么会这样？为什么大家对高考看得非常重？有几个原因：

一是政府、社会把它看得很重，用它给学校排名，或者给教师排名，高考成为一个重要的指标。

二是高考对学校来说也是一个机会，现在除了高考没有什么其他的东西来衡量，比如说公务员招考规定必须是大学本科生才可以成为公务员，为什么中学生、高中生不可以成为公务员？这是一个政治导向的问题。

三是类似立交桥的问题，要上好大学必须要进好高中、好初中、好小学，其他的非重点学校是没有这个立交桥制度的，如果任何人都可以进入北大，就不会这样。我们目前只有高考这个唯一的选择，如果选择机会越多，高考自然越会淡化。

XIAOYU6968：嘉宾如何看待高考移民？地区差别应如何解决？

朱永新：我觉得这实际上是很多人对于现在高考制度的抗争。因为他在本地很难进入重点大学或者其他地方的重点大学，也反映出高考的多发性。实际只要改变“高考定终身”就可以解决。

我要使他自由：在当前政治制度约束下，统一高考、统一分数的前提是必须公平，否则必定腐败。

朱永新：在目前情况下，统一高考还是相对公平公正的，但是前面我已经讲了，它已经严重制约我们整个教育的发展，尤其是素质教育的推进，要改革是必然的，改革并不意味着一定会产生腐败，你吃饭还会有什么问题出现，但是你不可以不吃饭。我觉得关键在于如何结合中国的实际来解决这个问题，比如说高考的监督。现在大学招生除了分数制约以外，其他的制约是没有的，也就是说，如果我们的学校也有招生委员会，有一些教师比如说政协委员或人大代表，有一些监督的机构可以介入的话，可能就可以避免这个问题。

第二个是增加高考的透明度。对于一个学校，其全部的新生录取理由可以在网上公开，不可以反推。不是说由于有风险我们就不去做，而是我们如何规避风险，如何让这个制度更加完善。

凤尾潇潇：对于高考改革，地方政府可以做什么工作？

朱永新：从目前的角度来说，由于高考是一种国家行为，所以你要让政府来运作，使所有的学生都必须经过高考取得高等学校的学籍，因此这方面地方政府是无能为力的，他只可以在自己的管辖范围内做一些推动改革的尝试。高考改革主要是国家政治的问题，当然全国已经有很多的地方政府比如说江苏、广东、上海、北京等，他们自己都有单独进行考试的权利。因此省级政府在高考制度上还可以继续做一些尝试。

网友：是不是政府也有自己的苦衷所以不推动或者推动不力？

朱永新：政府有“三个位”：一个是错位，一个是越位，一个是不到位（或者说缺位）。从这个角度来说，我认为主要是这三方面的问题：第一是政府对学校对老师的一个评价，就是以分数论英雄。就像国家过去一直以 GDP 论英雄那样，在办学过程中过分地把重点和精力投入到好学校上，或者对薄弱学校的发展不在乎，造成学校和学校之间的发展差异比较大，也加剧了这样一种态势的产生。

二是在教师培养上如何来进行。因为整个考核，要解决应试的问题，教师是非常重要的因素，没有一支优秀的教师队伍他自然会淡化考试，我们相对来说对教师培养不是很多，很多教师不知道如何根据规律来做，他只知道去抓去做，他有一个自身的环境的问题。

创新特色：朱市长，请问您明年是不是提高考改革的提议？有什么设想？

朱永新：我今年就已经提了，高考改革我连续呼吁了两年，因为我觉得这是整个教育改革的牛鼻子，是龙头，所以我们一直在呼吁。当然我们也有自己的方案，包括文理分科的问题，我觉得这是个很大的问题，不可以轻举妄动。国家应该在国务院领导下成立一个高考改革委员会，规定由教育行政部门来做。现在他们把所有的责任都压在教育部门，所以教育部门压力也很大，不改革风险最小，变革风险很大，我认为国家成立一个高考委员会，最好邀请各方面的专家认真研究，包括课程的改革，我觉得应该请科学家、科技部，应该与社会知名人士，一起来参与课程的改革，因为这与高考的改革联系在一起。所以我觉得高考制度改革，需要决策的进一步科学化。以上完全是我个人作为一个学者的意见，不代表官方。如果我们更多地发动各界参与讨论，我想可能也会形成一些比较一致的意见。至于明年会不会再提议，我暂时没有新的想法和建议，如果有的话还是会提出的。而且我还会进一步关注和落实它。

美到像猪：就算考上大学了也读不起，读完了也找不到工作。

朱永新：一个是考试，我觉得可以通过政府来解决高校助学贷款问题。因为高考制度本身是一种客观存在，它带有一定的选拔性，选拔一些优秀的人才，对这些人来说，我觉得国家应该可以保证他能够接受高等教育。事实上，教育部也好，各级教育政府和行政部门也好，都已经作出过一些承诺，不让一个孩子失学。关键是如何落实的问题。助学贷款是一种方式，此外我还建议国家能着眼于广大农村和西部地区的优秀师资来定向培养人才。在新中国成立前我们的教育是免费的，上个世纪 80 年代以前实际上也都是免费的。我当时读书的时候，国家不仅不收学费而且还给我吃饭的钱，应鼓励很多很贫困但是很优秀的学生来读师范大学。我要写有关这方面的行动计划。因为我觉得现在在农村、在西部，优秀的教师越来越少，如何保证最基层的比较好的老师，我觉得应该是国家拿出一笔钱在前面来进行定向招生，然后定向服务。任何人都可以参与这个国家计划，把各地最优秀的学生招进来，读完四年大学，到农村或西部服务六年，六年以后国家再出资让你免试出国进修，或者攻读研究生。这就是服务机制的问题，国家帮你负担学费，因此你有义务来做这个事情。这样就使读不起书的学生可以读书，同时找工作的问题也可以得到解决。目前就业的问题不是找不到工作的问题，主要是在于我们就业理念的问题。现在几乎 100% 的大学生都想做公务员，都想留在城市。大学生、本科生为什么不可以做工人，为什么会被认为是大材小用？所以我呼吁打破传统的就业观念，让初中生、高中生也可以做公务员，只要你是有能力有品质的人。评价一个人，不能用唯一的学历来衡量。从学历的社会走向学力的社会，从职能的社会走向品德的社会，我觉得这样才可以更多地鼓励学校把主要的精力放在教学生如何做人、如何生存和发展上。

我要使他自由：为什么不开放美利坚合众国到中国办大学？

朱永新：英国著名大学已经到中国来办大学了，在宁波。美国哈佛大学也来中国办学，当然我们是欢迎的。只要是遵守我们国家的基本制度和政治原则，我们当然是鼓励的。现在每一年我们因出国留学把钱送到国外去的人实在是太多了，为此国家是鼓励不出国留学的。

满天星：请问嘉宾，我们绝大多数学校的学生都没有被面试过，光比分数合理吗？

朱永新：国外很多的大学，在录取学生的时候，有很多学生是需要面试的。这个问题还是非常重要的。如果有可能我还是提倡加强这方面的工作，如果光靠一个分数偶然性还是太多，当然这样会加大成本，但是国外的一些大学，最大的工作都是做到录取上。所以我是提倡中国鼓励进行面试的。当然面试不一定完全合理，但是我想会增加一些选择的机会。

zaishibu：作为主管教育的副市长，您认为到强国论坛交流这种交流方式对您自己有什么作用？

朱永新：我不是以副市长身份来交流的，尽管我有这个头衔，我今天是作为一个研究教育的学者来进行交流，所以我的想法不代表政府，仅仅是代表学者的个人想法。

网友：高校改革，您觉得应该怎么改？

朱永新：我现在正在邀请台湾的著名教育家高震东先生做一个报告，他的学校给我很大的启示，因为他的学校学生没有坏的品行记录，他是把品格和人格放在第一位的。他要求他们的学生离开校门一步就要肩负学校荣辱，离开家门一步就肩负全家荣辱。学生刚刚出来没有文凭，那里的毕业生是不发文凭的。只有等到毕业生找到工作，老板很满意，学校才把文凭发给他。他给所有的学生都有品质的保证。学生的留级是不收学费的，但所有的学生都必须要负责任。他要求他的老师和所有的学生在校园里只看中国的东西，不看西洋东西，只用筷子吃饭而不用勺子吃饭。他们对爱国主义的教育做了很多的工作，我一会还要给他的报告做一个总结，所以我要先离开去现场。当然针对这个问题我还会继续关注和关心，有什么好的想法和建议，可以到我们教育在线进行讨论。

谢谢各位网友的提问，下次有机会再进行更深入的交流。谢谢。

关注我们的孩子

2006年3月5日
媒　体：网易

主持人： 网友们晚上好。今天上午温家宝总理在作政府工作报告的时候说要造就一批杰出的教育家，我们今天就请来了杰出的教育家、全国政协常委朱永新先生。朱先生还是苏州市副市长。朱市长的头衔特别多，就请他自己介绍一下吧。

朱永新： 没有什么，苏州人民政府的公务员、苏州大学的老师，这是我最重要的头衔。

主持人： 开会的时候我们叫委员。现在大家叫得最多的不是朱市长、朱委员，而是朱老师，大家都把他当老师对待，是一位老师，一位知名的教育家，朱老师您看还有什么需要补充的？

朱永新： 大家都知道我的很多的信息，头衔是最不重要的。

主持人： 在您来北京开会之前，在你们自己新教育网站上发了一个帖子，“2006年，我们说什么？”，向所有网友征求提案。昨天下午的政协小组会议胡锦涛总书记也参加了，还听了您的发言。我看全国政协委员、著名作家赵丽宏在博客上还提到了您的发言。您能把您在昨天下午发言的情况给网友介绍一下吗？

朱永新： 非常高兴总书记亲自到我们组来看望委员，同时听取大家的发言。我代表民进中央做了一个关于德育问题的发言。我认为目前中国教育最大的问题实际上是见分不见人，是整个做人教育的缺失，这是素质教育推进的最大障碍，做人是整个教育最大的问题。千教万教做人求真，千学万学做人最难。光是单一知识教育是不够的，单一知识教育使人成为有用的机器，而不是一个和谐的人。因此，我们的年轻一代能够温文尔雅，有良好的精神风貌，这涉及祖国的前途和命运，这是最大的事情。昨天在会上，我就怎么抓德育工作提出了四条建议：第一是关于教师的问题。教师的问题是整个中国教育最关键的问题，只要有好的老师，教育就可以改变。新教育整个逻辑的起点也是抓住教师，点燃教师心中的激情和梦想。教师成长了，就有一种职业的幸福感，他就能享受教育的幸福，带动孩子和他一起成长。但是，目前我们教师队伍的现状是令人担忧的，尤其是在农村，农村的教师基本上都到城市去了。昨天我向总书记建议制订“农村教师培养的国家行动计划”，每年中央财政拿出 4 个亿定向培养 2 万名大学生，每个省花 1 个亿定向培养 5 000名大学生，所有的费用由国家支付。

主持人：这和以前的师范生定向培养一样吗？

朱永新：以前是国家免费国家包分配，没有定向深入农村、困难地区。这些教师由国家来培养，他的工资等由国家来支付，他们在那里工作六年，20% 到 30% 上研究生，20% 到 30% 送到国外去读书，其他的也可以考公务员，这样根就扎牢了。第二我提出让青少年有更多的活动。德育有很大的问题，德行的养成和知识不同，道德的养成肯定要通过活动，在游戏中才能懂得人和人相处的规则，什么是权利、什么是责任、什么是义务、什么是领导、什么是服从，这些东西是教不会的，必须要做，在做中去学。相对来说这些东西都非常少。学生有没有交友活动？他们整天起得最早、睡得最晚，做作业，我们新教育实验就是鼓励孩子参加各种各样的活动，通过这种活动丰富孩子的精神世界。另外，我们还提出要给孩子提供健康的活动场所。现在的孩子基本上没有地方可去，要么是价钱很贵的游乐场，要么是少年宫，收费进行各种各样的培训，真正活动的空间和时间很少。很多孩子只有网吧好去。上海做了一个调查，让一个孩子 24 小时不看电视、不去网吧，结果很多孩子感觉到很郁闷、很无奈，好像生活中没有灯。

主持人：上网已经成了一种习惯。

朱永新：对。第三我提出读书的问题。我和总书记讲，一个人的精神发育史就是他的阅读史，一个民族的精神境界很大程度上取决于读书水平。现在民族读书风气不盛是一个很严重的问题。我国平均阅读量是很多发达国家的1/10。新教育实验中我也提出要营造读书校园，在 20 多个省、市引导教师和同学读书，丰富他们的精神世界，在这个过程中培养一批优秀的教师，让他们健康地成长。我还提了一个提案，国家应该设立阅读节，前两年答复我国家不再批任何的节日，但是去年，批了航海节，为什么不批阅读节呢？这是一个很好的创意。另外我提出了一个阅读内容的问题。现在阅读的内容有三大块，一个是中华民族传统美德的教育，仁义礼智信，这是中国传统中非常好的基础，现在被放在一边。我和总书记讲，现在的孩子过的是洋节，吃的是洋饭，说的是洋语，这样久而往之，中华民族的传统、中华民族的精神就很难传承下去。还有就是讲新公民教育。现在学校里政治课太多。要有公民教育，培养他们的公民意识，告诉他们怎样去维护国家和民族的利益、最基本的公民利益。最后是生命教育。人生存、生活的基本的知识和技能非常少，有的人甚至不懂得珍惜自己的生命。前两天一个学校十天内就有四起跳楼自杀的事情，这是草菅自己的生命。中国古代讲身体发肤受之父母，现在动不动就自杀、杀人。我和总书记讲的这些教育问题的确是需要全社会关注的重要问题。

主持人：您在和总书记做汇报的时候，是不是也像和网友交流一样随意？

朱永新：应该是这样，我没有任何的稿子，就是把我的想法说出来，直抒胸臆。我看总书记还是很认真地记录着，在总结的时候还对我提到的读书的问题和社会建设的问题、建设良好社会风气的问题专门给予了回应。

主持人：说您说得很好？

朱永新：哈哈，他没有这样讲。

主持人：我们今天访谈的主题事先和网友预告过，叫新希望工程。您最近这几年做的事情让大家感觉到和“新”字有关，您的名字里有个新，公众在谈您做的事情叫做新希望工程，您自己说的是新教育实验，刚才您和网友说的是新公民教育。这些“新”之间到底有怎样的关系？这里是一个网友刚刚说的问题，问题很简单，何为新希望工程？

朱永新：新希望工程是相对于希望工程而言的。过去的希望工程是帮助贫困地区修建学校，帮助孩子提供一张书桌，解决他们没有书读的问题。后来媒体看到我们所做的工作，实际上是为孩子精神世界能够尽快地提升，解决精神层面的问题，所以他们说这是中国的新希望工程，这是媒体给我们的命名。非常有意思，今年新教育实验的工作重点就是准备帮助希望工程的学校变成新希望工程的学校。我们准备今年要帮助100所左右的学校进入新教育实验，培训一名校长和教师，帮助他们建立新教育的工作室，真正让希望工程的老师和孩子受益，这是我们今年预期的工作目标。至于内容来说，我们新希望工程有重要的核心理念，为了一切的孩子，为了孩子的一切；我们有价值追求，追求理想、超越自我；我们有行动哲学，只要行动就有收获；

有五大基本理念，和人类的伟大精神对话，相信学生和教师的潜力，教给孩子一生有用的东西，注重个性的培养，加强特色的教育等等；我们有我们的六大行动，营造书香校园、聆听窗外声音、建立数码社区、建立理想课堂等，推进我们的工作。

主持人：通过视频来参与网上对话的网友会看到我手上的书《新希望工程——媒体眼中的新教育实验》。您的新教育实验从行业内的事情变成公众关心的事情的时候，很多媒体都怀疑您做的这个事情，觉得这个事情很好，很可爱，但是不是很可信呢？感觉没有把握。大家提出一些怀疑，我翻看了这本书，总结一下大概有三点：第一，您这个项目是民间的项目，没有政府的投资，没有钱；第二，朱老师虽然是苏州市的副市长，您做的这个工作和教育实验是一个民间的实验，不可能让苏州市市政府派工作人员帮助您做这个事情，没有人；第三，这个教育主要还是非分数教育，现在尽管高考扩招了，但家长觉得考上大学还不是目的，还要考上重点大学，分数始终是指导学校来进行教育的关键性的指挥棒和指标，在这种情况下，大家怀疑新希望工程到底能够走多远。前几天在您的博客上也看到您说要到清华大学附小做新希望工程教育的展示活动，从苏杭发源来到北京赶考了。对社会各界人士的质疑您有什么回应？

朱永新：应该说新教育实验不能说一点钱没有，教育部给了 3 万元，开一次会就花光了，经费的确比较紧张。新教育的人都是义工，所有的人都是义务帮助新教育传播，帮助新教育开展工作。像我们的秘书长每个星期的星期天几乎都在各地奔走、指导，不拿学校的讲课费，自己掏腰包去帮助我们做新教育。

主持人：像这种全国性的教育实验，靠自掏腰包有长久的原动力吗？

朱永新：最近我们考虑要建立新教育的发展基金，通过社会的支持和新教育自身产品的运作筹集资金，我们要专门建立自己的研究队伍、经营团队、管理团队，这三支队伍希望在今年正式运营起来，其中已经有一些企业在支持我们的事业。无锡灵山慈善基金会支持了我们 45 所新教育学校，还有四五个企业来资助我们。得道多助，资金的瓶颈是可以逐步得到解决的。

主持人：有这样一个问题，无锡灵山慈善基金会给你们提供了学校的资助，在您的心目中是不是中小学都来搞这样一个试验，把新教育实验的火烧旺，这样的话可以让新教育实验推广到更大程度？

朱永新：现在非常好的趋势是新教育实验从民间的草根行动越来越被政府重视，我们的省委书记、吉林省的省长、苏州市的书记都作了批示，要求推动，现在全国九个实验区是在政府推动的情况下做的。温州苍南县全县推动，嘉兴的秀洲区全区推动，等等。他们推动以后经费上、人力上、物力上都给专项的支持。新教育实验由几年前从理想出发变成政府来推动支持，从民间的项目变成了官方的项目。

主持人：政府进行投入，人力、物力可以解决没有钱没有人的问题。但是您的实验怎么解决分数教育？

朱永新：我一直认为好的教育是不怕分数的。

主持人：就是说分数教育和新教育实验是并行不悖的？

朱永新：对，没有太大的矛盾。在高考不变的情况下，在应试这样一种压力下，我们和其他人一样戴着镣铐，但是有的人戴着镣铐就躺着什么都不干了，我们是在跳舞，跳出了精彩的镣铐舞。昆山玉峰 2002 年创办了我们第一所新教育学校，他们的各项指标在当地都是第一的，很多的状元都出在他们那里。孩子爱思考了、爱学习了，他会怕考试吗？有新教育垫底，什么样的酒都能喝。

主持人：我们刚刚谈到新教育实验的队伍问题，这使我想到很多年以前杨树理在搞乡村教育的时候，说的一番让我们感慨的话。当时他说用人有一个优点也有一个缺点，优点是他相信人人都是可用的，每个人应该把最大的优点发挥出来，他看人的时候总会往优点去。用了很多人后，他发现总是看人的优点而忽略缺点，会使事业在前进的过程中受到很大的损伤。我不知道您对这样的议论有什么看法，您毕竟是一个政府官员，不可能有太多的时间去管全中国的教育。

朱永新：从内心来说，我是孟子“性善论”的信仰者，我认为人心中总有向善的一方面，而且从人的能力来说，每个人都有他可以施展的才华。人无完人，有些人的优点多一点，有些人的缺点多一点，只要用其所长就可以把潜能发挥出来。更重要的一点，新教育实验可以说是一个理想的“企业”，是一个打义工的群体。我们很难对所有人提出严格的要求，也很难对所有人的缺点作出严格的规范，因为人家不拿你的钱凭什么受你管呢？我们靠的是理想和自觉，我们开始都是把钱捐给新教育，当然我不能要求所有人都这么做，但是大家能够关注这个事情，每个人能够发挥自己所长，为新教育哪怕是浇一杯水、填一抔土，都是在为新教育做有益的事情。从长远来看，我们应该有更加明确的目标和方向，营造一个专业的团队，引进一些专业的模式和方法，减少内耗。前不久，我们召开了新教育科技组“十一五”工作的会议，对于这些问题我们提出了明确的解决方案，我们的团队也会从过去相对有一点散兵游勇的状态走向初步的正规军的状态，来运营和发展我们的思路。

主持人：在很多网友看来，新希望工程本身是一个很大的工程，肯定有一个专业的团队和人员在做专业的事情，在过去您的队伍中有很多追随您的人，或者您带的博士生，全国著名的教师李镇西等（您第一批的学生）都在做一些工作。您刚才说要建设一个专业的团队，我想网友会对您未来要做的事情很感兴趣，您能不能说得更详细一点？

朱永新：我们现在正在建设一个管理团队，把新教育实验需要的资源进行运营和整合，包括新教育实验品牌的营造和管理。另外，我们现在招收的研究生都有严格的培养计划，新教育实验过去是以行动构成，接下去应该进一步地完善和构建自己的理论体系，特别是需要研究和阐述新教育实验在中国本土产生、发展的重要的文化背景，这样的理论体系的构建是我以及我的博士生下一阶段非常重要的工作。我们职业的管理队伍会定期和大家沟通，会通过网络平台了解工作的情况，进行统计，进行沟通。在“十一五”期间我们还要出一份刊物《新教育》，可能会在6月份正式创刊。另外我们在有关出版社合作出版一套新教育理论的文库，现在已经拟定了20个研究课题，准备在“十一五”期间进行完善。同时，我们在今年7月份北京举办的第六届新教育实验大会中，会对新教育实验进行全面的检讨和展示，我们会评选最优秀的示范学校、最优秀的教师和学生，通过抓好企业中的旗舰店一样的旗舰学校，使他们成为新教育的研究和指导中心。很多工作需要进一步去做。

主持人：您刚刚谈到最优秀的学校、最优秀的教师和学生，在您看来最优秀的学生、教师有哪些指标？

朱永新：新教育学校和学生评价体系，这个可以有经验性的指标，比如说学校整个精神面貌的变化，教师、学生大量的学术成果。打开全国任何一个报纸、刊物和知名的出版社的出版物，许多作者都是我们新教育的学生和教师。我们的教师成长得非常快，很多学生还以中考第一名的身份进入更高层次的学习。这并不是很重要的，更重要的是在实验中行动、在行动中成长。所以“十五”国家课题结题的时候，问我们有什么样的成果，我们说有著作有课题，但更重要的是人，我们培养了一大批优秀的教师。

主持人：用您的话来说就是改变了教师的行走方式。

朱永新：对。改变了学校的发展模式、改变了教育科研的范式等，我们实现了四个改变。

网友：不知道朱教授在行政工作和博士生培养这两个方面是如何做到平衡的。

朱永新：这个问题很多网友在新浪网和人民网上都问过我，实际上我是多种角色，不仅是老师，还是政协委员，还是父亲，这些角色怎么平衡？我说我是通过教育来平衡、来整合的。

主持人：把教育作为一个支点？

朱永新：对。我的研究生做的教育研究是帮助我研究分管的文化教育的现实问题。有人做农民工教育的问题，有人做开发区教育的问题，他就实际上成为我政府工作的秘书；有的是研究新教育实验的，他就是我学术的助手。这些没有冲突，行政工作也非常有助于推动新教育实验。新教育实验发展这么快，尽管我们没有用政府文件推动它，但是我副市长的身份还是起了一定的推动作用，尤其在苏州有这么多学校参加，我副市长的影响力还是起了很大作用的。

主持人：您是苏州市的副市长，按照政府官员的职责来说，您应该把很多时间投入到苏州市政府的工作当中，教育是您分管的一个领域，您应该管苏州市的教育。您现在做的新希望工程教育事业已经覆盖了全中国，某种程度上做了教育部长在做的事情，这个和您的本职工作有没有冲突？如果有，怎么处理和协调？

朱永新：我经常讲的一句话是星期一到星期五为政府打工，星期六和星期天为教育理想打工。周一到周五我全力做好政府的工作，我分管的工作，无论是文化、教育、体育、新闻出版、电视，在全国所有的城市里都是名列前茅的。

主持人：本职工作也做得非常优秀。

朱永新：我一点也没有偷懒，每时每刻都在思考自己的工作。我也在研究全国各地是怎么做的，要发现问题、提出理念，真正的管理应该是协调各种关系，在这一点上我不敢说做得有多好，起码我是尽力了。我可以和苏州市民讲一句，这些年市长的工作我是尽心尽力做的，我是对得起我的市民和父老乡亲的。

主持人：您是利用节假日为教育理想而奋斗？

朱永新：我没有用这些时间打牌、喝酒、搓麻将，甚至没有时间看电视。

主持人：在网友和一般教育人士来看，政府官员应该是谨言慎行的，但您给大家的印象是好像手伸得很长，管得很宽，把教育部的事情也管了。苏州市委和市政府的同事以及教育部的领导和官员对您这样的行为会不会有一些微词？很多的网友也在关心这方面的事。

朱永新：但丁曾经讲过一句话：走自己的路，让别人去说吧。我还没有这样的境界，我也很顾忌别人包括领导的一些评论，我是民进中央的常委、全国政协的常委，这也要求我关心全国的大事。表面上和苏州没有关系的事情实际上和苏州都有关系，一个城市不是一个孤岛，这个问题要看怎么去看。我比较喜欢讲真话，不喜欢粉饰，喜欢直来直去，有时候会得罪一些部门和领导，但我相信我的心是真诚的，我是真心真意想把中国的事情和中国的教育办好，我的建议都是从建设的角度去提的，从建设的角度进行善意的批评，我从来没有从破坏的角度去批评。

主持人：您的同事、苏州的市委书记王荣好像也是一个博士生导师，他对您的工作还是很支持的。

朱永新：我非常庆幸在苏州这样一个尊重人才、比较自由的环境中工作，五任市长和市委书记对我的工作都非常支持，我的设想和一些困难他们都给予了非常及时的支持和帮助。

网友：您对苏州地区的应试教育和教师的生存状态有什么看法？您对苏州地区现在的所谓县中模式的看法是怎样的？

朱永新：总体来说，苏州的素质教育在江苏乃至全国都是很不错的。我们学校加班加点、分数排名，不是说没有，但不像想象的那么严重。特别是参与新教育实验的学校，教师的状态还是非常积极的，像玉峰实验学校和其他的一些实验学校，你会发现教师的确非常优秀，生活得非常有激情，有自己的职业归属感和幸福感。当然应试的问题是全国普遍的问题，我曾经讲过庆父不死，鲁难未已。

主持人：刚才我们说新希望工程没有钱，有一些老师自己掏腰包在全国各地奔走，我曾经听说您每个双休日都会去全国的一些城市推广新教育实验的理念。您每去一个地方按照惯例都会有讲课的酬劳，给您一些红包，这样一些红包听您太太说也没见过，这个钱您花哪儿去了？

朱永新：（笑）一般到我们实验学校我不收任何的费用。教育行政部门和一些机构组织的专门活动有一些讲课费，我都把它捐给新教育的基金，我们的秘书处会给所有的讲课单位开一个收据，感谢他们对新教育实验的支持，同时也会给我一个回执，有一个凭据，防止我贪污（笑）。这些都是微不足道的事情。

网友：朱教授，如果您的新希望工程、新教育实验的模式成功了，您有没有考虑类似商业机构的加盟一样向全国推广？有没有一个很好的制度框架推广？

朱永新：开始我们就坚持公益的立场，也没有想着要有什么功利，今后也会做公益的事情，如果变着法从孩子身上、老师身上去敛财，自己的良心上说不过去。我们的网络和研究院有自己的队伍，我们的新教育基金帮助新教育实验，以后新教育实验的经费通过新教育基金来提供。

主持人：我想就上一个问题再问问您，您做的新教育实验是一所一所做的，是不是会照商业连锁店的方式去推广？刚才您说无锡灵山慈善基金会帮助您做试点学校，然后在全国推广，请您解释一下无锡灵山慈善基金会是怎么帮您建立试点机构的？

朱永新：无锡灵山慈善基金会第一笔慈善基金就用在了新教育实验、新希望工程上，这也是一种缘分。他们选择了我们新教育，他们觉得新教育能帮助学校、帮助学校的老师和孩子，能够有更好的生存状态和精神发育。基本模式是这样，帮助一个学校培训一名校长、一名老师，帮助学校建立一个专用的新教育工作室，包括一台可以上网的电脑、一批新教育的图书。每个学校总体的费用在 2 万到 3 万元左右。像任何捐赠希望工程学校一样，过去是 20 万元一个学校，我们是 2 万到 3 万元一个学校，任何人都可以在工作室上冠名，也可以不留名，这是一个可以复制的模式。但是很重要的一个基础就是我们的管理团队、研究团队要跟上去，也就是说，我们培训这个学校以后，后续的提升帮助、后续的管理需要专业化。

主持人：希望工程曾经受到香港一些媒体的质疑，怀疑这个钱是怎么使用的，是不是中间会出现一些误差。最后中国青少年基金会打赢了这场官司，不知道无锡灵山基金会帮您做的试点，在资金上是怎么处理的？是否考虑过如何避免资金上的麻烦？

朱永新：这个没有任何的问题，无锡灵山的项目，所有的经费都由他们直接采购、配送，我们基金会准备把所有的资金上网公开，每一笔钱哪里来的，怎么花的，都在网络上公开，公开透明。

主持人：在结束的时候请您用两句话做一个总结，您认为新希望工程有希望吗？

朱永新：只要我们坚守，只要我们努力，只要我们大家一起关注和支持这个事业，我相信新希望工程和希望工程一样，都是开创中国教育未来的事业！

主持人：最后说两个字，谢谢！

谈谈大学生基层就业难问题

2007 年 3 月 14 日

媒　体：中国青年报、中青在线、新浪网

鼓励大学生到基层应保证下得去上得来

主持人：现在大学生就业难的问题已经成为我们讨论的热点问题。如何提高大学生的就业率？现在大学生到基层就业难在何处？有些什么障碍？请您帮我们分析一下。

朱永新：我觉得大学生基层就业有很多难点，第一个难点是“下水管道”不是很通畅，一般来说基层需要人才的信息很难得到，管道不畅；第二，基层的待遇比较低，这可能是更重要的原因，比如说做教师，在农村、在基层和在城里收入差几倍，甚至更多，如果在基层的话教师可能连饭都吃不饱，待遇问题也是很重要的制约因素；第三个原因就是下去以后再上来的机制没有形成，要让大学生下基层，应该形成一种下得去同时上得来的机制；第四，就是我们大学生自主创业的意识能力相对来说还比较差，到基层去，生存的空间和生存的能力受到很大的限制。可能主要是这几个方面的原因。

主持人：女大学生就业难，有性别歧视在里面，实际基层就业还有一些障碍，比如说同工不同酬，或者编制上的问题，您能具体讲一讲吗？

朱永新：我研究教育，你分析一下教师的情况就可以知道，我们现在的基层为什么教师下不去。一方面，农村，孔雀都东南飞了，村里的高级教师几乎都到了镇上，镇上的好教师到了县里，县里的好教师到了市里，市里的到了沿海城市。现在有相当多的代课教师，成本很低，地方政府为此付出的代价相对来说比较低。地方政府宁愿有大量的代课教师，也不愿意用正式的老师，或者即使正式老师进去待遇也非常低。所以这次温总理提出，师范生免费培养，关键是机制。我们免费培养的大学生怎样到农村，关键要解决两个问题：

第一个问题，国家有意识地在基层定岗位，在西部、农村最需要的地方定教师岗位，国家给发工资，这样能够有基本的社会保证。当然这个保证也带来了连锁的问题，就是大学生去了以后工资两千、三千，跟当地的教师比起来就高很多了，这个反差怎么解决？这是个系统工程。当地挣一千，刚去的教师拿两三千，所以后续问题需要解决整个基层工作的待遇问题，要缩小农村和城市收入的差距。

第二个问题，不能要求所有的大学生永远像过去一样扎根农村一辈子，要有一个服务机制。我去年写过一个提案，除了教师以外也包括其他的岗位，要搞国家岗位，国家定向培养。比如今年北京师范大学招300名师范生，这个是到陕西的，那个是到西藏的，报的时候就是定向报名，国家定向培养，通过这样的方式，国家免费培养你四年，你到农村服务六年。据说这次教育部做的方案是三年，我觉得三年时间太短了，国家不收你一分钱让你读书，三年完不成一个教学周期，如果小学是六年一个周期，初中高中加起来是六年一个周期，我觉得六年是最合适的。六年以后怎么让他上来？所以我提出20%免费保送研究生。

20%免费保送国家的研究生，使从事基层服务的人有一个进一步升学的管道；国家可以再拿出一定的名额送到国外培养，现在每年我们公费出国的人很多，也可以从这里面产生。再比如说当地公务员优先从在农村服务过的大学生里面产生，公务员不一定要应届生，我们现在大多数是应届生，我觉得这样是不对的。留在当地的，国家再给你各种各样的政策。这样就保证他们能够下去，同时更能够上来。现在很多大学生最害怕的是下去以后永远上不来了，所以机制问题要解决。

大学生就业率统计方法应改革

网友：朱市长，师范里有好多非师范生，能不能由教育部规定，不享受免费的，可以不到农村？

朱永新：这个没有必要，教育部六所师范大学，不到农村去就别报考，国家的公立学校就是为农村培养教师的。

网友：现在六所师范学校，真正的师范生不到三分之一。师范生里面允许不免费。

朱永新：那你到非师范去，不要到师范。

刘玉岭：报不报师范生还有一个经济的考虑，好比说，在大学里四年，

一年免费五千元，四年两万元。如果三年当中不去农村，到一个工资比较高的单位，可能比这两万元还要多。这里有个什么激励机制呢？

朱永新：这是另外一个问题。免费师范教育为贫困的学生解决了读不起大学的问题，对农村优秀的贫困学生开放，不想到农村做老师的、不想为国家服务的不要进师范这个门。

当然还有另外一个问题，大学生就业率的统计也促使大学生集中精力马上在城市去落实单位，所有的学校拼命地抓这个东西，要求学生在7月份以前全部签约，很多学生就拿到假的签约。有的学生第四年就没办法好好读书了，课不上，毕业设计也不好好做。我提出改革大学生就业，国外一般一年才统计，我觉得一年以后可能操作不便，但至少可以到12月31日为止，这样大学生有半年的时间可以到基层看看，信息不通可以下基层了解情况。我觉得有政府在推动，大学生就业难的问题还是可以解决的。因为毕竟现在每年才500万左右大学毕业生，再加上过去沉淀的大概100万左右，也就是600万大学生，每年新增的就业岗位大概是1 000万到1 200万个，大概是这么个数字，因此，如果说1 200万岗位里面有一半是留给大学生的，大学生就业应该没有问题。当然，还有另外一个问题即大学生创业的问题。

我们培养一名大学生，他就去占领一个岗位，我希望今后培养一名大学生可以创造十个岗位，这样一来大学生就业就不能仅仅理解成占领工作岗位，包括创造工作岗位也叫就业，我觉得这个概念我们要很明确。昨天我看《参考消息》，有一篇文章非常有意思，介绍西班牙的故事，西班牙大学生创业，1998年的时候，大学生创业注册的公司只有12个，但是到了2003年的时候，213个大学生办自己的公司，开始创业了，这个和大学期间他们进行了一项创业大学的活动也有很大的关系。

所以高等学校要教给大学生就业的本领，学比尔·盖茨。我们主张在大学生中倡导创业的概念，国家同时给大学生创业提供最大的支持，资金的支持，税务的支持，工商等社会方方面面的支持，包括奖励的支持。

应通过政策鼓励大学生实习基地建设

朱永新：大学生就业，有一个结构性保证的问题，过去大学的发展成长很快，发展的规模越来越大，最多的时候超过30%的增长率，前几年到现在也有10%的增长率。增长的主要部分在哪里？在文科。我们知道高校的扩张当中，特别是工科扩张的规模远远没有文科那么大，文科更大，文科容易扩张。现在我们培养的大学生，文科生占相当大的比例，像会计、金融、法律，高校的文科生比例已经远远超出了理工科，所以就业难。事实上文科生的就业难问题比工科生的大得多。高等教育的规模应该稳定，这次温总理报告里提出，要适度稳定高校的规模，还像过去那样增长肯定不行。

我们期待着，特别是公立大学，基本上应该稳定招生规模。现在大概国家每年增加5%。5%的空间以民办高校为主，因为民办高校更会结合市场考虑，而且民办大学只有两条路，要么辉煌，要么死亡，没有中间的道路，所以，要把增量的部分交给民办高校做。另外，在结构上，要做很大的调整，要以理工科的增长为主，和我们的产业结构要适度吻合。产业结构不吻合，社会就会不需要这个大学生，不需要这个专业的。

整个大学生就业，也有一个结构性的矛盾，这个结构性的矛盾跟我们高等院校的结构有一定的关系。大学应该真正改革，面向经济的发展，更符合经济的结构。

主持人：在校期间专业的实习，还是要扎扎实实去做，现在专业实习很多走过场。其实在专业实习这个环节里面，学生可以把自己的专业知识跟实际的用人岗位联系起来，加深感性认识。刚才也谈到为什么有些技能性的中专毕业生就业率高于本科院校，我觉得用人单位应该更热情地接受大学生来单位实习。

朱永新：大学生实习难度很大，原因在于：第一，学校没有积极性。你下去实习学校是要付钱的，要每天给实习单位付钱，学生的交通费用、生活费用，学校很烦，所以学校千方百计地缩短实习时间。第二，学生没时间。学生要找工作，第四年开始，大部分学生主要的精力是在找工作，所以很多学生在实习的时候，开个介绍信说去实习，学校也不知道学生去哪里去了。第三，企业没有积极性。因为你来了以后派不上用场，时间太短，刚把你教会了你就要走，谁都没积极性，你说实习能做好吗？

主持人：在找工作过程中，好多学生有一个障碍，就是没有工作经验。

朱永新：把产、学、研作为推动大学生就业的基本政策，对企业，对接受高校实习生的企业，应该在税收上、在资金上给予充分的支持。另外，在高校的学费里，我觉得要明确专门用于推进学生就业的经费，包括学生实习在内的费用。现在有些费用明确了，但在推进就业上，还应该产生一种以就业为导向的人才培养机制。现在我们的人才培养不是以就业为导向的。

鼓励大学生当村官应根据学生能力

主持人： 接下来谈谈后续的管理。现在有些地方大学生村官工作挺热闹，但是进行了六七年之后，下一步不做村官了，这时有什么扶持政策？刚才说下去了还是上来，政策上进行一些帮助，我觉得能这样就好了。

朱永新： 我们不能轻易地让大学生下去，我就不主张大学生一毕业马上到农村做医生。刚毕业的学生根本没有医疗的经验，一下子到基层做医疗工作，可能要出问题。没有任何经验的大学生当村官是不是很合适，我觉得这些问题都要实事求是。比如说医生我就主张，在县级医院有两年以上工作经历的大学生到农村去，到村里面去，到镇里面去服务，服务以后可以上来。采取这样的方式可能更符合我们的实际，对农村基层的发展也更有利。

所以说，不能全部到基层，很多大学生没有处理问题的经验，到了基层，可能他的能力、视野、适应性都存在这样那样的问题。不要从一个极端走向另外一个极端，这也是我们推进大学生就业工作中可能产生的问题。现在我们经常产生非此即彼的思维，我觉得要实事求是地分析，从我们农村基层最需要的岗位开始认真梳理，梳理出来以后，由国家来培养，培养的流程就是国家管理过程。

比如说医生，农村不是最缺医生吗？在医学院里重点培养，也可以免费培养，国家出资免费培养，但是培养了以后，先到城市医院工作两年，两年以后你再下到农村服务，服务完以后可以再上来，整个机制和流程很清楚。在国家最需要的地方设立国家岗，教师也好，医生也好，包括村官也好，可以用国家岗这样的方式，在国家最需要的地方采取这样的方式。

主持人： 日前人大常委会审议了就业促进法草案，这个法律条文，对于未来帮助大学生就业有什么作用？

朱永新： 第一，对于全社会树立把就业作为一个重要的民生问题的紧迫意识会起到很大的作用。过去我们讲在农村一个大学生可以改变一家人的命运，现在则有人说读书致贫，读了书以后更加贫困了，所以我觉得推动全社会重视大学生就业的问题非常重要。

第二，法规颁布以后，会出台一些相应的鼓励政策，比如刚才讲的，首先要鼓励企业跟大学生进行全方位的合作。在芬兰，他们的企业和高校之间的合作比例达到70%，也就是说70%的企业跟高校之间在产、学、研方面都有非常紧密的合作，包括大学生的实习在内。我觉得要鼓励企业去接收大学生实习，接收大学生工作，把大学生就业的问题作为很重要的问题。其次就是鼓励学校更加重视大学生的就业，以就业导向来改革整个大学的教学模式，包括开设创业的课程，鼓励大学生在校期间进行尝试性的创业，设立必要的配套资金来支持大学生的创业，从创业课程的开设到创业实践的鼓励，我觉得也是大学非常好的方向。

第三，鼓励大学生到基层去。我们要提供信息平台，现在信息不畅。我们可以把基层需要人才的信息及时地反映出来，现在大公司信息比较充分，但是基层的信息没有，需要各级地方政府把基层需要人才的信息，及时地通过国家信息平台反映出来。可能会建立一个国家的大学生就业信息平台，我们希望对信息的畅通起大作用。

对于大学生来说，同时也有树立理想的问题，尽管现在大学生可能更多要考虑他的生活，考虑他的利益，但是我想一个人没有理想总是走不远的，所以要鼓励那些有理想的、有公益情怀的大学生到基层去，我们要为他们到基层服务提供非常好的平台和空间。我们要加大对这些人才关注、宣传、帮助的力度。可以出台必要的措施，建立让这些大学生能够及时回来的好的机制。像美国的大学招收中学生的时候，对参加公益活动这一项是有基本要求的，没有12次以上的公益活动的经验，不录取你。公务员在招聘的时候，能不能把是否到过基层作为一个前提条件，选拔干部的时候，也作为优先的前提。我觉得应该把这种机制建立起来。

这个法规推进以后，对解决大学生就业难的问题，提供了一个新的平台，一个非常重要的保障。如果再加上高校的必要改革，就业统计率必要的调整，大学生就业难的问题就会在很大程度上得到解决。

主持人：时间有限，最后请您为现在正在找工作的大学生提一些建议。

朱永新：要把理想和现实比较好地结合起来，要让自己的人生舞台能够从最基层开始，这些经历和经验对大学生是最重要的财富，从这个意义上来说，可能选择到基层工作会有更广阔的空间。

教育改革与教育公平

2008 年 3 月 17 日
媒　体：人民网

免除义务教育阶段学杂费推动了义务教育的均衡发展

朱永新：各位网友大家好，非常高兴再次在人民网强国论坛做客，我已经是第六年在两会期间和人民网的网友见面，到人民网已经有十多次了，因此，很多老朋友最近几天连续给我发邮件，说你为什么不来了；还有很多网友准备了很多问题发给我，希望我到这里跟大家进行交流。所以今天我非常高兴有机会再次跟人民网的新老网友见面，和大家分享我学习温总理的《政府工作报告》的体会，分享我对教育问题的一些思考。

这次两会，教育的问题再次成为大家关注的一个热点问题，温总理的《政府工作报告》再一次把教育问题、把坚持优先发展教育作为民生问题的首要问题，作为社会建设的首要问题。温总理这一次的《政府工作报告》给大家送了一个最大的“红包”，就是从今年的秋季开始，全面免除城市义务教育阶段的学杂费。应该说，这是继过去免除农村义务教育阶段的学杂费以后，又一个非常重要的举措，也是推动义务教育的均衡发展，促进教育公平一个大的举措。

温总理的《政府工作报告》中还提出，要大力发展职业教育和提高高等教育的质量，对三个阶段的教育问题提出了非常明确的目标。另外，温总理还特别提出要重点抓好三项工作，即：全面实施素质教育，推进教育创新；加强教师队伍建设，尤其是农村教师的队伍建设；加大对教育事业的投入。今年的中央财政对教育投入要从 1 076 亿元增长到 1 562 亿元，有近 500 个亿的增长。总理特别提出，没有全民教育的普及和提高，就没有国家现代化的未来。要让孩子们上好学，办人民群众满意的教育，提高全民族的素质。我认为这都抓住了教育最关键的问题。

应设立“教师收入的最低标准”

程素素： 刚开始教改时国家要求教师工资标准比照公务员，但这个政策被执行得五花八门，教师实际收入比公务员差很多，您是否注意到了这种情况？有没有做过研究？

朱永新： 教师工资待遇或者说教育收入水平的问题，历来是两会人大代表、政协委员所关注的问题。这个问题在农村、在西部可能更为突出。我们觉得国家应该设立一个“教师收入的最低标准”，像城市里对最低工资标准的规定一样。

现在在西部，尤其是农村，代课教师收入过低。我刚刚去过贵州，那里的一些农村代课教师月收入只有 100 元至 200 元钱，这样的工资收入是不可能吸引优秀的人才来做教师的。在一些城市，教师和公务员收入还有比较大的差距，尽管《教师法》已经规定，教师的收入不低于公务员，但是，很多财政部门往往是用工资的部分来进行比较，而没有用全部的收入来进行分析，所以我觉得应该规定教师的年收入不得低于公务员。如果不能保障教师最基本的收入，教师就很难有真正的尊严，我们的教育也很难吸引最优秀的人才进入教师队伍。

公立大学的实力比较强

虬髯苍苍胸毛飘飘华发寥寥： 欢迎朱教授再次来强国论坛做客，能否谈谈您最近教育改革的研究成果？

朱永新： 谈不上很多教育改革的研究成果，但是最近这些年来，我和我的研究团队，就是新教育研究院的同事们，一直在探索真正意义上的素质教育，探索怎样建设中华民族的精神家园，探索怎样使儿童从接受教育早期就和那些最伟大的经典进行对话，就和那些最伟大的思想进行交流。现在我们正在做“毛虫和蝴蝶”的项目，主要是进行儿童阶梯性阅读的研究，让孩子们从读、写、绘开始，接触那些最好的童书，在他们心中播下美好的种子。同时我们在进行教师专业发展的研究，我们在研究教师专业成长的地图，研究中国典型教育案例库，像干国祥老师、魏智渊老师、马玲老师、陈金铭老师等，他们在新教育小学进行“田野研究”，他们还到西部帮助农村的教师发展，做了大量的工作。如果你们有兴趣的话，可以到宝应的新教育小学考察，这所学校每个月都有一个开放周，对全国的学校和老师们开放。

武生甲：中国的公立大学实力强，私立大学质量差，这与先进国家正好相反，而私立大学在体制上确实有其不可比拟的优势。您觉得我国是否需要大力扶持私立大学？

朱永新：中国公立大学的实力比较强，这是由于中国公立大学有着相对比较悠久的历史，资源比较集中。而私立大学历史非常短暂，同时，真正的民间资本并没有进入中国的高等教育，也很难进入中国高等教育，所以，私立大学在相当长的时间内是不可能超越公立大学的。因此我认为，应该重新审视我们的高等教育的准入制度，应该允许真正的民间资本直接来申办以招收硕士、博士为主的研究型大学，比如说像香港科技大学，它只用十多年的时间就打造成全世界有影响力的大学。而我们规定，所有的大学必须要从专科开始办起，专科生毕业三年以后，才有资格再升本科；本科大学要有若干年的毕业生以后才有资格来申请办研究生硕士点；招收硕士生若干年以后，才有资格再招博士生。这个周期如此之长，肯定难以吸引真正的民间资本来办世界一流大学。所以我觉得，应该设立各种学校的标准，只要符合不同层次的标准就可以申办不同类型的大学，而不是先从专科一步步办起。

同时，我认为，现在相当多的大学拥有民办的二级学院或者独立学院，这些学院大部分还是“假民办”，其实，可以对许多拥有独立学院的大学进行股份制改造以吸引民间资本，国家应该制定吸引民间资本进入高等教育的办法，比如说免税、特惠政策等。民办的学校跟公办不一样，我过去曾经讲过，它只有两条路：要么辉煌，要么死亡。所以，真正的民办教育的发展应该得到国家的大力支持及鼓励。

让传统文化、地方文化走进我们的课堂

一天一地一广仔：请问嘉宾，您对所谓的京剧进课堂是怎么看的？要是那样都行，地方戏种也应该进课堂是不是？

朱永新：京剧进课堂也是这次两会高度关注的问题。其实，教育部也只是在部分城市、部分学校对这一做法进行试验。总的来讲，我觉得传统文化进入课堂是一个十分重要的举措，京剧作为国粹，是传统文化的重要组成部分，进入课堂本就无可厚非，只是，第一，在区域上，我不赞成在全国全面实施京剧进课堂，比如说在苏州就应该是昆曲、评弹进课堂，在上海就可以

是沪剧进课堂，在安徽就可以是黄梅戏进课堂，在陕西就可以是信天游进课堂。除了京剧以外，还有很多其他的传统文化，比如说像我们苏州的桃花坞木刻年画、吴门画派的国画，再比如说中国的书法，都可以用不同的方式进入课堂。在这一点上，日本就做得比我们要好。我曾经在日本看过日本学生的书道课，许多日本孩子的汉字书法写得比我们中国的孩子要漂亮。汉字是中国文化的根，我们当然应该全力以赴地去传授给我们的孩子。

所以我觉得这个问题不是要不要的问题，而是怎样去不断地完善和改进的问题，怎样真正地让我们的传统文化、地方文化走进课堂，让我们的孩子真正拥有中华民族的精神家园。

当务之急是农村教师的问题

一天一地一广仔：请问嘉宾，过去五年在教育领域的改革给了我们什么启示？教育公平应该建立在什么基础之上？

朱永新：应该说在过去的五年中国教育有了长足的发展，在穷国办大教育这样一个背景下，中国教育的规模以及速度都是前所未有的。我们全面实施了农村免费义务教育，高等教育的规模也得到了空前的增长，国家对于职业教育的投入，免费师范生制度的出台，都对教育的发展起了重要的作用。从教育公平的角度来说，政府明确提出，教育公平是社会公平的基础，政府对于农村教育、西部教育、城市务工人员的子女教育都给予了前所未有的重视。但是总的来说，由于长期教育资源配置的不合理，东部和西部、城市和乡村、城市的重点校和普通校之间还有非常大的差距，在西部很多的学校连基本的教育设施、师资都不齐备。我去过很多这样的学校，那里没有现代化的教育设施，教师编制也非常紧缺。我到过贵州一个地区，这个地区目前就缺4 610位教师，它的幼儿园的入园率只有20.5%，高中生的入学率只有30%左右。如果把幼儿园入园率提高到80%，把高中生入学率提高到60%，至少还缺2 000名以上的教师。现在很多的学校70多个人挤在一个班级里，这和城市的重点学校完全是两个世界。

另外，在不同的教育阶段，教育资源的配置也非常不合理。比如说幼儿教育就是教育的一个“短板”，很多地方的教育行政部门几乎没有管理幼儿教育的人员，政府也没有专门的幼儿教育的经费，甚至还有一些地方明确提出幼儿园要以民办为主，要把公办幼儿园转制成民办幼儿园。我一直认为，

幼儿教育是为生命奠基的教育。在进入小学以前，幼儿的人格特征、行为方式、认知风格都已经开始形成了，在这个阶段，孩子如果能够接受良好教育，就为今后的教育奠定了最为坚实的基础。人自身的发展很多东西是不可逆的，过了这个村就永远没有这个店了，所以，我觉得国家应该把相当大的精力用在幼儿教育上。有一些城市提出要进行 13 年的义务教育，希望把义务教育向高中阶段延伸，我认为如果有经费的话，不妨往幼儿教育阶段作一些延伸。在目前实施幼儿教育免费可能有很多困难，但是，政府不应该推卸自己对幼儿教育的责任，所以我在前天的博客里，专门讲了要“为幼儿教育说几句话”。其实，温总理在 2004 年就对幼儿教育有过一个非常重要的批示，这个批示也强调了幼儿教育阶段的特殊价值和意义，现在重温感觉到特别亲切，希望我们的教育行政部门能够认真执行这个批示。

推行教育公平的一个重要的问题，就是帮助农村和西部教育更好地发展，当务之急是农村教师的问题。这一次的两会我就农村教师的问题提了几个建议，特别是关于代课教师的问题。根据教育部的报告，现在全国有 36 万名代课教师，许多代课教师被清退了，我就接到一个代课教师的来信，她教了二十多年的书，每个月只拿 150 元钱的工资，现在连这 150 元钱都拿不到了，她被清退回家了。我觉得这对代课教师来说是不公平的，应该善待农村代课教师，感谢他们多年来在农村教育中所做出的贡献。其实，在许多山区对孩子们最有感情的还是这些从山区里出来的代课教师。城里大学生，包括特岗教师，是很难走进这些山区的，所以我觉得首先要对全国代课教师的问题进行全面梳理，对于长期从事教育的代课教师，不能轻易对他们进行清退，即使有一些不符合条件的，也应该给予相应的劳动保障待遇，让他们没有后顾之忧。

一个民族，一个社会要有自己的精神家园

jinhuachunmeng： 嘉宾，每年高考之后，中央电视台都要推出“圆梦行动”，呼吁社会捐助贫困学子完成学业，请问这是否验证了我们在教育方面还存在着不公平？

朱永新： 从理论上讲，教育部和各级地方政府都已经承诺不让任何一个寒门学子辍学，很多学校也都有绿色通道以保证所有的困难家庭的孩子能够完成学业。问题在于：第一，这样一个承诺和绿色通道很多学生还不清楚，这就导致了很多人还没有上学就到处借钱，甚至自杀轻生，所以，应该加强

这方面的宣传力度，让全社会都能够知道，在中国所有的贫困家庭的孩子读大学是没有问题的。

其次，我们已经出台了一些像免费师范教育这样的措施，一些优秀的贫困大学生，可以选读师范专业，今后能够从事人民教师的职业。很多人提出，现在教师找工作不好找，其实，我刚刚去过的西部，教师还缺得非常之多，一个地区就缺好几千名教师。所以最关键的是另外一个问题，怎样保证西部教师的编制和工资待遇。如果这个问题解决了，那么大学生的就业实际上还有一个很大的空间。

第三，“圆梦行动”是对政府扶贫帮困的一个补充，让各种社会组织参与到帮助大学生读书和就业的活动之中，总的来讲这是一件好事。当然我们希望它能够更加规范、更加透明，能够和政府的扶贫帮困有机地结合在一起。

时间不多了，我想再讲最后一个问题，就是关于建立社会主义核心价值体系的问题。这一次温总理的报告，在文化发展的部分强调了社会主义核心价值体系的建立问题，我觉得这个问题要引起教育界高度的重视。一个民族、一个社会没有自己的核心价值体系，没有自己的精神家园，这是非常危险、非常可怕的事。应该组织有关部门和有关的研究人员认真地思考和探索这个问题。我们不可能像西方一样用宗教作为人们的精神支柱。如何用中国传统文化的精髓，用马克思主义的理论武装我们的年轻一代？怎样才能够让中华民族真正拥有共同的精神家园？我觉得应该从基础教育开始抓起。

美国著名诗人惠特曼曾经讲过：“有一个孩子每天向前走去，他看见最初的东西，他就会变成那东西，那东西就变成他的一部分。”这是说人的早期经历和体验以及阅读会成为他今后世界观最重要的基础。事实上，成年人往往是用他在童年、在青少年期间所经历的东西、所接受的东西去建设属于自己的世界。所以我们新教育人一直在探索怎样让孩子们能够和那些最伟大的思想去接触，和那些最伟大的著作去交流，怎样才能够让自己拥有丰富的精神世界，这是一个还没有破题的问题，希望大家能够一起去思考和探索。

一年一度的两会明天即将结束，我从全国政协常委转任全国人大常委，但是，参政议政、建言献策的使命没有变化。我愿意和各位网友一起，继续为中国的三个文明建设，为中华民族更加美好的明天而共同努力。再次感谢大家，谢谢，再见！

如何深化教育改革

2009年3月11日

媒　体：人民网、腾讯网

政府工作报告亮点纷呈

朱永新：各位网友，大家好！非常高兴有机会再次来到强国论坛跟大家进行交流。我已经记不清这是第几次来到强国论坛，但是每一次来跟网友交流都很开心，都能够听到很多真实的声音。这次参加两会收获很大，听了温总理的《政府工作报告》，听了委员的工作报告、高院和高检的工作报告，特别是倾听了胡锦涛总书记和李源潮部长在江苏团的重要讲话。应该说这是一次增强信心的大会，一次鼓足干劲的大会。总书记和总理的教育情怀给我留下的印象特别深刻，也让我特别感动。我注意到总书记在和我们江苏团代表握手交流的时候，他停留时间最长的是在两位教师的前面，一位是太仓幼儿园的园长，一位是普通的中学老师。后来我跟两位老师交流，知道总书记询问了关于教育公平、学前教育、职业教育等方面的情况。总理出身教育世家，对教育特别有感情，近几年政府在推进教育公平、实施免费义务教育方面的力度也是前所未有的，而且总理亲自主持《国家中长期教育改革和发展规划纲要》，要求制定一个让人民群众满意的教育规划纲要。总书记和总理对教育的一往情深给我留下了非常深刻的印象。

在《政府工作报告》中，温总理对于教育的问题，应该说也作了全面的部署。第一，促进教育公平又有新的举措。比如说，提出人人享有平等的受教育机会，不让一个孩子因为家庭经济困难而失学，这是共和国给每个学生、每个家庭的庄严的承诺。第二，加强教师队伍建设又有新的投入，在过去免费师范教育的基础上，今年全面实施义务教育阶段教师的绩效工资，提高1 200万中小学生教育，其中，中央财政就投入120个亿。第三，推进素质教育又有新的要求，特别是提出加快课程、教材、教育方法、考试评价制度的改革。第四，学校安全工程又有了新的目标，特别是农村中小学的标准化建设，要把学校建成最安全、家长最放心的地方。这些都让我们深受鼓舞。

当然，教育面临的任务还非常之重，在小组讨论的时候，我也提出了教育结构还可以更加合理，社会主义核心价值仍然需要再次提倡，教育投资的拉动力度还要进一步加大等等。我想，我先做一个最简单的发言，然后结合跟网友的交流，再谈相关的问题。今天的主题是两个，一个是推进教育公平，一个是深化教育改革，所以我也希望围绕这两个领域跟大家交流。

教育公平是社会平公的起点

孙亚非： 教育公平是相对的、可逆的和渐进的，教育改革是绝对的、借鉴的和互动的。您以为谬乎？盼复。

朱永新： 教育公平当然是相对的，而且是没有止境的，在这个意义上，教育改革也是永恒的课题。当然，不管怎么样，教育公平和效率的问题是任何改革始终必须面对的首要的问题，是公平优先还是效率优先，是改革的不同价值取向，也是改革处在不同时期的不同选择。我觉得从目前我们国家的情况来看，我们首先还是应该公平优先，效率兼顾。因为教育公平是社会主义制度的本质要求，是教育的公益性决定的，同时也是贯彻落实科学发展观的一个重要体现，因为教育公平是社会公平的起点。同时，从我们国家的现实情况来看，教育公平道路依然漫长，东部和中西部的教育发展还不平衡，城市和农村的教育发展还不平衡，同一个区域里面优质学校和薄弱学校的发展还不平衡，不同群体里面弱势群体还享受不到最好的教育，优质教育资源的逆向流动仍然没有得到有效的遏制。所以，教育公平的问题是一个漫长的过程，也是摆在我们面前的头等重要的任务。

推进教育公平的关键是合理配置教育资源，也就是说城乡之间应该向农村倾斜，地域之间应该向中西部倾斜，学校之间应该向薄弱学校倾斜，群体之间应该向弱势人群倾斜。要保证做到机会公平，也就是让所有的孩子能够有学上；要争取做到条件公平，让所有的孩子能够上好学；要努力关注结果公平，让所有的孩子都能够学习好。

就在昨天，我还接到了来自四川成都武侯区的一封来信。他们告诉我，武侯区在统筹城乡教育、高位均衡发展方面做了大量的工作，他们把全区所有的农村学校由区教育局统一管理，和城市的学校构建教育共同体，投入大量的资金去改善农村薄弱学校的校舍和设施。他们努力践行贫民教育的理念，推出教育惠民的措施。2007 年，他们成为成都市唯一的薄弱学校免检区。我曾经工作过的苏州市张家港，在均衡教育方面也有很多独到的做法。比如说，他们在推进农村村小的现代化建设、对于外来民工子女教育的政府投入等方面都下了很大的功夫，成为全中国城乡学校之间差距最小的区域之一。这说明，只要我们重视教育公平，是可以有所作为的。

农村教育离农村太远

农夫山田都不全：嘉宾您好！农村孩子上大学比例越来越小，您怎么看待这个问题？据测算，四年大学开支相当于农民种地十四年的纯利润。现在大学毕业等于变相失业，农民还有没有必要进行这项智力投资？

朱永新：农村孩子上大学比例小的问题，的确是目前高等教育遇到的一个现实问题。总理在和网友交流的时候，也提到了这个问题，讲到他当时读书的时候，农村的同学很多，现在农村学生的比例越来越少了。这个问题我觉得可以从三个方面来看。

第一，整个农村教育相对落后的问题。因为整个农村学前教育几乎是空白，基础教育和城市相比有很大的差距，无论是师资力量、教育质量、学校设施，都和城市有很大的差距，所以我们希望国家能够建立国家教育基准，统一城乡学校的基本资源配置，鼓励优质教育资源向农村倾斜。

第二，农村教育离农村太远，学生所学习的都是仅仅为了考试的东西，作为一个现代农民所需要的技能、知识，在学校里几乎没有教给学生，学生离开学校以后，就成为什么农业技能都不会的人。所以说，农村教育应该姓“农”。

第三，现在的教育成本，尤其是高中和高等教育成本相对比较高，国家出台的有关奖、助、贷学款政策，还没有为有关的教育行政主管部门所完全兑现，更没有让学生全面知晓。总理在今年的《政府工作报告》里面再次重申，要让家庭经济困难的学生能够有学上，我想这包括了任何一个教育阶段，尤其是大学。

如果这三个问题得到解决的话，我相信教育公平在农村就可以得到体现和实现。

一天一地一广仔：请问嘉宾，教育资源分配不均衡的问题会造成教育的不公平，如何改革以提高农村地区的教育水平呢？

朱永新：农村地区教育水平提高的问题是个系统工程。关键是农村教师水平的提升，因为在所有的教育要素里面，教师是最关键的要素，学校设施差一些，有好教师往往同样可以取得好的教育质量。所以，应该通过各种切实有效的方法提升农村教师的素质。要鼓励城市的学校和农村的学校结成对子，城市的优秀教师和农村的教师结成对子，要给农村的教师创造更多、更好的培训机会，要提高农村教师的编制水平。现在农村教师和城市教师的编制是倒挂的，要提高农村教师的待遇，至少农村教师的待遇不应该低于当地公务员的水平，以吸引最优秀的人才来做农村教师。

其次，农村教育的源头从学前教育开始就应该受到特别的关照和重视。这次两会我带来两个建议：一个是关于尽快制定学前教育法的建议，一个是明确政府在学前教育中的责任的建议。应该说，这两个建议，首先都是针对农村而言的，因为在广大农村，孩子们在进入小学以前，几乎没有受过正常的养育，他们的起点和城市的孩子就不在一个起跑线上。中国有句老话叫“三岁看大七岁看老”，这说明人的早期经验对人一生会有关键的影响。西方认知心理学和脑科学的研究也表明，人的认知风格、行为习惯、品质特征在人的幼儿时期就已经开始形成。

所以，我觉得提高农村教育的质量，第一要提升教师的水平，第二要抓好源头。

如何避免高考移民

今日豹子头 A：嘉宾，同是中国人，北京人凭什么可以享受到高考几百分的优待？这种教育能平等吗？

朱永新：这是一个比较复杂的问题。因为中国大学招生一直是根据地区来进行的，不同的地区有不同的招生名额，有不同的分数标准，这是一个客观现实。这个现实里面有不平等的因素，比如说这位网友所说的，各地之间考生录取的分数有很大的差距，所以每一年都有很多的“高考移民”，也有很多考生在埋怨自己“生不逢地”。

从一个国家推进教育公平的角度来说，对一些边远地区、弱势人群给一些特别的照顾，适当地降低高考的录取分数线，是可以理解的，也是可以接受的。但是，如何做得更合理、更公平，在制度上也还有改进的空间。譬如说，作为国立大学，作为国家培养精英、最紧缺人才的最高端的大学，它相对来说应该适当打破区域名额分配的限制，也就是说在录取的时候，尽可能做到分数面前人人平等。但是，在就业的时候，可以采取照顾边远区域，定向培养人才的方式。

当然，这位网友提到的关于北京地区分数比其他区域要低的问题，这也是应该改进的。我觉得北京的国立大学，不应该在北京招生量特别大，而北京的市立大学可以以面向北京学生招生为主。从这个意义上说，我主张要尽快对我们国家的大学分类作比较合理的制度安排，分为国立大学、省立大学、市立大学、私立大学。不同的大学有不同的招生政策，有不同的分数标准，有不同的价值追求，各得其所。

如何评价改革开放三十年的教育

Nopro：请问，您对改革开放三十年来的教育改革如何评价？

朱永新：改革开放三十年来，中国教育取得了长足的发展，我们实现了"穷国办大教育"的奇迹，我们全面实施了城乡免费义务教育，我们的高等教育也已经进入了大众化阶段，我们的职业教育、社会教育也有了很大的进步。改革开放三十年来，中国教育事业发展的速度是空前的。

但是，我们也必须看到，中国教育面临着很多非常严峻的问题，教育体制改革面临很繁重的任务。这次温总理的工作报告里面，提出了要优化教育结构的问题。温总理提出，要大力发展职业教育，特别要重点支持农村中等职业教育，逐步实行中等教育职业教育免费，今年优先从农村家庭经济困难学生和涉农专业开始做起。同时，总理还提出要继续提高高等教育质量，推进高水平大学和重点学科的建设，引导高等学校调整专业和专一课程，适应市场和经济社会发展的需求。

我觉得温总理的这个报告里面，对学前教育的问题，相对来说还提得不够。因为在改革开放三十年中，学前教育这一块，政府的职能弱化了，从1993年到2007年企事业和集团办园减少了81.2%和80.3%，而民办幼儿园却增加了3.6倍。我前面也提到学前教育还没有一部法律，但是在美国，仅仅学前教育，就有《提前开始法》《儿童保育与发展固定拨款法》《早期学习机会法》《入学准备法》《儿童保育法》等六部法律。我们提出学前教育还是应该以政府办园为主，财政投入为主，也可以采取政府购买公共产品服务的方式，为民办幼儿园提供支持，保证所有的孩子能够“有园可上”。

关于义务教育的问题，前几年的《政府工作报告》强调得比较多，今年我觉得仍然应该提出继续巩固完善这样一个目标。因为尽管城乡义务教育实施了全面免费，但是农村义务教育依然困难重重，农村的寄宿制学校仍然缺乏生活老师，缺乏基本的硬件设施，农村困难学生的午餐仍然面临很多困难，农村代课教师的问题仍然步履艰难，农村学校的图书馆和基本教学设施仍然需要关注。

关于职业教育的问题，温总理的报告特别关注农村经济困难家庭和涉农专业，我觉得提得是非常好的。但是整个中等职业教育免费，还可以放慢步伐，因为我们在义务教育和学前教育上还需要更大的投入。职业教育当然需要加大经费的投入，需要解决职业教师的师资问题，需要明确企业在人才培养中的作用，需要理顺职业教育的管理体制，需要鼓励多元化的职业教育体系，需要加强职业教育的技能鉴定和就业准入制度。

我在前两天《中国青年报》举办的“中国信心”论坛上，讲了我对职业教育的十大主张，我觉得这也是下一步修订《职业教育法》需要认真考虑的问题。

关于高等教育的问题，我觉得除了前面提到的分类的问题，还应该鼓励民间资本进入高等教育领域。前几天我和香港的前教育局负责人就曾经谈到，香港曾经采取政府资金匹配民间资本来兴办高等教育。另外一个高等教育的问题，就是行政化的问题。在这次两会上，有一些人大代表、政协委员对大学的行政化作了批评，这个问题应该引起我们的关注，以便让知识分子能够更好地专心做学问。

另外还有一个很重要的问题，改革开放三十年来，社会主义核心价值体系教育还不够。胡总书记在十七大报告里面就曾经提出，要切实把社会主义核心价值体系融入国民教育和精神文明建设的全过程，要转化为人民的自觉追求。温总理在去年的工作报告里面，也提出要在全社会树立中国特色社会主义共同理想，大力弘扬以爱国主义为核心的民族精神和以改革创新为核心的时代精神。这些实际上为我们整个教育改革指明了方向。

的确，一个国家，一个民族，如果没有共同的价值观，如果没有共同的思想基础，就谈不上什么凝聚力，也谈不上什么综合国力，更谈不上什么竞争力。而要形成共同的理想、共同的价值观，就需要学校教育，因此在学校教育中，怎样通过共同阅读、共同生活，让我们的学生形成共同的价值观，是一个重要的课题。我们不可能像西方一样，用《圣经》、用宗教来统一我们的思想，我们必须用中国优秀的传统文化，让孩子们和那些最伟大的经典去对话，和那些最伟大的思想去交流，和那些最伟大的智慧去拥抱，这样才能让我们的民族走得更远。

学制改革要慎重

主持人：咱们强国论坛的“E 两会”里，有一位网友提案，建议中小学缩短为 10 年，大学缩短为 3 年。请问您对他的这种提案有什么看法？

朱永新：这是一个很有意思的提案，但是要实行起来有很大的困难。首先，一个国家的学制，是非常严肃的、相对稳定的制度，它不能随意地进行变更。其次，《宪法》已经对国民受教育的权利作了全面的规定，九年制义务教育是国家强制性的教育，所以这个九年是每个公民都必须去完成的，其他的教育阶段是公民可以自由选择的。那么在非义务教育阶段，尤其是大学以上的阶段，在一定程度上是一个人力资本的投资，对国家来说，也是一个培养人才的重要环节，但是，不是要求所有的人都一定要去完成高等教育。在有些国家，高中毕业以后，同样可以做公务员，同样可以做政府的部长，我觉得应该根据个人的职业性向、个人的价值追求、个人的兴趣特长，去选择不同的学校、不同的教育。

所以，我认为不宜去变更学制。当然，在高中以上（含高中）的教育阶段，第一，要更多鼓励选修课和学分制的方式，真正地让学生学到他想学习的东西，真正让学习成为一件快乐的事情；第二，应该让我们的学制更加弹性化，允许学生在非义务教育阶段能够及时地休学、创业，在他想休学的时候，他可以去就业，在他想学习的时候，他随时可以进入我们的高等学校来进行学习，这样就可以不受目前学制的束缚，同时还可以让那些有研究能力的人，发展他的学术性，研究他感兴趣的东西，把学问做深、做透。

学前教育不宜纳入义务教育

为英雄加冕：嘉宾好，请您说说，学前教育是不是该划归义务教育呢？

朱永新：我觉得学前教育目前不能轻易地提义务教育，就像高中教育也不能轻易地提义务教育一样。义务教育是具有强制性的，它不仅仅对于政府是义务，对于父母同样是义务。首先是我们政府的财力不允许；其次是不符合我们公民自身的权利、责任和义务，因为《宪法》规定的义务教育还是九年制义务教育。所以，我认为可以明确学前教育的政府职能，让每一个孩子能够接受政府提供的学前教育的公共服务产品。

在农村，可以采取学前教育免费一年的措施，在义务教育学校内往下延伸一年，这样就不需要去兴建很多幼儿园，这是一个投入少、产出快、效益高的发展幼儿教育的模式。目前，我们的主要精力还是应该全力以赴办好高质量的、均衡的义务教育，而不盲目做其他阶段的义务教育。

解决大学生就业难题

大失落者：请问嘉宾，大学生是过去的天之骄子，现在的就业困难群体，您认为是大学生多了，还是教育质量差了？

朱永新：我觉得这个问题不能轻率地归结为大学生多了，也不能轻率地归结为教育质量差了，大学生就业同样是个复杂的问题，既有大学生数量的问题，也有大学生质量的问题。

首先，从大学生的质量来说，大学在专业设置、培养目标方面，相对滞后于社会经济的发展，适用型的、技能型的专业人才数量相对比较少，尤其是工科的技术人才数量更少，其实这些人才目前依然是紧缺的。而一般的文科学生相对数量比较多，所以他们的就业相对比较困难。

其次，大学生创业的意识相对比较落后，大学生都在努力去占领一个一个的就业岗位，而比较少地去创造一个一个的就业岗位。我们对大学生的创业意识、创业能力和创业冲动鼓励不够，培养不够，很少有大学生在大学期间去进行创业的尝试。所以，我提出应该拉长大学的休学年限，目前一般大学规定学生在六年左右完成大学学业，我觉得完全可以放得更长，允许学生进行创业，随时可以回到学校继续学业。

再次，我们的大学生到边远区域，到农村服务的意愿仍然比较薄弱，大家都还是希望做公务员，千军万马过这个独木桥，大家都希望留在城市，大家都不希望从最基层做起。

事实上，大学生就业、找工作，本身是他人生的一个重要经历和体验，经历一些挫折，体验一些磨难，并不完全是坏事情，我们也不指望每个大学生还没有毕业就能够找到理想的工作，就能够拿到一张安全的就业门票，必要的人才需求张力的存在，也不完全是坏事。所以，大学生和全社会也要创造一个大学生就业的良好的、宽容的氛围，而不用过于制造人为的紧张气氛，因为就业的总数、社会对人才需求的总数和人才供应的总数相对是一个常量，大学生和其他人群的就业，应该站在一个平等的起跑线上。

教师是一种“准公务员”

主持人：最近两会上有代表和委员在提中小学的教师划为公务员的可能性，您对这个事情怎么看？

朱永新：我觉得中小学教师不能简单地等同于公务员，因为，第一，这是一支非常非常庞大的队伍，职业性质尽管有公益性，但是其还不完全等同于作为人民公仆的公务员；第二，教师的专业性非常强，从他的专业性来说，他与其他的公务员队伍又是不同的。所以，我主张，如果从公务员这个角度说的话，教师应该是一种“准公务员”，或者是我们把他命名为“教育公务员”，他享受的是政府公共财政的全额支持和提供，但又不能完全按照政府公务员的管理办法。比如说，教师的绩效工资和公务员的绩效工资就不能相提并论，如果我们简单地根据学生的分数、学生考上大学的比例来给教师发绩效工资，恐怕就会把教育工作引入歧途。

村夫遥星：请问嘉宾，普及高中教育什么时候能实现？大学的高收费什么时候能降下来？

朱永新：普及高中教育准确地说应该是普及高中段教育，其中包括中等职业教育。现在在很多城市，譬如说在我曾经工作过的苏州，这个任务已经完成，也就是说99%以上的人都可以接受高中段的教育。但是在农村，很多地方还没有达到50%，甚至于更低，高中段教育的普及还有漫长的历程。在《教育规划纲要》的制定过程中，高中段教育的普及依然是一个很重要的目标，和大学的普及一样。高等教育从大众化走向普及化，也是我们教育发展的一个重要目标。

当然，我们不能急于求成，应该根据经济社会发展的水平，根据教育自身的发展水平，特别是根据教师培养能力和学校设施的情况，来决定普及高中段教育的速度和规模。至于什么时候能够实现普及高中段的教育，根据《中长期教育发展规划》，我们在未来的十年中，应该努力实现这个目标。

大学的高收费问题，应该区分公办大学和民办大学。公办大学应该采取低收费的标准，为进入公办大学的学生提供政府的财政支持，建立完善的奖学金、贷学金、助学金的方式。至于民办教育，我觉得应该适当放开，用市场调节的方式，也可以采取按照家庭收入缴纳学费的办法。北美一些国家就有按照家庭收入来缴纳学费的方式，高收入的家庭，学生上学缴纳高额的学费；对于低收入的家庭，可以免除学生的学费。同时，政府对低收入家庭的学生进入民办大学，也可以采取奖学金、贷学金和助学金的方式，帮助他们顺利地完成学业。

总而言之，国家应该保障所有的接受高等教育的学生，不因为家庭经济困难而不能完成学业，这也是总理在这次政府工作报告中给人民的一个庄严的承诺。关键是要建立一整套保障系统，能够顺利地实现总理的承诺。

如何实现教育均衡发展

2010年3月9日
媒　体：人民网

朱永新：各位网友大家好，非常抱歉，北京的交通很拥挤，我刚刚从八宝山送别孙起孟先生，到这里花了一个多小时的时间，所以迟到了几分钟。

把最好的资源往农村转移，是化解农民工子女就学难的根本途径

寒碧：现在教育资源不平衡具体有哪些表现？

朱永新：这次温总理的政府工作报告，在教育五大主题中再一次提出大力推进义务教育的均衡发展。前不久刚刚颁布的《国家中长期教育发展与改革规划纲要》中，也明确地把教育均衡作为今后十年最重要的任务之一。这是体现教育公平的基本教育公共政策的一个重要举措。用十年的时间实现教育均衡化发展，有着非常重大的意义，同时也是一件任务非常繁重的工作。因为从目前的现状来看，教育发展不均衡的现象还比较严重，具体表现在五个方面：

第一个方面，区域的发展不均衡。虽然东西部的教育有了很大的发展，但是东部和西部教育的差距并没有从根本上得到缩小。

第二个方面，城乡之间不均衡。城市和农村教育的硬件及软件相差很大，尤其是教师队伍的质量有很大差异。

第三个方面，学校之间不均衡。在同一座城市校际之间也有很大的差距，有一些地方，差距并不亚于东西部和城乡。

第四个方面，人群之间不均衡。最近这几年，我们虽然对弱势群体给予很大的关注，但是，总体上来讲，外来务工人员子女、留守儿童以及残障儿童的教育问题依然没有得到根本解决。

第五个方面，不同教育阶段发展不均衡。最近几年，我们对义务教育的投入加大了力度，但是相对来说，对学前教育高中阶段的教育、职业教育等

关注得还不够。所以，教育均衡的道路依然漫长。

忽闪闪：您认为造成我国教育资源严重不平衡的原因是什么？怎么解决？

版主无情马甲有情：请问嘉宾，导致地区、城乡、学校甚至班级之间教育资源分配严重不均衡的最主要根源是什么？

朱永新：造成教育发展不均衡的主要原因，是我们的教育资源的配置不合理。

首先，经济社会发展的不平衡造成对教育的投入差距很大。

其次，从20世纪80年代开始，公共教育政策基本上是走一条效率优先、兼顾公平的道路。从中央政府到地方政府，大家主要的工作重点是强化重点学校、示范学校，所以更多的是“锦上添花”，而不是“雪中送炭”。学校和学校之间的差距拉大了。

主要是这两个方面的原因。

糖果乐园：您怎么看待农民工孩子在城市上学难的问题？这公平吗？

朱永新：农民工孩子在城市上学难，这是困扰很多地方的一个难题，也是困扰农民工、外来务工人员的一个重要问题。教育公平是社会公平的基础，为所有的孩子提供相对均衡、相对优质的教育一直是我们的教育梦想。全国每年大约有1.5亿农民进城务工，他们的子女受教育的问题自然就成为一个非常现实的、重要的问题。

其一，我觉得这和我们国家经济的快速成长与教育相对滞后有一定的联系。在广东、江苏、北京、上海等这些外来务工人员相对集聚的区域，农民工子女的教育难度就更大。我曾经在苏州工作过，仅仅苏州一个城市每年就有20多万的农民工子女需要接受教育。政府要满足这些孩子的教育需求，建学校也需要一个相当长的周期，所以难度很大。

其二，很多地方政府也有一个现实的忧虑，就是担心产生就学性移民，以进城市的好学校为主要目的的打工会随之产生。所以，一些地方政府设置了一些外来务工人员子女就学的前置性条件，比如需要有两年的稳定工作，需要符合计划生育政策，需要有稳定的住所，等等。

其三，这些本来应该在户籍所在地享受义务教育的儿童，教育经费没有得到相应转移，部分政府积极性还不是太高。

这次温家宝总理的《政府工作报告》和《规划纲要》都明确要求按照以流入地为主的原则来全面解决外来务工人员子女就学问题。我觉得需要国家从政策上给予一些特殊的支持。比如说，对地方政府实行外来务工子女的专项经费补助，或者采取“就学券”的方式，让外来务工人员凭“就学券”到学校免除学费。

当然从根本上说，是要办好农村的学校，因为学校教育的差别，资源配置不合理，就会有往更好的学校去的冲动。所以办好农村的学校，办好农民家门口的学校，把最好的资源往农村转移，这是解决就学性移民的根本措施，也是化解农民工子女就学难的根本途径。同时，各级政府应该充分认识到，这些农民工子女的孩子就是今后城市的新市民，他们的素质直接影响今后城市的风貌，所以为他们提供优质的教育，本来也是地方政府的重要职责，地方政府应该努力为他们提供尽可能好的教育。

让弱势群体能利用网络获得最好的教育资源

E 提案 4421 号：对义务教育阶段下七剂猛药！

朱永新：非常感谢这位网友提出的关于义务教育的几条建议。我注意到你提出的义务教育的主要问题，第一条是教育资源的配置不均衡。在政府支持下名校无限制扩张，分校林立，教育分配不公，名校热、择校热；你还提出了学校的建设、把权利还给学校等问题。我觉得这些都提得非常好。

实际上许多问题在《规划纲要》中都已经作出了回答，在下一轮教育改革中将会得到解决。比如说标准化学校的建设，对所有的学校按照相对统一的标准进行配置，包括教师的流动。这些在《规划纲要》中都已经有了具体的表述。

时时休闲：善待互联网，利用互联网，将教育资源推向互联网，以此来改善教育发展的区域不均衡，请问朱永新教授，是否可行？

朱永新：利用互联网来进一步合理配置教育资源，这个建议非常好。在过去几年我也反复地提出，随着信息化时代的到来，随着互联网的普及，建立全国统一的教育资源平台，把最好的教育资源免费向公众开放，向学校开放，让西部地区、让农村地区、让弱势群体都可以利用网络来获得最好的教育资源。

比如说，可以把义务教育阶段最好的教案、最好的试卷、最好的练习、优秀教师的课堂教学视频，都免费地提供给需要的教师和孩子们，这样可以在很大程度上改变东西部地区和城乡之间教师资源、教师素质相差比较大的现状。

E提案第4160号： 建议实施免费义务教育劳动力市场准入制度，振兴中等职业教育。

朱永新： 你认为解决我们职业教育问题的关键之一是对中等职业教育实施免费义务教育，对于这个观点，我不完全同意。因为首先，我们还是一个“穷国办大教育”的国家，国家教育经费还不是那么充裕，免费义务教育的步伐才刚刚迈出不久，免费义务教育本身还有许多需要巩固和提高的地方，还需要花很多的钱。学前教育下一个十年要实现一年的全面普及，有的地方可能要普及三年的学前教育，这也需要花很多钱。高中阶段的普及，也需要大量的资金投入。建设世界一流大学，也同样需要充分的资金。

我觉得，我们不应轻易对任何一个阶段提免费义务教育的问题。但是，我赞成对家庭困难学生和涉农等有关的专业进行免费，以保证所有进入职业教育阶段的学生能够上得起学，顺利地完成自己的学业。包括目前对所有中等职业教育学生每年补助1 500元的做法，我也不是完全赞成，我觉得应该补助那些贫困的学生。职业教育的经费，目前主要应该用到教育设施的投入，尤其是职业教育所需要的实验室和设备。这是提高职业教育质量的根本和关键。

第二个问题是关于劳动力市场准入制度。我认为这个建议非常好，也非常赞成。因为在劳动力市场全面实施职业资格认定和劳动力市场准入制度，才能够保证未经过正规职业训练的学生，无法获得相应的职业，也才能保证受过职业教育训练的学生优先就业。所以，我非常感谢你的提案。

义务教育不能走产业化道路

一天一地一广仔： 实现教育均衡发展和教育产业化之间是矛盾的吗？如何解决？

朱永新： 我每次来你都会向我提问，我非常高兴再一次回答你的问题，因为我们是老朋友了。教育和教育产业是两个不同的概念。在推进教育资源均衡化的同时，我们可以允许，甚至于鼓励教育的多样化，鼓励民间资本进入教育，鼓励教育产业的发展。但是，教育是不能够走产业化道路的，或者说义务教育不能够走产业化道路。

义务教育的发展是应该以政府为主导的，但是，如何让教育满足不同人群的需要？在政府提供的基本公共服务产品之外，应该允许一些特色化的、高层次的教育的尝试和努力。在世界上任何一个国家，大部分的教育都是以非营利为目的的，包括民办教育在内。但是也不排除有一些盈利性质的学校和教育机构走的是产业化的道路。这样的一些学校和教育机构，应该根据有关的税收政策，合理、合法进行经营。

蹦蹦跳跳开会会：教育资源不均衡是否可以允许部分学校高收费，而国家投向低收费学校来调节？

朱永新：在非义务教育阶段，对不同的学校采取不同的收费政策是可以的。对于部分学校，尤其是对教学成本非常高的中外合作学校，可以采取按照教学成本收费的办法。但是，无论是什么学校，尤其是高收入的学校，都应该根据教育部的要求拿出学费相应部分以补贴和支持贫困学生，确保所有的学生不因家庭困难而失学。

杨再昌：请问朱主席，您对中国教育均衡发展作了哪些深入调研？

王战国：可以简单说说今年您有几个提案提交吗？同时向您推荐人民网E政两会栏目，请您看后作出评价。谢谢。

朱永新：大家可能知道，因为我是中国民主促进会的会员，中国民主促进会70%以上的会员都是来自于教育界，所以我对教育有一种特殊的感情。到民进中央工作以后，在最近几年我差不多都要到二十多个省、上百所学校进行调研。仅去年一年贵州我就去了4次，所以我的建议和提案，对教育很多问题的认识和建议，也都是经过调查研究的。

今年，我在这次两会上又提交的十多个关于教育方面的提案，其中包括设立孔子诞辰日作为国家阅读节，设立国家阅读基金，把全民阅读作为国家战略，建立全国统一的图书资源网络系统，进一步完善免费师范生的制度，进一步加强教育督导，进一步改革教育管理体制，进一步加强农村教育综合改革，以及妥善解决代课教师问题等。

大学去行政化最关键的不是去掉行政级别

一天一地一广仔：朱老师，教育经费总是严重不足，影响教育的均衡发展，但为什么教育投入占GDP 4%的目标总是这么难实现？

朱永新：教育经费的问题不仅仅是4%的问题，我曾经讲过教育经费要有三道防线：第一道防线是过去一直提的“三增长一优先”，比如说教育支出的增长要高于财政支出的增长、生均教育经费要增长等等；第二道防线是教育支出占财政支出的20%，在财政里，每花一元钱，必须拿出两角用在教育上，这是真金白银，必须要掏出来的，来不得半点虚假，这也是可以考量各级政府的一个重要指标；第三道防线是4%的问题，我和财政部门也交流过，事实上还是有很大的难度，因为我们国家的GDP水分比较大，财政收入占GDP的比重比较低，在西方发达国家大约占40%左右，我们这里只有20%，这就决定了我们教育支出占GDP达到4%以上的难度就比较大。我个人认为，重点是前面两道防线。财政占GDP的20%，我们的教育支出占财政的20%，两个20%加起来就是4%。

关键是目前很多地方政府，教育支出占财政支出的比例还远远没有达到20%。所以我建议，把20%写进《规划纲要》，作为实现4%的前置条件。

人心不足：您赞成去掉高校的行政级别吗？

河南中老年文人：请问朱主席，您是否赞成教育去行政化？

朱永新：关于去行政化的问题，事实上大家也关注到了，总理的几次讲话和我们这次的《规划纲要》都已经提出。这次的《政府工作报告》，讲到高等教育管理体制的改革，指出要弱化行政对教育的影响。

当然去行政化最关键的还不是马上去掉行政级别，最关键的是解决政校分开、管办分离，既当“裁判员”，又当“教练员”，又当“领队”，又当“运动员”这样一个管理体制，给学校更大的自主权，同时在学校内部，建立法人治理结构，进一步尊重学术的权利，进一步强调教师和学生在学校管理中的作用，进一步斩断行政权力和学术权力之间的“脐带”。

各位网友，告别的时间又到了，今年是我连续第八年在两会期间到强国论坛做客，每一次和朋友们都有说不完的话，但是给我们的时间很有限，所以我必须和大家说再见了。期待着明年两会再和大家见面，当然也欢迎大家到我在人民网的博客及微博上访问、交流。谢谢各位，再见！

农村教师队伍建设的方向

2010年9月8日
媒　体：搜狐网

许晓书（搜狐教育频道主持人）：各位搜狐网友大家好，欢迎观看搜狐教育会客厅。温总理说百年大计教育为本，民盟中央、新东方教育集团、搜狐教育正是秉承着这样的理念，推行着烛光行动，今天我们在民盟烛光教育论坛的现场，坐在我身边的是全国人大常委、民进中央副主席朱永新先生。

朱永新：我们是两个党派，民盟中央做的是烛光行动，民进中央做的是彩虹行动。都是为了一个共同的目标，都是为了帮助农村的教育、帮助农村教师的成长。作为兄弟党派，我一直见证着民盟中央举全盟之力来帮助农村教师的成长的烛光行动。

许晓书：中国教育资源是不均衡的，这也造成了很多教育不公平的现象。您如何看待这种现象？我们如何去推动或者改变它？

朱永新：《国家中长期教育改革和发展规划纲要》已经把推进教育公平作为一个基本的政策。这意味着我们国家已经意识到东部和西部、城市和乡村、不同地区之间存在着很大的教育差距，所以把推进教育公平、推进教育均衡、实现教育可持续发展作为《规划纲要》一个非常重要的指导思想。的确，这是非常重要的，因为我国幅员辽阔，城乡之间、东部西部之间的差距非常大，教育投入非常不均衡。比如说上海跟贵州，小学生的生均公用经费差八到九倍；上海和江西，初中生生均公用经费相差九到十倍。所以在教育硬件、教育设施上差距是显而易见的。这还是其次，最关键的是教师素质。由于教育投入的差异、经济发展的不平衡，农村好教师往县城走，县城的往城市走，西部的往东部走。优秀教师不断流失，导致了农村教育不仅仅是硬件问题，更是软件问题。民盟中央的烛光行动和民进中央的彩虹行动，更多的是注重教师的成长，注重教育最根本的品质。

许晓书：西部地区外语教师短缺的现状，您怎么看？

朱永新：西部教育不仅仅是教师的缺乏，更是整体的缺乏，尤其是英语、美术这些语言课程、活动课程，教师缺乏的现象都比较严重。

许晓书：现在社会上对教师有两种观点，一种是觉得教师可亲可敬，另一种是认为这个群体在当今社会上有一种迷失。您对这个问题怎么看?

朱永新：教师队伍中确实是各种各样的类型的教师都有，其中有很多坚守在乡村、坚守在教育的岗位上，把自己的青春、把自己的人生都奉献给了教育事业。也有一些教师很迷茫，在高考压力之下，在城乡之间、东西部之间，教师收入差距巨大的情况下，他们迷惘、迷失、烦恼、不安，这些都很正常。怎样给教师更多的关注，尤其是怎样去提高教师的待遇？绩效工资最初的想法就是希望能够提高教师的待遇，让教师收入能够不低于公务员的收入，这是一个很重要的努力。其次，更重要的，是能够帮助教师的专业成长。一名教师无论身处何地，只要他发现了自己从事这个职业的价值和意义，只要他发现自己能够和孩子们一起成长，只要他发现了教师这个职业的尊严和魅力，我相信他一定会有一个清醒的方向，一定能够书写自己生命的传奇。所以，我们新教育研究院这几年做的探索就是怎样帮助教师有比较好的专业发展。我们提出了教师专业发展的“吉祥三宝”：专业阅读，站在大师的肩膀上前行；专业写作，站在自己的肩膀上攀升；专业发展共同体，站在集体的肩膀上飞翔。

许晓书：烛光行动、彩虹行动影响的人数毕竟是有限的。您认为如何才能将其影响尽可能地扩大?

朱永新：烛光行动还是短期的教育训练，是针对教师请进来、走出去的短期培训。短期培训有它的优点，也有它的缺点。它的优点就是可以在短时间内给教师很多的知识、信息，缺点是很多教师回到原来的学校，他的心又冷下来，他学到的知识还没有巩固就又丢失了。还是要从根本上解决中国农村的教师问题。现在解决中国农村的教师问题主要是特岗计划的行动，还有一个免费师范生的制度。这些制度都还有待于进一步提升。所以我提出几个策略：第一，要让最优秀的教师、毕业生能够到农村去工作，要借鉴大学生村官的做法。现在免费师范生是在入学的时候签约，等到毕业的时候他的想法又变了，他不想去了。所以我们主张毕业的时候再重新选拔，像大学生村官一样，选拔最优秀的大学生去农村从教。几年以后，你大学期间所花的学费和其他费用政府给你买单。同时，你如果要考研究生、公务员，国家给你

提供方便，给你加分，给你机会。第二个办法，组织志愿者，这个志愿者不是目前烛光行动这种短期的志愿者，而是长期的，因为中国有大量五六十岁的退休教师，包括退休的科技人员，这些人身强力壮，身体健康，思维非常敏捷，视野也非常开阔，让他们到农村做一年或者做一个学期以上的志愿者，顶岗去教学，这是一个可行的办法，中国有大量这样的资源，关键是我们没有提供一个很好的平台。所以我希望民盟中央、民进中央、搜狐网可以做这样的事情，招募长期的志愿者到农村去。当然，国家可以给一些特别的支持，比如说这些志愿者去的路费由国家承担，甚至给一些津贴。这样比短期的培训效果会更好。同时这些志愿者去了以后对那些农村教师进行长期的培训，我觉得短期的几天培训、一两个月的培训效果是不够的。教师还需要工作几年以后有一个比较长期的培训，脱产一个学期甚至一年培训，这样可以比较好地帮助农村教师更好更快地成长。

许晓书：我们看到新东方的志愿者也下到了各个地区，新东方老师有独特鲜明的性格，教学也更互动化。您觉得他们在培训之后是否能够真正地运用到当地的教学中去？

朱永新：英语教学是一个慢工夫，不是一下子就能够做成的。新东方也许在英语技能的学习上具有一些功能，但是真正要全面掌握英语就不是一天两天的事情。农村英语教学方式的变革也是这样。新东方老师作为志愿者，我觉得他们一个方面是教孩子，更重要的使命应该是教教师，应该帮助教师去转变教育观念，帮助教师去改变教育方法。我们过去更多的是把英语作为一个知识来学习，其实，英语不光是知识，还是技能，技能就应该是在练习的过程中不断发展起来的，而不是通过课堂上不断的重复去实现。

许晓书：9 月 10 日是教师节，也请您给全天下的教师一些祝福。

朱永新：教师节即将到来。教师节是我们民进中央首先提出，给国家建议并且被批准的，所以我们对教师节有一种特殊的情感。我们 70% 的会员来自于中小学的教师，所以我们对教育有一种特殊的情感，对教师也有一种特殊的情感。我代表民进中央向全国的教师们致以节日的问候！作为一名教师，首先思考的应该是怎么样把自己的根扎在教室里、扎在教育的田野里，怎样和学生一起成长，怎样书写自己的人生传奇，怎样从每天平凡的职业生活中获得成就感、获得尊严感，这是我们对教师的殷切期待。

再谈教育公平

2012年3月14日
媒　体：人民网

垂杨紫陌：谈教育公平，首先应该解决的就是高考的公平！看看北京、上海等高考洼地！

朱永新：高考的公平当然很重要，但是最重要的还是义务教育阶段的公平，一个人接受的基础教育品质如何，会影响到一个人的终身。

大辽：经常看您在微博里推荐孩子们看的书，什么样的书才能入您的法眼啊？

朱永新：这些推荐的书都是我们新阅读研究所的专家们从数万本童书里精心选择出来的，我们在选择这些书的时候，首先关注的是这些书能带给孩子们什么样的价值，另外，我们还从科学、人文、社会科学等不同的角度，尽可能给孩子一些全面的营养。

海小棠：您在提高山村教师工资和福利方面有什么建言吗？

朱永新：应该大幅度提高山村、农村教师的福利待遇。从总体上来说，他们的工资收入、福利待遇应该比城市的教师稍高一些，才能留得住他们，也才能鼓励优秀人才到农村去。所以可以采取边远农村地区教师的特别补助制度。

后天一定更好：现在的教育不公平现状是什么原因造成的？体制、发展的不平衡？

朱永新：不公平的原因是长期以来的教育政策导向。改革开放以来，我们走的是一条效率优先的道路，各级政府把主要的精力花在办好若干学校，让一部分人先富起来，所以造成了优质教育资源不断向城市集中、向好学校集中，学校和学校之间的差距因此也越来越大。

有色眼睛028：教育能不能打破户籍，对我们异地子女与当地子女一视同仁？

朱永新：教育应该打破户籍，异地子女应该享有和当地子女一起接受平等教育的机会。这次两会我也提交了这方面的建议，有兴趣你可以到新浪网、人民网和教育在线我的博客中去看相关建议的内容。

气质女流：温总理鼓励偏远山区孩子就近教育，但是就近教育就要提高就近教育教学质量，您认为如何提高农村教育质量？

朱永新：前几年，撤点并校的教育政策在很大程度上也是基于整合教育资源、提高农村教育质量的考虑，但由于中国幅员辽阔，很多山区孩子上学不便，所以要就近教育就应该提高农村教育质量，而提高农村教育质量的关键是要有一批优秀的农村教师。要制定吸引教师到农村工作的办法，包括鼓励城市志愿者教师到农村去支教。

后天一定更好：袁贵仁部长的“异地高考”方案何时出台？

朱永新：在这次两会上，袁部长已经宣布在十个月以内出台，教育部和有关部门正在努力工作，相信会很快拿出相应的解决办法。

气质女流：您觉得去年一年中我国教育发展最值得赞扬的方面是什么？最遗憾的又是哪个方面？

朱永新：最值得赞扬的是国家终于把4%的教育经费落实下来和“学前教育三年行动计划”开始启动。最遗憾的是像校车安全事件这样的悲剧的出现。

杨再昌：为什么这些年中小学生减负反而倒成了加负，是教育体制问题还是社会问题所致？

朱永新：这次两会上，有很多代表委员关注学生的负担问题。我们的素质教育轰轰烈烈，应试教育扎扎实实，书包还是越来越重，原因有很多，有一些是教育以外的原因，比如说社会收入分配差距过大，人才的唯学历主义，父母对教育、对成功的片面理解等等；也有教育内部的原因，没有尊重教育的规律办事。

大辽：您今年上会带了什么议案？

朱永新：今年的两会上，我带了关于高考改革、农村寄宿制学校、建立国家阅读节和阅读基金等20个建议。有兴趣可以直接到我的博客阅读。

杨再昌：您认为在全面落实《规划纲要》时，如何学习外国好的教育和办学经验？

朱永新：首先是我们应该全面系统地了解国外教育的情况。一个国家的教育制度和教育实践，和这个国家的教育传统是有紧密联系的。事实上近年来西方国家在努力地研究和借鉴东方的经验，我们也在学习和借鉴西方的一些好的做法，尤其是西方重视动手能力和创新精神的培养、重视自主探索等方面。

杨再昌：建议国家建立大学生创业基金、示范区和在各省区建立大学生创业基地，您认为如何？

朱永新：这个想法非常好，我们民进中央主席严隽琪副委员长就是上海市大学生创业基金的发起人，他们这些年来做了很多有意义的探索，大学生的创业比就业更重要。创业可以提供更多的就业岗位。而不是去占领一个个的就业岗位。更重要的是，创业能够直接推进经济社会的发展。

黄晨灏：嘉宾好！当我们片面强调教育公平的时候，您想过没有，大学生就业难的问题症结在哪里呢？谢谢。

朱永新：大学生就业难症结是多方面的，一方面有我们培养人才的结构和质量的问题，我们大学里的专业设置与社会需要有一定的距离，人才的供求关系不匹配；另一方面也有大学生不太愿意到基层、到农村工作的问题，很多岗位招不到人。另外，我们对于大学生创业能力和创业精神的培养还不够，大学生直接创业的概率还比较小。

黄晨灏：有几个朋友告诉我，他们的孩子去国外读书花了很多钱，毕业后回国还是没有啥用处。请问嘉宾，这是为什么呢？

朱永新：现在有很多父母盲目地把孩子送到国外，尤其是很多父母在孩子初中高中就把孩子送出去了，孩子的人生观、价值观还没有形成，自我管理的能力还显得不足，在这样的情况下，可能就很难学到真正的东西，回国以后当然难以派上用场。

黄晨灏：中华民族是一个崇尚教育和师德的民族。请问嘉宾，您认为教师的职业道德应该从哪些方面谈起呢？

朱永新：我曾经在《中国教育报》上发表过一篇文章《教师是教育之本》，教育的品质不是取决于学校的大楼建得多漂亮，也不取决于学校的教育设施有多先进，而取决于站在讲台上的那个人。教师的职业道德和专业能力直接影响到他的教育理想和他的教育情怀，关键是教师要能够真正地爱孩子、爱教育，真正地理解什么是好的教育。

红旗卷天下：教育公平，首先要城乡公民的平等，这是首要的，身份不平等，教育可能公平吗？

朱永新：我同意您的观点。长期以来，我们的城乡二元结构导致了城市和农村经济社会发展的不平衡，导致了城市和农村居民的收入水平差距较大，这也是制约教育公平很重要的问题，所以应该从改变户籍制度、改变收入分配制度、改变养老和社会保障制度开始，缩小城乡差距。

温总理今年的政府工作报告用了较大篇幅讲教育的问题，在总结 2011 年工作的时候，重点介绍了如何扎实推进教育公平，在介绍 2012 年工作的时候，重点讲了坚持教育优先发展的问题，如保证 4% 教育经费的落实，积极推进教育体制改革，加强教师队伍建设，大力推进素质教育，解决群众关心的热点难点问题。

各位人民网的朋友，今天的微访谈就到这里。虽然一年一度的两会结束了，但是我们对教育问题的关注不会结束，在人民网的博客和微博里，我还会继续和大家交流。谢谢大家，再见！

主持人：由于时间关系，今天的微访谈只能到这里了。感谢朱永新副主席的回答，也感谢各位网友的支持！

我的中国梦是教育更加公平

2013年3月8日
媒　体：新华网

主持人：各位网友，大家好，欢迎您收看新华网2013全国两会特别访谈。我来介绍一下这一时间段走进我们演播室的嘉宾，全国政协委员、民进中央副主席、中国教育学会副会长朱永新。朱委员，欢迎您。

朱永新：各位网友，大家好。

主持人：您的一些有关教育方面的观点和建议得到了网民的高度认可，更被评价为两会“好声音”。我想问您一个问题，在您眼中什么是“好教育”呢？

朱永新：简单来说，“好的教育”就是让人民群众满意的教育。我们现在要办让人民群众满意的教育，就是要更加注重公平和教育的品质。

主持人：教育不公平会给一个国家带来多大的危害？

朱永新：首先，教育不公平会给整个社会带来矛盾和不稳定因素；其次，我觉得教育公平是教育的基础，如果教育不公平会影响社会的流动，会影响很多人改变自己命运的机会。所以教育不公平会带来很多的社会问题。

主持人：教育的公平包括哪些内容？

朱永新：我觉得教育公平首先要从国家范围内来说，东部和西部、城市和乡村、学校和学校，以及不同群体之间，能够得到比较均等的接受教育的机会。同一个城市的学校之间的教育水平要差不多，不同的人群所享受到的教育水准应该差不多，政府提供的基本的教育公共服务产品是均等的，这就是教育公平。公平有三个条件，第一是条件的公平或者是机会的公平，第二是过程的公平，第三是结果的公平。让所有的人都能够有机会进入学校，所有的人都能够有学上。几千年来，很多人是没有机会读书的，受教育曾经只是少数人的机会。其次，过程的公平也很重要，你享受到的教育应该是一样的，不能说有些学校条件很好，有些学校条件很差。所以，教育资源的配置

应该是公平的，好的老师在不同的学校应该都有。最后，更为重要的就是结果的公平，也就是说到了最后，我们所有人学到的知识，或者根据他的能力获得的东西能够是比较均衡的。我觉得，最好的教育是应该让每一个人有机会最大限度地发挥自己的潜能和能力，让他的特长能够充分张扬，个性能够充分发展，这就是最好的教育。所以它表现在机会、过程和结果的公平上。

主持人：您建议如何促进教育公平？

朱永新：我觉得，政府要做好资源的配置。长期以来，教育资源配置似乎“锦上添花”多了一点，“雪中送炭”少了一点。因为过去资源很紧缺，所以有限的资源就投入到了少数学校中。每个县基本都有重点学校和实验学校，各级政府就把有限的钱投入到了最好的学校当中，这样就把有限的资源，投放到了有限的学校，让有限的人受到了有限的、好的教育。所以要改变政府资源配置方式，要实现基本教育、公共服务的均等化。也就是说，所有的孩子受到的教育应该是一样的，不能有的学校申请的教育经费很高，而别的学校申请的教育经费很低。当然，区域之间的不均衡就更明显了，这主要是由于经济发展不平衡造成的。所以，我今天上午在全国政协大会就提出要在同一个区域内部把均衡的事情做好。比如说，要在一个区域里面把所有的学校办得差不多。政府在配置资源的时候，提供最基本的公共服务，然后优质学校或者说特色学校让民间力量去做，动用民间资本做民办学校。因为好的学校如果太强大了，民办学校就起不来，民间资本就进不了教育，教育竞争多元化的格局就很难形成。

主持人：您刚才说同一区域内部应该首先实现教育公平，但是实际情况是很困难，家长都想把孩子往名校里送，好学校生源师资等都会越来越好，您觉得，真正的公平离老百姓还有多远？

朱永新：表面来看学校和学校之间的经费差不多，但是名校有更好的教师和生活资源，他得到的无形资产和资助就很多，所以学校和学校之间是不平等的。所以我提出了组建“共同体”的说法，把这个共同体做大。其实教育是一个大木桶，代表你水平的是最短的板子，要把这个板子拉长，这才是你教育质量完整的体现。要彻底地融合，教师的配置、资源的配置都要打通。这样的话，通过若干年的努力，不断地提升薄弱学校的水平，把学校办好，最后这个木桶里的水就多了，教育也就好了。

主持人：您觉得好教育的品质体现在哪里呢？

朱永新：我觉得，高品质的教育最重要的体现是富有人性的，让人在教育过程中产生一个理念，教育应该是一种幸福、完整的过程。高品质的教育首先要幸福，因为教育是一个与学生合作的过程，在这个过程当中师生都应该非常的高兴，学习本来是一件非常好的事情。而且，成长的体验本来应该是愉悦的，因为教育是多方面的，机制也是完整的。所谓的完整，就是教育不仅仅是知识的传授，而且是身体、心灵完整的统一，体育教育、艺术教育、人文教育都非常的重要。我觉得教育的完整性带来了人的丰富性，不同的人可以选择适合自己的东西。如果教育失去了这种丰富性和完整性的生活，人的个性就无法得到充分的张扬。所以，我们一直倡导让学校成为一个汇聚美好事物的中心，把人类、社会最美好的东西带到学校当中，让孩子们在这些事物的汇聚下得到最丰富的滋养，选择最喜欢的、最擅长的进行学习。“三百六十行，行行出状元”，所以我觉得应该让教育成为最富有人性的过程。

主持人：您觉得目前我国在教育的品质上，存在哪些问题？

朱永新：我觉得现在的教育大多是为考试作准备的，教育的关怀太少了。教育应该让人成为一个真正的善良的人，而并非单纯学习知识。仅仅用知识教育人是不够的。所以，我觉得最大的问题就是要从目前的应试教育中走出来，追求一个和谐的教育，追求一个注重身体、心灵统一的教育。按照我们过去的理解，全面发展就是平均发展，也就是说，一个人既要这个好，又要那个好。但是，最好的教育应该是为学生提供一个丰富性的环境。这两个问题解决了，我们的教育方向就对了。

主持人：前两天，我遇到了一个小男孩。我问他：你现在喜欢看什么动画片？他说没有时间看动画片。我问他，你喜欢不喜欢变形金刚？他说不知道变形金刚。您认为，在现有背景下，家长应该如何配合学校教育孩子？孩子究竟应该学什么，不学什么？

朱永新：首先，一个孩子最重要的就是身体健康，如果没有健康的身体，其他都不行。所以，应该为孩子提供给健康的教育，让孩子有充分的活动时间和游戏空间，让孩子围绕身体素质去拓展。通过武术、游戏等等让孩子们动起来，孩子们不能一天到晚坐在那里，现在很多的孩子都是近视眼，这些问题都会出现。

主持人：您的提案里面说到，希望加强学校体育教育？

朱永新：是的，现在很多学校对体育课不关注。国家有相关规定，建议

每天至少活动一小时。我觉得一种美的教育对人的丰富性成长是非常有用处的。我觉得。我们那代人很大的问题就是没有系统地受过艺术教育的熏陶。现在一部分农村孩子也是如此，他们可能没有学过音乐、绘画，没有得到应有的艺术熏陶。我觉得艺术的熏陶对一个人的审美和生活情趣都具有非常重要的意义。如果有一个好的艺术的项目，会让一个人一生都非常的幸福。

主持人：您在提案当中提出驻校作家驻校艺术家的建议？

朱永新：是的，这个是对一个人的成长非常重要的。当然，从教育的内涵来讲，阅读是非常重要的。一个人的个性养成，尤其是在中小学期间，大量的智慧、品德是从阅读中获得的。因为，人们的生活空间总是有限的，所以必须要通过阅读来获得很多的知识。人类最美好的价值和情感都是藏在最伟大的儿童作品当中了。比如说，《爱的教育》、《爱心树》等等，这些都是伟大的精神遗产，对孩子的成长是非常重要的。一个孩子如果养成了阅读的习惯，拥有了阅读的能力，他今后就有了自学的能力，自我成长的能力就很强大。所以，“一个没有阅读的学校，永远没有真正的教育”，阅读对人的精神成长起着非常关键的作用。在艺术、体育、阅读之外，当然，教师和孩子、父母和孩子应该要有更多的交流，孩子和孩子之间也要有更多的交流。他必须要通过直接的交流、沟通、活动才可以。现在我们往往过多地强调知识，而忽略了人的社会性的养成。人必须要成为一个受人欢迎的人，如果他拥有很多的知识和技能，但是没有人喜欢，也会很痛苦的，所以人必须要学会交往。所以教育必须是一项永远的事业。

主持人：教育部长接受采访的时候说：高考不能取消，但是要改革。有关高考改革，您有什么建议？

朱永新：去年民进中央有一个专题就是关于高考制度的改革，我也提出了建议。高考总的来说，第一要加大高等学校的招生自主权；其次，就是加强学生的选择权，而且学生应该能够有多次考试的机会；尽可能给学生多样化的机会；再次，变官方的考试为民间的考试，这样就会有竞争的活力，为了保证考试的品质，就会不断去改进，让考试变得更合理。必要的时候，考试要分类，不能让所有的人考同样的试卷。没有必要所有的学科、所有的专业、所有的门类都要去考试，要简化考试的科目，让学生真正从应试考试中解放出来，让学生自主地学习，自动地学习。

主持人：您的提案当中，提到了希望加强中小学生海洋教育？

朱永新：是的。我们对海洋意识的培养是略显不够的，而在未来的竞争当中，海洋恰恰是一个很大的空间。无论是资源，还是对于国家的安全，海洋都具有非常重要的意义。所以我觉得中小学应该加强海洋意识的培养和教育。

主持人：现在“中国梦”是网友们热议的话题，您的梦想是什么？

朱永新：前不久，我在《人民日报》发表了一篇文章，我觉得，拥有一个好教育是一个国家最好的事情，拥有一个好教育才能拥有更加公平的社会，所以我的梦想就是希望更公平。所有的老百姓都能够让自己的孩子在家门口读书，不要花精力去找更好的学校。其次，我希望农村的孩子能够和城里的孩子一起上好的学校，城市的学校和农村学校的差距小一点，尽可能差不多，甚至于农村学校的老师的待遇更高一些。从资源配置的角度来说，多一点雪中送炭。我希望，政府可以尽可能地提供相对均等的公共服务系统，让所有的孩子能够得到基本均等、优质的教育。第三，我觉得教育品质应该更高一些，更加人性化一些，更加个性化一些，让学生们学得更加主动、生动、活泼一些。同时，我觉得尤其是大学教育，应该满足整个国家的发展，应该能够和世界的一流大学比拼，更加注重创新能力的培养。这样的话，我们国家的教育既可以为个人的成长提供最坚实的基础，也可以为一个民族的发展和竞争提供更好的支撑。

主持人：非常感谢您跟我们分享了这么多观点，也感谢各位网友的关注。我们下期访谈再见。

四、强心强教强国，建设精神家园

教育生活应该是幸福而完整的。我们在幸福后面加上完整两个字，因为我们知道，如果仅仅强调幸福，很容易让大家过分重视情感的体验，甚至会误认为是感官的享受。尤其是在当下的教育中，我们的教育是单向度的，是畸形的，是片面的，是唯分数的，其中最大的问题是缺乏做人的教育，缺乏德行的教育。人应该是完整的，包括他自己个性的完整性。让人成为他自己，一个完整的自己，这才是教育的最高境界。当然，这也是我们新教育人追求的最高境界。

摄影：腾靖南

作者：杨明义

灾后教育重建

2008年5月31日

媒　体：新浪网

灾后教育重建的三个重点

主持人： 明天是一个很特殊的日子，6月1日，是儿童节。我们今天要聊的是灾区的重建和灾区教育的话题。我想问朱老师一个问题，朱老师，地震中谁受的伤最严重？网民也好，观众也好，发现都是孩子，大家最同情的也是孩子，这些孩子可能现在身心都会受到伤害。您觉得在灾后重建方面特别是对于孩子来说我们应该做些什么？

朱永新： 对于孩子来说，这是一个灾后教育重建的问题。教育重建是一个非常重要的命题，当务之急要有教育建设的规划，孩子们要有学校，所以大量的帐篷学校在产生。这个时候对灾区应该有一个布局的规划。当灾区还没有办法来解决孩子就读问题的时候，可以采取对口城市支援的方式，把一些失去父母双亲、亲友的孩子转移到其他的地区去，让这些孩子能够有读书的地方。

现在灾区有一些学校已经放假了，现在放假似乎还早了一些。还是应该有让这些孩子在一起的时间和空间。

其次，灾后整个教学秩序的重建。因为灾后高考的问题，现在教育部研究出台了一系列的政策，对高考进行了比较妥善的安排。其他教学，包括什么时候学校能够建成，什么时候能够复学，也要抓紧安排。

第三，教学内容的重建。汶川大地震以后，大家应该反思教育中的生命教育这一块相对比较薄弱的内容。

要教会孩子们如何去应对灾难

主持人： 您所说的生命教育是指什么？

朱永新：教育本身是为生命而存在的，在很大程度上，生命教育表现为最基本的生存、安全教育，比如说在各种灾难面前人怎么去应对。这次有一个学校，整个学生用了不到两分钟的时间就全部集中到学校的操场，后来知道这个学校的校长，是定期地进行应对灾难教育的。

主持人：把楼给加固了，这是教学内容的一个重建。

朱永新：不仅仅是指地震灾害，包括其他的灾害，像飓风、洪水，实际上都有生命教育的内涵。生命教育内容是丰富的。我们应该把这方面的内容加进我们的学校教育中去。

在教育重建过程中的一个最大的、最紧迫的问题就是孩子和教师的心理救援。孩子固然很重要，教师也非常重要，因为教师每天面对着孩子，教师的情绪会感染孩子。在这次大地震中，很多老师都是受害者，也出现了很多非常感人的故事。很多老师灾后回到课堂以后，实际上他自己也会面临很多问题。

主持人：所以老师也需要救助。

朱永新：首先要解决教师的问题，因为老师会用他的情绪、他的人生观和对世界的认识影响孩子。对孩子来说，当然就是怎样帮助他们去面对，这也是一个问题。

民进派了一个队伍去，我们去做了什么呢？首先给孩子送了一个童话盒，里面有各式各样的童话，有最好的歌曲，我们有一个儿童课程，能够把最好的课程放在童话盒里，同时我们每天用绘本和孩子进行交流，教孩子怎么样坚强面对。我们不是简单地告孩子你要坚强，不是简单让他喊几句口号就能解决他的心理问题，孩子需要大量的心理学专家的帮助。我们国家心理学的专业人才非常少，非常迫切地需要把心理救援的基本知识和要点让普通的老师掌握。另外，对孩子自身来说，要让孩子和最伟大的童书对话。

在灾区有些孩子得到的爱过量了

主持人：刚才我们聊到心理救助。第一，心理救助是一个当务之急的需求，您刚才也说到了，可能我们心理救助的专业力量还不是很强大。第二，我们从哪些方面可以开展心理救助？甚至我们怎样帮助这些小孩子进行心理救助？

朱永新：孩子成长过程中，阅读是一种最好的心理自救的渠道。因为有很多非常好的童书，在阅读的过程中书里的主人公、情节孩子是会移情进去的，会从这个故事里学到很多，友谊啊，关注别人啊，动脑筋应对困难啊，怎样面对坚强啊，等等，不需要很多说教。现在我们往往通过说教灌输，没有办法对孩子的心灵产生影响。我们在网上也开了一个非常有意思的书单，我们希望有关的出版社能够把这些书捐给孩子。因为孩子在这个时候最需要对话，可是又没有那么多的救援人员。所以，好的图书，特别是好的绘本、图文并茂的绘本，对孩子精神的重建，对于他的自救，会起到非常重要的作用。

主持人：这个书单您还有印象吗？大概有哪些书？

朱永新：像《100 条裙子》、《我有友情要出租》、《夏络的网》、《爷爷一定有办法》，还有很多很多，教育在线网上都公布出来了。

主持人：想要捐书的朋友可以到网上查一下，毕竟对孩子的心灵非常有帮助。

朱永新：非常有用。那些绘本图文并茂，孩子们看了以后可以自己作画。实际上作画本来就是一种心理疗法，他把自己的很多情感、很多东西通过绘画的方式宣泄出来。真正解决心理问题可能要通过三个基本途径，一个是宣泄，一个是升华，一个是重构。儿童绘画实际上是把这三个功能都融于一体的最好的方式。

朱永新：刚才我们讲到心理重建的问题。其实灾后有几个问题，第一是去看望的人太多、太集中，而且尤其集中在一些孩子身上，有些孩子得到的爱过量了，让他不断地重述那样的情景，让他不断接受各种各样的礼物，这对他的成长是不利的。我的同事跟我讲，有的孩子对于今天这个送礼物，明天那个送礼物已经超负荷、很麻木了，另外，很多正常的教学秩序被破坏了。这里我也呼吁，一方面要给他们很多的关爱，同时另外一个方面，我们要让大家有正常的、稳定的生活，这个很重要。

实际上这一次甘肃、陕西也是灾区，但被关注得不够。我们不能做关注秀，而是应该实实在在给孩子一些关爱。

没受过专业训练的志愿者不要轻易去灾区

主持人：接下来请问朱老师，作为一名志愿者要符合什么条件？我们很想去帮助灾区的孩子，很想去当志愿者，但是我们应该怎样去做？这是大家很想知道的，因为我们不能去四川了，那我们可以做什么呢？或者我们不能送孩子们礼物了，我们可以做什么？可以给我们一些指导吗？

朱永新：在很多大的灾难发生的时候，一般来说有专业的志愿者。这次第一个到现场的就是江苏的慈善明星，他就带着他的救援队伍，完全是专业化的。还有满腔热情的民间组织。我觉得受过专业训练是非常重要的，你去之前，至少你应该明白你在做什么，你有没有这方面的专业训练，如果没有的话，你不要轻易去，宁愿捐一点钱，捐一点物，捐一点当地最需要的东西，这是很重要的。其次，你要知道对方需要什么。

主持人：我要先知道他缺什么。

朱永新：现在我们捐的很多东西，可能并不是那边需要的。我的同事在跟我讲，在前方大量的物资堆在那儿，基层的管理人员或者说干部又跟不上，没办法及时地发下去。这个时候高度组织化的管理是非常重要的。

作为志愿者，最好是能够跟当地的组织挂起钩来，服从统一的安排，而不是自己随便跑到一个地方去做点事，这样很可能会出现很多无序。因为志愿者去了，他在那边要吃、要喝、要住，有的可能帮不上忙，可能反而是添乱。所以，一方面，他要受过比较好的专业训练；另一方面，他要充分了解对方的需求；此外，还要做一个长期支援的规划。因为在大的灾难面前，可能一时性的救助比较多。作为一个长期性的规划，我们要有一个非常清晰的思路。比如学校建设，不仅仅是灾区的学校，借这次地震，应该对全国的学校作一次彻底的清查、排查，排除隐患。灾难随时会发生，今天在汶川，明天可能在另外一个地方，如果再发生类似的情况，不能犯同样的错误。这样系统的安排非常重要。灾区面临的问题要系统地梳理，然后国家的有关行政部门再作出长期的安排，这样才能比较好地进行有组织的、长期的救助工作。台湾大地震以后，非常关注孩子，所有的心理救援队伍，每一个人全部建档，每一年都要沟通，一直到18岁孩子成人。包括心理救援在内，长期的安排和计划非常重要，不是去一下就完了，很多队伍去一下就回来了，实际上，心理的康复是一个长久的过程，它需要一个长远的规划。

主持人：我昨天跟我们同事吃饭，有一个同事说，现在这个孩子收到这么多礼物，但是过一年、过两年、过十年，还会有人去关心他吗？这是一个很严峻的问题，也是我们需要长期关注的问题。

民进会员捐款捐物已达5 863万多元

主持人：为援助灾区孩子，中国民主促进会举办了书画义卖活动，举办这样一个活动是出于什么考虑？

朱永新：在民进中央两位主席的直接领导和指挥下，全国近11万民进会员积极投身到抗震救灾中去。我们很多民进会员有钱的出钱，有力的出力，大概到今天上午为止，整个中国民主促进会的会员捐款捐物已经达到了5 863万元，明天我们会在多次捐献的基础上，再搞一个活动——“为了灾区的孩子”，主要是以书画的义卖为主，民进会员已经捐献了780多幅画，今天上午还有画作在源源不断地送来，这在历史上空前的。民进的会员是以教育界、文化艺术界和新闻出版界为主体的，这也是发挥了我们民进会员的特点。这次各个省踊跃捐画，而且这个画只是明天活动捐出来的，在此之前很多省市已经搞了大型的书画义卖活动。昨天，我曾经工作过的苏州市，一个地级市，他们义卖的画就卖了90多万元。整个民进的会员，都总动员起来了。

主持人：我们的节目也接近尾声了，最后还是把话题放到明天的活动上来，书画的义卖。我们注意到很多书画名家都拿出自己的作品来，您可以给我们介绍一下吗？比如，在什么地点？还有，这些名家都是民进的会员吗？

朱永新：很多名家。93岁的著名书法家沙曼翁，专门写了“众志成城”；中国书法家协会的两位主席，都是我们民进的，江苏省的言恭达，广东画院院长陈永锵；明天还有一位马来西亚的华商，用50万元买一幅巨幅的画作。这次送来的画作，基本上都是我们民进的会员亲自创作的。有很多著名的画家，今年中央美院的胡教授送来一幅专门反映地震题材的油画；昨天北京中国美院的一个教授也专门亲自送画到民进中央来；还有我们的王立平主席，著名的音乐家、作曲家，他的书法也非常精彩。他把他的歌词《大海啊故乡》专门写成书法带到明天的会场。

主持人：会场在哪里？

朱永新：在民进北京市委会。据我所知，上一任的许嘉璐主席和张怀西同志都要专程来参加和捐款。

主持人：我也希望明天的书画能够卖得好一些，这样能更多地帮助到灾区的灾民和同志们。

朱永新：也欢迎北京的企业家明天到现场去买我们的画。

嘉宾现场祝福灾区孩子

主持人：访谈的最后，请您很简短地说一下自己对灾后重建想说的话，想对网民说的或者是想对正在看我们直播的观众朋友们说的。

朱永新：灾难让我们伤痛，但是挚爱让我们坚强，让这样一份挚爱，让这在灾难中焕发出来的民族的凝聚力和战斗力，能够更长时间地持续下去。

主持人：更长时间持续下去，这也是我特别想说的。希望我们对灾区孩子的爱不是一下子付出完了就没有了，让我们做一件很长久的事情。

感谢大家收看今天新浪网上大讲堂，再见！

过一种幸福完整的教育生活

2007 年 3 月 1 日
媒　体：人民网

朱永新： 各位强国论坛的网友，非常高兴再一次在强国论坛跟大家见面。如果我没有记错的话，这是我第九次做客强国论坛，应该说跟强国论坛的网友们有不解之缘。尽管每一次跟大家见面，可能总有一些网友不一定非常的满意，但是应该说我是尽心尽力了。我今天非常愿意跟大家再次进行交流，我也愿意把在两会上自己准备的一些教育方面的提案跟大家分享，因为在两会中，教育的问题始终是一个热点问题。

一天一地一广仔： 请问嘉宾，您能给我们描述一下什么叫“过一种幸福完整的教育生活”吗？您现在的生活就是这样的吗？谢谢。

朱永新： 去年 7 月份，在北京清华大学召开的一次全国性教育实验大会上，我们提出要过一种幸福完整的教育生活。我们认为幸福完整的教育生活有这么几个意思：

第一，教育就是生活。这句话是针对过去比较传统的教育目的，过去认为教育是为将来的工作和生活作准备，即教育是为了未来的。我们认为，这样的理解是不够的。教育当然应该面向未来，但是教育同时更应该面对当下。教育本身就是生活，教育就是生活的方式。教育在作为促进美好生活的一种手段的同时，它本身就应该是目的，应该让所有的与教育发生关系的人过一种幸福完整的生活。

第二，教育同时是一种特殊的生活。教育是一种生活，这是杜威早已经说过的话。他同时还说学校就是社会，在教育与生活、学校与社会之间画了等号。我们说教育就是生活，但更认为它是一种特殊的生活。教育必须确保受教育的个体生命获得充分的成长，必须实现社会对于一个未来公民的希望。所以，在这个意义上，教育又不是简单的生活，而是一种特殊的教育生活。这种教育生活，又不能等同于学校的教育生活，如在家庭里父母和子女的沟通，在职业生涯中每个人的学习，都可以视为教育的生活。所以，我们理解的教育生活，应该是面向男女老幼、从坟墓到摇篮的全人与全程的。

第三，教育生活应该是幸福的。教育既然是努力地去促进每一个人过一种幸福完整的生活，它本身就应该是幸福的。其实，教育不仅应该给人幸福，它本身就是充满了乐趣的。只有在愉悦快乐的情景中，教育才能取得良好的效果。所以，我们强调过一种幸福完整的教育生活，不仅仅有对教育终极意义的思考与追求，更有对当下某些教育问题的担忧与不满。我们遗憾地看到，许多地方和有一些教育，使得孩子已经没有了童年，他们的学习充满了失败。很多孩子已经失去了凝望世界的明眸，失去了追求理想的激情与冲动，失去了尝试成功的勇气与感恩的情怀。我们不禁要问，如果我们的孩子和老师们没有幸福和快乐可言，这样的教育还有必要吗？

第四，教育生活应该是幸福而完整的。我们在幸福后面加上完整两个字，因为我们知道，如果仅仅强调幸福，很容易让大家过分重视情感的体验，甚至会误认为是感官的享受。尤其是在当下的教育中，我们的教育是单向度的，是畸形的，是片面的，是唯分数的，其中最大的问题是缺乏做人的教育，缺乏德行的教育。人应该是完整的，包括他自己个性的完整性。让人成为他自己，一个完整的自己，这才是教育的最高境界。当然，这也是我们新教育人追求的最高境界。

其实，对于幸福完整的教育生活的这四个方面的理解，也是建设社会主义和谐社会的一个很重要的目标。前不久，我在博客上写过一篇《快乐第一》的文章，分析了丹麦和不丹这两个完全不同的国家，一个人均收入高达34 600美元，排名世界前列；另外一个人均国民收入只有1 400 美元，排名世界第 152 位。但是这两个国家人民的幸福感、幸福的指数都很高。

在不丹，教育的预算占整个国家预算的18%，城市学校和乡村学校的配置基本上是完全相同的，从幼儿园开始的十年教育都是免费的，在边远地区学生的文具等也是由政府提供的。不丹这个国家的经验告诉我们，在一个经济不是很发达的国家，同样可以创造快乐的奇迹。所以，教育的公平和平等也是快乐和幸福的一个重要的源泉。

丹麦人曾经讲过教育和学习是丹麦人快乐的秘密之一。丹麦的教育部长讲过，我们放进年轻人脑袋里的东西永远是这个国家最重要的资产。所以，在丹麦的学校里面没有成绩单，没有评选先进的制度，终身学习是丹麦一道非常美丽的风景线，它的教育的平等、教育的公平也是走在世界前列的。

教育的快乐、幸福感孔老夫子早就讲过，《论语》第一句话，开宗明义，就是“学而时习之，不亦乐乎”。

问天：这种“幸福”只是童话般的幻想。

朱永新：我们觉得这种幸福是我们追求的教育理想。教育是需要理想的，当然，它要面临这样的追问：能不能得到实现？什么时候能够真正实现？我觉得最重要的不是结果，而是一种追求的过程。人类的教育就是在这样一种追求的过程中不断地发展，如果连梦想都没有，连追求都没有，连我们所认为的追求幸福的权利都没有，那么我觉得这是不够的。就像我们的和谐社会一样，和谐社会也是我们的一个梦想，也是我们的一个追求，是我们建设中国社会主义的一个非常重要的目标。我觉得建设和谐社会的过程是最重要的。

补课是一种不幸福不完整教育生活的体现

阿信2：请问朱永新先生，您如何看待现在的中小学生补课现象？

朱永新：补课的问题现在也是一种不幸福、不完整教育生活的体现。孩子们大量的时间、精力用于机械的、重复的练习，孩子们没有童年，没有游戏，他们很难从学校生活中得到真正意义上的快乐。同时，大量的精力和时间用来补课，除了知识还是知识，除了应试的技能还是应试的技能，孩子的全面的发展、人格的完善，也就得不到保证。我非常不赞成这样补课的方式，我觉得在中小学应该通过适当的方式来禁止补课。

阿信2：请问嘉宾，未来的高考会向哪个方向发展？

朱永新：我觉得未来的高考改革的方向，第一，会加大学校的自主权，不同的学校有不同的考试要求和标准；第二，加大对全面素质的了解和考查，加大高中三年综合学习成绩的评定，而不是一次考试成绩定终身；第三，高考的次数会增加，不是一考就定乾坤，可能会有多次的考试；第四，考试的科目可能也会进一步减少，进一步减轻考试本身的负担；第五，对于一些社区区域性的大学，对一些民办高等职业类的大学，可能会采取免试入学的方式。高考对中小学学习指挥棒的功能会淡化。

杨号：您是1958年出生，您上大学时肯定是不要钱的，全是国家包的，您对现在许多人上不起学怎么看？

朱永新：我是1958年出生的，我读大学的时候不仅免费，而且国家有助学金，因为我读的是师范。现在大学收费相对来说比较高，有一些家庭困难的学生读不起书。但是政府已经在采取相应的政策，有国家奖学金、助学金、贷学金的制度。在苏州，我们承诺在苏州读大学的学生不会因为家庭困难而影响学业。我觉得国家应该让所有有机会读书的人能够读得起书，这应该成为国家的目标。

黄晨灏： 请问，您对大学毕业生“就业难”一事是怎样看的？谢谢。

朱永新： 去年的两会我曾经写过关于解决大学生就业难问题的提案，今年我继续就大学生就业的问题写了提案。事实上，这是一个非常复杂的问题。第一个问题是大学生就业率统计的问题，目前大学生一次性就业率的统计办法，从截止到每年的 7 月底过渡到年底，7 月份的统计会造成很多大学生不安心学习，在大学期间就到处找工作，到各种人才市场，主要的精力不在学习上，而在找工作上。另外，也造成了一些大学生和学校弄虚作假。所以我们希望大学生一次性就业的统计时间从 7 月份调整到每年的年底。大学生就业难的问题和大学生的专业结构有很大的关系。高校扩招以后，文科招生数量比较多，相对社会需要的一些理工科的专业比较少，社会最需要的一些领域和行业人才相对比较缺乏。所以，一方面，一部分人才非常紧缺；另外一方面，一部分人才又找不到工作。现在我们的大学生往往比较多地集中在报考公务员，相对来说农村、基层、民营企业、边远地区都不太愿意去，所以就业有一个结构性矛盾的问题。

宋公明： 请问朱先生，是不是教育产业化带来了幸福完整的教育生活？

朱永新： 教育产业化当然是不可能带来幸福完整的教育生活的，国家已经明确地否定了教育产业化的方向，特别是我们的基础教育，是绝对不能产业化的，它是一个政府的公共服务。当然，我们不排除一些教育机构、一些教育产业自身的发展。

农村贫困学生的问题依然突出

sars：朱先生，农村孩子免费上学的事，又遥遥无期了吗？

朱永新： 温家宝总理在去年的《政府工作报告》里已经承诺，用两年的时间全面实施农村的免费义务教育，而且对于家庭困难的学生还要提供课本的补助和住宿费的补助。据我了解，全国所有的省市农村很快就可以全面实施农村免费义务教育，在很多城市，像江苏、上海、浙江等省市的一些城市，都要实施免费义务教育。所以，这不是遥遥无期，而是指日可待。

一天一地一广仔：请问朱教授，农村贫困大学生的问题依然突出，您认为社会捐助能够起到多大助益？最终解决出路是什么？

朱永新：农村贫困大学生的问题现在依然比较突出，当然不能靠社会捐助，就像我们的基础教育不能靠希望工程一样，应该是政府的行为，是国家的行为，社会捐助、非政府组织的支持，只能是一种补充。国家对于贫困大学生的救助政策，估计会很快出台，特别是我们要鼓励一些农村贫困的优秀大学生去就读师范教育，就读国家最需要的一些学科，在毕业以后，能够到国家最需要的地方去工作。国家奖学金、助学金和贷学金的政策，包括怎样进一步加大对于农村贫困大学生的帮助机制，估计会在比较短的时间内形成，我相信这个也是指日可待的事情。现在我比较担心的是农村的高中生，现在基础教育这一块义务教育有了，九年制义务教育国家有保障了，如果贫困大学生就学再得到保障以后，农村高中生就读的问题，我觉得可能是一个关键，因为读不起高中的话就不可能进大学。优秀的初中生不能只进职业高中，应该也有进入普通高中的权利。所以，我希望国家对于农村高中学生的资助政策尽快出台。

漫游世界：农村教育落后于城市教育，请问建设新农村，教育怎么办？

朱永新：农村教育落后于城市教育是一个非常普遍的问题，而且这种差距非常大，从硬件软件，从师资质量，都有非常大的差距。我前面提到，我们希望通过社会主义新农村的建设，以农村免费义务教育为契机，全面加强农村义务教育品质的提升，特别是要提高农村教师的品质。怎么样让最优秀的教师到农村去，我觉得是解决农村教育问题的最重要的环节。现在优秀的教师不愿意到农村，农村的优秀教师进城，孔雀东南飞，很多农村的学校，特别是村小学，教师搞“瓜菜带”，像《美丽的大脚》描述的一样。因此，我们觉得应该有一个农村教师培养的国家行动计划。我去年曾经专门写过一个提案，希望国家的国立师范大学和每个省的一所师范大学实施免费教育，吸引最优秀的贫困学生来报考，毕业以后到农村去服务，服务四到六年以后，20% 以上免试保送研究生，20% 以上送到国外继续深造，40% 左右在公务员和外资企业以及比较好的单位招工和招考的时候优先推荐录用，愿意留在农村的，给予更高的待遇。这样可以确保优秀的师范生能够到农村、到边远地区、到最基层去，而且也不强求他们终身扎根农村。我觉得这是解决农村师资的一个比较长久的好的办法。

论坛运输队：既是官员又带学生，这两样工作都很辛苦，请问您是如何处理这两者之间的关系的?

朱永新：既当官又带学生当然比较辛苦，这在一定程度上是我自讨苦吃。我经常讲，我星期一到星期五是为苏州人民打工，星期六、星期天是为我的教育理想打工，我的教育理想主要是通过教书这个角色来实现的。同时我也讲过，因为我在政府分管教育、文化等社会事业，我教书是教育，我的教学和我的研究应该说是紧密地为政府的教育工作服务的。所以，在一定意义上讲，我教书的角色是政府官员角色的一个补充。我的很多学生，他们的研究论文也是结合苏州的教育实际来进行的。辛苦主要是时间上比较紧张，只能牺牲一点休息的时间。但是这种辛苦同时也很快乐，因为我能够为这个城市，同时也能为我心爱的教育事业做一点工作。

近年来政府花很大精力加大教育投入

一天一地一广仔：请问朱教授，您预测国家财政性教育经费支出占 GDP 的比例什么时候才能真正达到 4%?

朱永新：在“十一五”期间应该是可以达到的，据说国家财政部门已经在研究制订方案。

张火丁：嘉宾，怎么理解“宁肯给孩子一个痛苦的童年，也不让他有痛苦的成年”这句话?

朱永新：这就是我在讲幸福完整的教育生活的时候讲过的，教育是一种生活，这种生活不仅仅是为未来、为成年准备的，教育本身就是生活，所以这种幸福和完整首先应该是把孩子作为一个完整人来对待，他在学校里面就能够快乐地学习，快乐地游戏，快乐地交往，成为一个幸福的人，能够有一个幸福的童年，能够有一个今后回忆起来也同样幸福的童年。如果仅仅把教育理解成是为成年而准备的，我觉得这是不够的。一个孩子如果在他的童年就那么悲惨，就那么没有快乐，他记忆中留下的是童年痛苦的印记，我想他成年后也不会快乐。

赤县农夫：朱老师，新年好，今年两会您对教育有什么新提案? 主要是哪一方面的?

朱永新：今年两会我一共准备了 23 个提案，其中 18 个属于教育的提案，有一些是老问题，我再次呼吁，比如关于国家阅读节，这是我第四次提出，我觉得应该把阅读进行到底。也有一些是新的提案，比如说关于农村义务教育的问题，关于农村义务教育师资的问题，关于农村义务教育欠债的问题，关于边远地区农村义务教育办学点的师资问题，关于民办教育的非企业法人性质的问题，关于大学生就业统计方法的问题，等等，大家可以在我的博客上看到我提案的目录。实际上这些提案主要集中在两个方面，一个是追求教育的公平，我认为教育的公平是社会公平的基础，没有教育的公平就永远不可能有社会的公平，所以怎么样推进教育的均衡发展、科学发展、和谐发展，是我今年提案的一个很重要的内容。另外一个涉及教育品质或者教育素质的问题，怎么样让孩子们能够更有幸福感，学习得更快乐。除此以外还有青少年体质下降的问题，怎么样加强学校体育教育，还有包括振兴中国足球的问题，等等。

牛粪有的是：再问朱先生，为什么政府不效仿西方国家用富人捐献抵税的办法，来解决教育资金短缺问题？

朱永新：中国是一个穷国办大教育的国家，最近这些年来，政府用很大的精力加大了教育的投入，特别是对于农村义务教育、职业教育还有高等教育加大了投入。但是毕竟我们还是个发展中国家，因此怎样借鉴西方国家的一些教育投入的办法，是一直在探索的。我觉得要解决教育资金短缺的问题，第一，应该在现有的福利彩票和体育彩票中拿出一定的份额，比如说20%用于教育，行业的彩票应该变成国家财政的彩票，由国家财政统筹来解决和安排；第二，国有企业每年的利润部分，应该上缴国家财政，从西方的惯例来说，一般国有企业每年应该有40%左右的利润是交给国家财政，用来二次分配的，可以帮助教育和帮助穷人；第三，我们的政府公办的高等教育机构相对比较多，可以吸引一部分民营资本进入高等教育领域，进入非义务教育阶段，让政府把更多的财政投向义务教育阶段，这样对于解决穷国办大教育的问题可能是一个比较好的财政构想。

教育公平是社会公平的基石

常五峰：请问朱永新常委，您是新教育实验发起人，您能不能简单谈一谈新教育实验的目的？

朱永新：新教育实验的一个很重要的目的就是让教师和学生，让所有和教育有关系的人，能够过一种幸福、完整的教育生活。当然，更重要的是，我们是通过营造书香校园、师生共写随笔、聆听窗外声音、培养卓越口才、构建理想课堂、建设数码社区这六大行动以及新生命教育、新公民教育等实实在在的行动，来帮助教师和学生快乐地成长。到目前为止，新教育实验在全国24个省、市、自治区，400多所学校有6万多名教师、100多万名学生参与。新教育实验被一些媒体认为是中国的“新希望工程”，因为过去希望工程注重解决教育物质层面的问题，新教育实验着重精神层面，着重于心灵的建设，这是我们新教育实验的一个很重要的目的和特色。

一天一地一广仔：请问朱常委，您说过“我想为幼儿教育说几句”，是什么因素使您关注幼儿教育的？

朱永新：我认为幼儿教育是整个教育体制中非常关键的一个阶段，因为在幼儿阶段，人的认知风格、行为方式、人格特征都可能在形成之中，所以，有“三岁看大七岁看老”的说法。我一直认为幼儿教育阶段是最辛苦的一个阶段，也是人格成长的最关键的阶段，但又是我们最容易忽略的一个阶段。我们中小学都有母校，幼儿园就没有母园，幼儿教师大部分也不被他们的孩子所记住，也很少成为名师，成名成家。我觉得现在加大幼儿教育阶段政府投入的问题，应该成为各级政府一个非常重要的公共教育政策的内容。很可惜的是，由于时间的关系，这一次我没有来得及把幼儿教育的问题写成提案，但是我会进一步关注，努力为幼儿教育鼓与呼，包括为幼儿教育法的立法继续呼吁。

夏泰春：朱先生，本人认为中国最大的不公平就是教育不公平，如何做到公平？

朱永新：我基本同意你的看法，因为教育公平是社会公平的基石，教育公平是最重要的社会公平，而且它涉及每一个家庭、每一个人。现在人大代表、政协委员以及全社会关注的三个问题，医疗的问题、教育的问题和住房的问题，教育是基础，是关键。教育实际上是社会分层的一个非常重要的前提，很多人都把教育作为翻身的一个最重要的途径。所以，国家为每一个孩子、为每一个人提供平等的教育机会，提供平等的教育资源，应该成为教育公共政策的一个基础。要做到这个公平，首先政府资源配置的公平是最重要的。农村和城市之间，城市各个学校之间，公共教育资源的配置应该是均等的，甚至于是标准的。无论是校舍、设备、师资、图书，国家都应该有统一

的标准。同时，要尽可能多地雪中送炭，而不是锦上添花。刚才强国论坛的编辑还在跟我讲，他们正在为孩子的上学发愁，为孩子进不了好的学校而发愁，如果政府把每一所学校都办好了，学校和学校之间的差距没有那么大，我相信教育的公平问题会有很好的改观。这是温家宝总理，也是我们政府最近这些年来一直关心、关注的问题。

牛粪有的是：请问朱先生，您如何看待一流人才大量涌入政府机关这一现象？

朱永新：学生报考公务员进入机关，是目前比较普遍的现象。公务员的待遇，他的稳定性，他的权利，他所在的城市，都有很大的吸引力。如果公务员和其他行业的差距不是那么大，大学生选择的机会就会更多。这是第一。第二，我们的整个教育，相对来说缺乏创意精神，也很少去传授创业的技能，很少鼓励我们的学生去冒险、去创造，这也是竞争公务员的第二个原因。第三，目前考公务员是很多学生认为竞争比较公平的一个路径，因为公务员都要经过国家公务员的考试，开后门、托人情的虽然也有，但是可能比进其他领域的障碍还要少一些，这是竞争公务员的一个很重要的原因。这三方面的原因也是我们怎么样去改进的很重要的前提。

论坛运输队：朱副市长，您如何看待网络游戏和QQ对青少年学生的毒害？如何去制止呢？

朱永新：网络是一把双刃剑，我曾经写过一个提案，希望把网络建成学习化的社区。我曾经梦想，在我们的网络上，有大量的学习的游戏，有大量的健康的教育资源，学生们可以在网上自主地学习、合作地学习、快乐地学习，那个时候网络就是学习的一个平台，就是学习的一个助手，就像我们现在很多成年人利用网络获取信息，利用网络来进行研究，利用网络进行合作一样。相对来说，现在国家公共的网络资源太少了，公共的网络教育的资源更少，如果能够免费提供给所有的游戏商，提供给所有的网吧，提供给所有的家庭，大家随时可以下载到最好的教育游戏、教育软件，那么我相信男孩子打游戏、女孩子聊QQ的情况，就会有所好转。当然，学校教育和家庭教育怎么样引导学生健康上网，正确地运用网络，这本身也是我们新教育实验在探索的一个问题，我们的教育数码社区希望在这个方面能够有所探索。事实上，我们有很多的教师和学生，完全是在网络上成长起来的，像浙江有一个叫何一萍的老师，她的女儿网名叫海灵，她就是一个在网络上快乐成长的女孩，她本来讨厌作文，现在变成了写作的高手；本来是比较孤僻的女孩，现在变得非常阳光。这是网络给她的。她和她妈妈最近出版了一本书，叫做《一个教师和她的女儿的网络成长故事》。这件事就说明网络同样也可以帮助人成才。

一天一地一广仔：请问朱教授，今年两会在民办教育方面您有什么提案？

朱永新：这次在民办教育上我有两个提案和一个大会发言，一个是关于民办教育企业法人性质的问题，我们觉得民办教育应该是事业法人；第二个是关于全面停止名校办民校的建议。

各位网友，时间过得非常快，又到了跟大家说再见的时候了。因为我是强国论坛的老朋友，也是各位网友的老朋友，所以大家有时间还可以到我们的教育在线网站，到我的博客去访问，我在那里还可以继续和大家见面。非常抱歉，很多的问题都没有时间来回答，我们有机会再进一步交流。谢谢大家的参与，再见。

推进文化走出去

2011年1月26日
媒　体：人民网

朱永新： 各位人民网的老朋友，大家下午好，非常高兴再一次来到人民网和大家交流。不过，这一次不是谈教育，是谈文化。

余乐： 民进选择“文化走出去”作为重点调研专题，是出于什么考虑？

朱永新： 有三个重要的原因。

第一，“文化走出去”作为一个国家的战略，党和政府高度重视。实际上从十四大开始提出经济走出去，十四大报告提出发展外向型经济以后，“文化走出去”问题就同时提出来了。所以，2003年12月，胡锦涛总书记在全国宣传思想工作会议上就明确提出要大力发展涉外文化产业，积极参与国际文化竞争。总书记讲话以后，李长春同志在会议上也明确提出了要支持和鼓励我国文化产品的出口，形成对外文化交流的文化品牌，不断扩大我国文化产品的国际市场份额，逐步改变文化产品出口严重逆差的局面，积极拓宽对外文化交流渠道，在发挥政府主导作用的同时，充分调动各部门、各地方、各文化企业和民间团体的积极性，逐步形成政府交流和民间交流并举，积极引入商业运作机制的新局面。

2005年10月，胡锦涛同志在十六届五中全会上明确提出社会主义先进文化的建设要加快实施文化产品走出去的战略，推动中华文化走向世界。2006年9月，《国家“十一五”时期文化发展规划纲要》也提出抓好“文化走出去”重大工程项目的实施，初步改变我国文化产品贸易逆差较大的被动局面，形成以民族文化为主体，吸收外来有益文化，推动中华文化走向世界的文化开放格局。

胡锦涛总书记在第22次中央政治局集体学习的时候也进一步强调，不断增强我国文化软实力和国际竞争力。刘云山同志前不久在第六次中越两党理论研讨会上指出，文化体现出一个民族最深层的精神积淀，反映了一个执政党的理想追求，文化是一个政党、一个国家的精神旗帜。

所以我觉得，文化走出去，是党和国家领导人一个非常重要的、殷切的期盼。另外，温总理在十一届人大三次会议的政府工作报告中也把文化提到了非常高的高度。温总理指出，国家发展、民族振兴不仅需要强大的经济力量，更需要强大的文化力量，文化是一个民族的精神和灵魂，是一个民族真正有力量的决定性因素，可以深刻影响一个国家发展的进程，改变一个民族的命运。解放思想、改革开放的时代精神已经成为推动社会前进的先进文化力量，使中华民族充满生机与活力。温总理提出要重视加强文化建设，继承、弘扬中华民族的优秀传统文化，借鉴和吸收世界各国的文明成果，建设中华民族的共有精神家园。

第二，和我们经济走出去相比，相对来说，文化走出去的现状令人担忧。最近这些年来，经济走出去，尤其是中国制造，已经在全世界非常有影响力，但是，相对于经济的顺差，文化走出去的力度还是非常不够的。我这里有一些数据。韩国安东大学文化产业专业教授金时范前不久在一次论坛里面讲到，人口不到 6 500 万的韩国，文化产业的输出已经远远走在了中国的前面。2009 年，韩国网络游戏出口额是中国的 10 倍，电影的出口额是中国的 7 倍，新闻出版、电子音像、艺术品产业的对外输出也走在中国的前面。文化领域的贸易逆差和经济领域的贸易顺差，对比也很明显，以图书为例，2008 年我们引进了图书版权 15 776 种，而同期输送的图书版权只有 2 440 种，2007 年我们图书期刊进口是 2 亿美元，但是我们的出口只有 3 700 万美元，以至于英国的前首相撒切尔夫人曾经讲过，中国不会成为世界大国，因为中国出口的是电视机，而不是思想观念。我们要真正成为世界上的大国，光出口电视机是不够的，光出口经济产品是不够的，我们的思想、我们的观念、我们的文化也应该走出去，应该汇入世界文化的海洋之中。

第三，我们民进自身的特点。我们民进是以教育、文化、新闻出版界为主体的参政党。多年以来，民进为国家的文化建设、文化发展做出了自己的贡献。我们的创始人里面有很多就是文化名人，比如，冰心、叶圣陶、柯灵、郑振铎、傅雷等。就拿去年来说，去年中国发生了很多重要的文化事件，都和我们民进有着非常密切的关系，比如亚运会总导演陈维亚是我们民进的会员，世博会中国馆的副总设计师倪阳是我们民进的会员，获得中国社会责任奖的冯骥才主席是我们民进中央的副主席，《唐山大地震》的主演徐帆、《第一书记》的主演杨立新都是我们民进的会员。其他还有很多，比如邓婕、张帆等等，我们民进有一大批活跃在全国文化界的会员。所以，为国家的文化事业做出我们的贡献，建言献策，是我们责无旁贷的任务。

鉴于这三个原因，民进中央选择把“文化走出去”作为重点调研的专题。

征西大将军左宗棠：你们调研时，地方政府积极配合吗？请谈谈这次调研的基本情况。

朱永新：应该说，这次调研得到了地方政府非常密切的配合。这一次我们由全国人大常委会副委员长、民进中央主席严隽琪，全国政协副主席、民进中央常务副主席罗富和亲自带领我们的民进中央调研组在2010年5月7日到15日，分别在浙江杭州、温州、宁波三个地方进行了为期9天的调研。在宁波、温州、杭州召开了4场规模比较大的座谈会，省政府和有关部门的负责人、国有文化单位和民营文化企业的负责人、文化产业的研究专家参加了座谈。另外，我们在杭州、宁波、温州3个城市实地考察了15家国有和民营文化企业。同时，严主席、罗主席和王佐书副主席还分别带队在北京、湖南、广东、辽宁、重庆进行了实地调研，并且委托上海、江苏、安徽等省级民进组织在本地进行了调研。所以，这一次的调研应该说得到了地方非常密切的配合和支持，尤其是在浙江和北京。在北京，我们专门调研了两次。

mztyhao：调研发现了什么问题？你们提出了什么建议？

朱永新：主要存在这样的问题：第一，从国家层面讲对“文化走出去”的战略还缺乏一个总体的规划，没有明确的中长期的发展目标、政策支持体系、重点任务和工程，没有实施的路线图。尽管各地在发展文化产业、推进文化走出去方面做了大量工作，但是在战略思想上、目标上还不够明确，中央和政府的责任和目标也有待于明晰。

第二，政府之间的配合还有待于进一步加强和协调。国家层面有多个部委负责“文化走出去”，我们国家文化是由文化部、广电总局、新闻出版总署各个部门多头管理，这些部门还需要加强他们之间的协调、配合，因为现在没有一个总体的协调机构，所以，有一些行业、文化单位往往各自为政，在走出去的过程中，没有形成整体合力。比如，在国外华人比较多的地方，春节演出的“撞车”现象比较严重，国内的一些演出团体为了拿到合同，大家竞相压低演出价格；出版单位在出口的时候也是相互压价，版权进口的时候相互抬价，导致出版物出口的价格下降，版权进口的费用上升，最后渔翁得利。

第三，“文化走出去”的具体政策措施还有待于完善。尽管国家最近几年先后出台了一些鼓励文化出口的政策，但是还没有形成相对完善的对外文化贸易的政策扶持体系。浙江有一个文化企业讲得很形象，说现在是处处有高压线，就是不带电。我们需要在资金的支持、税收的减免、审批的程序等方面加大支持的力度。现在资金方面，文化企业因为是无形资产比较多，实物资产比较少，所以贷款很难，经费上支持比较困难。在税收减免方面，近年来，文化产品的出口退税逐步降低，比如书报从17%降到13%，现在又降到了11%，税收出口退税比较低。审批程序也非常复杂，因为文化产品和服务出口审批程序比较繁琐，有些国外演出档期又很紧，文化产品交期比较明确，所以，有的时候会影响对外文化演出、对外文化交流。部门的规章和相关政策衔接配套还不够，省级以下的地方性的扶持政策和具体实施措施还有待于进一步制定与完善。另外，文化产业监管的分类标准、指标体系，文化资产的评估办法，也有待于进一步建立和完善。

第四，“文化走出去”的平台和渠道还有待于进一步整合和拓展。现在文化交流项目大部分是政府主导的非营利项目，所以，送出去的多，卖出去的少，基本上是送出去的，即使为数不多的商业演出，由于我们前面讲的几大原因，商业运作的渠道、手段比较落后，收入水平很低，2009年境外演出16 373场，商演的收益只有7 685万元，平均每场不到5 000元钱。这个水平相对是比较低的。有人统计过，我们国家的文化演出，海外演出价最高的杂技、芭蕾舞每场只有3万美元的收入，而柏林爱乐乐团在上海演出价每场33万欧元。我们全部海外商演年收入只有7 685万美元，不到1亿美元，这个收入还不到加拿大太阳马戏团一年的海外演出收入，人家一个剧团就相当于我们整个国家的海外演出的商业收入。这是很有问题的。

另外，我们的商业化程度比较低，平台渠道比较狭小。比如影视，目前影视比较畅通的渠道只有长城平台和参与影视的交易展，版权的输入、输出处在一个比较低的水平，还没有建立起一套成熟、有效的海外市场的营销系统。民间的文化机构也太少，数量少，规模小，而且缺乏真正懂得国际市场又懂得中国文化艺术的国际展演的经纪机构和经纪人。同时，还有一个很大的问题，我们在文化的交流方面缺少比较优秀的翻译，因为文化产品和经济产品不一样，它需要通过翻译进行转换，除了一些非语言类的文化艺术以外，比如图书、话剧等等都需要语言的桥梁，翻译是中国“文化走出去”的一个重要桥梁，目前也是一道重要屏障。我们的文化能否走出去、能走多远，在很大程度上取决于我们能不能用地地道道的外文、用外国人理解的方式妥帖地表达我们文化的内容。所以，到目前为止，我们的“文化走出去”的确是面临着非常严峻的现实。

为了更好地推进“文化走出去”战略，民进提出了如下建议：

一、制定“文化走出去”战略规划，明确“文化走出去”的战略目标和战略重点。

从国家层面来讲，要结合“十二五”规划的制定，科学编制“文化走出去”的战略发展规划，并作为“十二五”期间文化建设的重要战略任务来部署。规划中要明确“文化走出去”的中长期战略目标，明确政策导向和重点工程、重点任务，列出路线图和时间表。要结合我国文化多样性、发展多阶段的特点，合理选择我国文化贸易的目标市场，明确国家与地方、东部沿海与中西部地区，以及边疆省份的分工和任务，做到各有侧重，各有目标，避免重复建设和不良竞争。国家要注重从全局层面疏通渠道、搭建平台、整体推进，地方则注重内容建设，提供有地方和民族特色的文化产品和服务，打造一批具有国际影响力和竞争力的文化企业。

此外，要把中国哲学社会科学“走出去”作为“文化走出去”战略的重要内容，推动具有中国特色、中国风格和中国气派的社会科学理论，对当前中国问题的跨学科深度研究成果以及中国优秀哲学文化传统走向世界。

二、理顺文化管理体制机制，加强对文化事业和文化产业的组织领导。

加强对外文化贸易的体制和机制建设，发挥政府强有力的调控和推动作用至为重要。为加强对这项工作的领导，国务院建立了以文化部为牵头单位的“对外文化工作部际联席会议”，但其对部门工作的整合力度还有待加强。建议该部际联席会议由国务院分管领导牵头，以加强协调整合力度。在省市层面，应建立由分管领导牵头，相关部门参与的“文化走出去”协调机构，领导和管理全省“文化走出去”工作。

三、加快海外中国文化中心建设，建立对外文化宣传阵地。

建立海外文化中心是世界上很多国家，特别是西方国家的通行做法。美国、英国、德国等在世界上都有上百个文化中心，其传播本国文化和价值观念、塑造国家形象的作用是不可替代的。我国已在非洲、欧洲和亚洲的 9 个国家建立了中国文化中心（南北美洲和大洋洲尚无中国文化中心）。据了解，目前已经在建、商建和提出希望建设中国文化中心的还有将近 40 个国家。

海外中国文化中心要根据我国外交的总体需要，加强与驻在国文化机构的合作，面向国外主流社会，以展示我国悠久文明和当代经济、文化建设成就为主要任务。

在建设布局上，要以欧美和周边国家为重点，辐射广大亚非拉国家，以形成海外中国文化中心网络。要解放思想，探索建设中国文化中心的多层次、多方式模式，加快中国文化中心的建设步伐。就层次来说，可以官方、半官方、民间并存；就方式而言，可以和当地友好组织合作举办文化中心。

四、完善文化产品出口的配套政策，进一步加大扶持政策的实施力度。

从国家层面来讲，已经制定出台了一些有利于文化企业“走出去”的经济政策，但还需要将相关配套政策进一步完善和落实到实处。

近期，应着重加强以下几项工作：一是完善相关法律法规体系，以法律的形式明确政府、社会组织和个人建设文化事业的责任和义务，为推进“文化走出去”提供法制保障；二是研究制定文化产品、文化资产评估办法，尽快建立文化企业无形资产评估体系，促进文化产业和金融资本对接；三是建立文化产业分类标准、数据统计体系，以及对外文化贸易数据库，为政府制定政策和企业决策提供服务；四是简化审批程序、放宽审批条件，对从事文化产品和服务出口的文化企业的销售人员、演出人员，在办理出国（境）手续上，可实行一次审批、全年有效的做法。

五、整合、拓宽渠道，建立国际市场的营销网络和“走出去”服务平台。

从国家和省市层面讲，要为推广我国的文化产品做好宣传、服务工作。一是要加大政府牵头、文化企业参加的各种国际和国内的展会的力度，多组织和参加一些像中国（深圳）国际文化产业博览交易会、法兰克福书展这样的大型展会和活动，以提高中国文化产业在世界范围内的知名度；二是要充分发挥中国驻外文化机构（包括使领馆文化处）的作用，为国内文化产品和项目牵线搭桥，进行各国和各地区文化环境、广告政策、媒体结构关系、消费者喜好倾向的调查研究，定期出台“企业投资海外文化产业指导目录”，为文化企业投资海外提供导向和指南；三是建立健全行业协会，推动国内文化产业机构与海外中介机构的合作，包括国际专业会展机构、经纪代理机构、专业刊物等，与其建立合作伙伴关系，对已经过市场检验的优势项目，不仅要进行商业运作，而且要大胆尝试虽有风险但收益更大的运作方式。还可借助现有海外华人文化传播资源，采取投资、合作、参股等方式，经营各类海外中国文化城、中国书城等，建立文化产品国际连锁经营网络；四是以国家财政支持的方式成立文化产品编译工作室，为文化产品提供高水平、高性价比的编译服务。

铁饭碗时代落幕：好像朱永新嘉宾也是个“文学青年”，“围脖”更新频率很高。

朱永新：我不是文学青年，我已经是文学中老年了。我们已经进入了这样一个网络时代，所以，通过网络参政议政，通过网络了解民意，通过网络和大家交流，是我的一个很重要的学习方式和工作方式。我不是为写作而写作，更不是为文学而文学，实际上我是把网络作为我参政议政的一个助手，作为我参政议政的一个管道。通过网络，我汲取了很多信息，汲取了很多智慧，也了解了很多民意，为我思考问题、研究问题、提出问题提供了非常好的基础。

头发中分一次：请问嘉宾，文化走出去，不如文化请进来。西学东渐上百年，文明之风逐渐盛，走出去和请进来哪个重要呢？

朱永新：文化走出去和文化请进来同样重要，不应该厚此薄彼。但是从目前的情况来看，因为我们文化方面的逆差情况太严重了，在肯德基、麦当劳、牛仔裤纷纷走近我们的时候，随之而来的是美国的文化。但是在我们的衬衫、鞋子走出去的时候，我们的文化没有同时走出去。我们文化走出去的力度还不如邻国韩国、日本。所以，从目前的情况来看，一方面，我们要坚定不移地走改革开放的路线，吸收、引进世界各个国家的优秀文化，借鉴和学习那些人类文明史上优秀的东西，学习和借鉴世界各个国家的优秀文化；同时，非常重要的是，要加大我们国家“文化走出去”的力度，事实上我们国家文化走出去的根本就是温总理提到的，我们怎么样去建设我们自己的文化，因为温总理讲，文化是我们这个民族的精神和灵魂。要让文化走出去，首先我们自己应该有一个强大的文化，我们要有中华民族自己的精神家园，要有中华民族自己的核心价值。作为一个有着两千多年儒家文化传统的国家，要把我们的优秀传统文化变成我们民族的信仰，变成我们民族的精神。如果没有这样一步，我们的文化走出去的恐怕仅仅是形还不是神。所以，“文化走出去”的前提是我们国家的文化建设。在这个意义上来说，我觉得中华文化强大了，走出去的步伐自然会加快。所以，我觉得这两者是相辅相成的。

茉莉姐姐：中国的春节除了吃，还能从文化的角度再加点什么新的内容呢？

朱永新：我记得冯骥才先生写过一篇文章谈春节文化的问题。春节文化或者春节本身，实际上是中国文化的非常重要的代表，当然它远远不止是吃的问题，远远不是年三十的聚餐。它代表着中国人的一种乡情，代表着中国人的一种感恩，代表着中国人的一种家庭的精神。春节，数亿人回家，这在全世界任何一个国家都是没有的现象。现在春运一票难求，机票、火车票、汽车票一票难求，难道大家仅仅是为了回家而回家吗？实际上并不是如此，它是一种文化，它是几千年来积累下来的一种文化，这种文化有很多仪式作为载体。年三十的家庭聚餐是文化，春节的春联是文化，年画是文化，尽管现在年画越来越少了，但是我们现在还在写春联、送春联。“爆竹声中一岁除”，爆竹也是一种文化。所以，春节文化，凝聚着中国人的很多传统、中国人的很多期盼、中国人的很多价值。有家才有国，有国才有家，春节回家在一定程度上反映了中国人的家国理念，反映了中国人的感恩情怀。

自命不凡1961：请问嘉宾，中华文化博大精深，这样的文化土壤并不贫瘠，但为什么孕育不出一位诺贝尔文学奖获得者呢？

朱永新：第一，据我所知很多优秀的中国作家和诺贝尔文学奖擦肩而过，包括沈从文先生。第二，诺贝尔文学奖本身是以英语译介作为平台和媒介的，西方这些评委了解中国文学的渠道是非常有限的，不像西方的作品，西方的作品很多直接用英文写，其他语种和英文也很接近，所以西方的评委们、文学界也容易理解，容易接受，而中国文化是一个非常特殊的体系，用汉字写出来的东西，经过英文的转译以后，本身的韵味就受到了很大的影响。比如我们的唐诗、宋词翻译成英文以后，很难达到原来的境界。我们汉语书写的很多优秀的作品，通过语言转换以后，它的魅力本身也会受到很大的限制。所以，我觉得这是一个很重要的原因。我们缺少老一代那样非常优秀的翻译家，比如傅雷、钱锺书、杨宪益等，而国外的汉学家对中国著作翻译的力度又不是很强，不是很大。所以，我觉得我们也不要太把诺贝尔文学奖当一回事，关键是我们的作家怎么样能写出能够反映这个时代的精神的、让人们爱不释手的、激励我们的年轻人奋发向上的作品，比如《平凡的世界》这样优秀的作品，这是最为重要的。

天下公平：嘉宾您好！请问什么是“文化走出去”战略？咱们自己的文化走进来（即走进寻常百姓家）推进得如何？

朱永新：“文化走出去”的战略，首先意味着要把文化纳入国家发展战略，给予高度重视。因为过去我们往往看重的是经济实力、军事实力这样的硬实力，而忽略了文化这样的软实力，所以我觉得要树立以文化安全、意识形态安全为核心的“新文化安全观”。“文化走出去”实际上不仅仅是一个文化战略，也是一个政治战略。作为一个政治战略，“文化走出去”是中国参与全球化时代话语权争夺的重要举措。

“文化走出去”战略包括三个方面：一是有形的文化产品，比如电影、文学作品，包括我们的演出；二是文化服务活动；三是无形的文化价值。前面两个还比较容易做，最后一个是最难的，就是怎么样在境外传播和展现我们中国文化的核心价值、当今中国社会的主流文化价值，即我们社会主义的核心价值体系，尤其是体现这些价值的那些文学作品、艺术品、社会科学的一些成果。

自己的文化走进来，走进寻常百姓家，是我们国家公共文化建设的问题。也就是说，政府怎么样提供更多、更好的文化产品，把提供公共文化产品作为我们的基本公共文化服务，尤其是让更多的边远地区的、农村的人们也能够有文化的享受，这是一个很大的问题。从过去的情况来看，我们知道，真正能够享受到的文化产品，比如看演出、看话剧、看电影、看图书，这些最好的文化资源往往都集中在城市，但我们国家这些年来在推进国家公共文化建设，比如农家书屋工程、村村放电影工程等等，都有助于真正的文化走进寻常百姓家。现在是信息时代、网络时代，文化已经越来越打破了过去传统的资源垄断的格局，人们可以更平等地分享文化资源。比如网络，现在很多影视作品、文学作品、艺术作品都在网上，在这个平台大家已经人人平等了。我们接下来要推动农村的公共图书馆建设、农村文化中心的建设，让老百姓在家门口就能看到最好的电影，看到最好的读物，享受到最好的文化娱乐活动，这是文化走进寻常百姓家的非常重要的标志。

政府应做背后推手，充分发挥民间组织在“文化走出去”中的主体作用

想唱就唱：国内“文化走出去”做得比较好的地方有哪些？您能举一两个典型例子吗？

朱永新：做得比较好的地方有很多，比如浙江。浙江最近这些年来对外文化交流开展得很扎实，对外文化演出精彩纷呈，对外文化贸易稳步增长，对外文化传播成果喜人。据统计，仅仅2008、2009两年间，浙江全省就有对外、对港澳台交流的项目1 062起，9 242人次；出口电影、电视剧、动画片、纪录片2 022部集，占全国影视和动漫节目出口总量的20%。全省文化产品和服务出口贸易额近39亿美元，年均增长速度达到21.33%，文化产品和服务出口遍及180多个国家和地区，与100多个国家进行了文化交流活动。

另外，浙江省各级政府在主动搭建文化交流和文化贸易平台、拓宽浙江文化企业“走出去”的渠道、打造浙江文化品牌等方面，有很多创造性的做法，并且取得了很好的效果，如，浙江电视台国际频道的“连线浙江”、“世界摄影家看浙江”、“外国人写浙江”等活动，以及在杭州西溪设立“艺术大师工作室”和“大师村”等举措，让世界了解浙江，让浙江走向世界；义乌文博会，以“中国制造”走出去的渠道，实施中国“文化走出去”；杭州国际动漫节，抢占国际化程度较高的、文化业态较新的动漫产业制高点；发挥侨乡优势，广泛动员海外人脉资源，积极争取文化企业在海外设立分支机构，促进中国“文化走出去”；发挥浙江地方文化资源优势，开展形式多样的境外文化展演活动；积极开拓非洲、拉丁美洲等非热点地区、非热点语种的文化市场；倾力打造“小百花越剧团”、“水木动画”、“中南卡通”、“宋城千古情”等文化品牌。

E政案第8946号：您如何看待我们生活中语言文字盲目模仿西方的“英语化”现象？请问：我们应该如何让中文“走向世界”？

朱永新：这是一个非常好的提案，中文是世界上一种非常特殊的、非常美丽的、有着深刻内涵的语言。语言当然需要发展，所以，在世界文化加速交流的背景下，中文自身的发展是必需的。但是中文自身一些规律、自身的一些特点，包括中文自身的纯洁性，怎么样去维护，我觉得的确是一个问题。所以，我也不赞成现在在我们的很多媒体中，包括在影视作品中，动不动就加上YES SIR 、MY GOD等外文语句。新闻出版总署最近也刚刚发了文件，

禁止现在正式媒体中不恰当地、随意地使用外文，包括各种外文简称，比如GDP等等这样的外文简称，尽管大家都懂，但是我觉得毕竟并不是所有人都能够理解这样的含义，所以，我是赞成应该进一步地规范语言文字的使用的。

mztyhao：请问朱主席，“文化走出去”目前还需完善哪些机制？

朱永新：关于“文化走出去”的机制，我刚刚在讲到“文化走出去”建议的时候实际上已经讲到了，尤其是我们的对外文化贸易的体制和机制的问题。我觉得，还有一个很大的问题就是我们的“文化走出去”对于民间的非官方的渠道重视不够。美国哈佛大学教授约瑟夫纳讲过，大部分被认为美国软实力代表的作品都不是美国政府的机构做的，而是来源于非政府机构，从好莱坞到哈佛都是如此。而且一个机构越是被认为是政府的分支，它的信任度就会越低，我觉得我们现在很多的国家形象片，我们国家的很多孔子学院，应该更多地鼓励民间的力量，用民间的声音、用民间组织的形象出面。总而言之，要进一步发挥民间组织、社会组织，包括企业在内，在“文化走出去”中的作用，发挥他们的主体作用，政府可以在后面做推手，而不要什么事情全部由政府包揽包办，走在前台。

强国一派：中国有什么可以拿得出手的文化资源吗？别到头来钱也烧了，文化也没走出去，落得个鸡飞蛋打。

朱永新：中国当然是一个文化传统非常深厚的国度，而且中国文化的一些基本价值在当今并没有过时。我记得叶小文曾经举例讲过，西方现在推进的是“三片文化”：大片（电影大片）、薯片、芯片。美国的大片控制着人们的视觉、舆论，美国的炸薯片控制着人们的胃，美国的电脑芯片控制着人们的创造性和文化安全。实际上还有药片。美国是“三争文明”：人际之间的竞争、群体之间的竞争、国际之间的战争。而中国文化的理想是“大道之行，天下为公”，是“三和文明”：家庭和睦、社会和谐、世界和平。中国人的天下观是“各美其美，美人之美，美美与共，天下大同”。所以，中国更多的是强调和谐，中国文化很多优秀灿烂的东西，在这样一个动荡和竞争的世界中，非常值得提倡。

自命不凡1961：请问嘉宾，文化要走出去，就应该淡化政治色彩，让作家在一定的限度内自由畅想，这能做到吗？

朱永新：文化在一定程度上和政治、和意识形态是不可分割的，但是这并不意味着我们的文化就会限制我们的自由和我们的思想。作为一个作家，作为一个思想家，他在创作的时候，是自由的，我们的宪法也赋予了公民表达个人意见的权利。当然，我们有我们自己的新闻制度，我们对于公开的出版物有我们的价值要求、取舍标准。你这里讲的在一定限度内自由畅想，我想应该是没有问题的。

建设孔子学院对于中国文化的输出有一定的积极意义

一天一地一广仔：朱老师，“给力”是一种文化吗？

朱永新：“给力”是一种网络语言。“给力”、“围脖”这些都是当今的网络文化。网络文化以简约、新奇、时髦作为重要的特征。它有利有弊，利的方面就是丰富了我们的汉语，用我们熟悉的字来产生新的词语，赋予它新的含义，形成一种特殊的表达方式，从这一点来说，网络文化丰富和发展了我们自身的语言文化。当然，它也会产生一些糟粕性的东西，或者不太符合语言规律的东西，比如“杯具”，我觉得这个就没有道理，而且会让很多不了解网络文化的人无法去理解它本身的含义，让很多老外苦思冥想也想不出它特定的含义。有一些东西，比如“给力”这样的东西，我觉得是能够理解的，同时，也更加形象。

杜康：请问朱主席，如何把文化体制改革与“文化走出去”战略相结合，推动文化强国建设？

朱永新：谢谢杜康先生，这是一个非常好的题目。建设文化强国，应该成为我们国家的一个重要战略，或者说文化立国应该成为我们国家在新时期的一个非常重要的战略。一个国家如果没有优秀的文化、强大的文化，是不可能真正地屹立在世界民族之林的。

文化的建设和文化体制改革的关系也是非常密切的，文化走出去需要一个好的文化体制的配合。我觉得至少有两个问题是非常值得关注的。

第一个问题，我们国家怎么样推进大文化体制建设？现在我们的文化是多头管理，一个网吧新闻出版总署管、文化部管，一个电子产品也有不同的部门分管，所以有没有可能建立大文化部，或者大文化委员会，整合整个国家的文化资源，来制定统一的文化战略，我觉得这是一个迫在眉睫的问题。现在我们的文化体制改革更多的是转企，如出版企业的转企、院团的转企，这些固然都很重要，但是我觉得还应该有大文化体制的建设问题。这也是我这些年来一直在关注和呼吁的问题。比如日本，它就有一个大文化部——文部省，连教育都一起管。把文化分得过细，条块分割，三个和尚，我觉得是不利于我们国家的文化建设的。

第二个问题，我们长期以来习惯于政府统包统揽，所以“文化走出去”的主体往往都是政府，比如到国外去送演出，随着经济的发展，政府资金逐渐宽裕，所以我们更多的是送出去，看上去很热闹，但是并没有真正地产生应该有的效应。所以，我觉得应该更多地发挥民间的力量，调动民间力量参与中外文化交流，政府设置一定的主题，面向国际市场的一个大主题、大战略，让全社会的力量参与进来。“文化走出去”还需要懂得充分利用当代文化推广的新载体。现在的通信、网络、软件、直播卫星、影视，包括微博在内，都是很好的载体。国外的政治要人，比如奥巴马、梅德韦杰夫，都懂得利用现代新媒体推广他们的文化、他们的价值。

人民网记者：您对国外建设孔子学院这种现象如何看？这种“文化走出去”的做法给不给力？

朱永新：建设孔子学院本身对于中国文化的输出是有一定的积极意义的，但是，孔子学院主要定位在中国语言的传播和推广，它和文化部的文化中心全面推广中国文化的性质还不完全一样。事实上，我觉得我们的孔子学院如果让民间的机构去做，政府给予支持，可能会更“给力”。现在有一些媒体认为，我们是在进行文化的“侵略”，有一些国外学者，特别是一些别有用心的人，对我们建设孔子学院持有很多批评的意见。我觉得在下一轮的发展过程中，第一，我们应该更多地发挥国外著名大学、国外民间机构的作用；第二，更多地发挥我们的社会组织、民间机构在孔子学院建设中的作用，政府应该借鉴歌德学院以及其他国际文化机构的做法，更平稳、更深入、更润物细无声地传播我们的语言和文化。

丛林漫步：人民网与全国政协、民主党派合办了“调研访谈”，作为人民网的老朋友，也是民进中央的副主席，您对这个活动如何看？

朱永新：这是一个非常好的创意，所以，在这里首先我想要代表我们全国人大常委会副委员长、民进中央主席严隽琪，全国政协副主席、民进中央常务副主席罗富和，也代表我们民进的近12万全国会员，向人民网的网友们表示问候，新春将至，祝愿大家节日愉快、阖家幸福、万事如意。作为人民网的老朋友，每一年我都会来到人民网和大家分享、交流，每一天我都会在人民网发微博和大家交流，看强国论坛，了解民生民意。来到人民网，就像回到自己的家一样。

“调研访谈”这个栏目做得特别有意义，因为长期以来，民主党派作为参政党，在参与国家的政治事务，在建言献策等方面，做了大量的工作，尤其是每一年的大调研，比如这次“文化走出去”就是大调研的一个题目，应该说，动用了民进全会的力量，得到了有关部委和省市的大力支持，最后形成我们的建议给中共中央，这些过去往往在内部，就是民主党派自己知道，执政党知道，但是社会不知道。所以，我觉得这个栏目让更多的人了解了民主党派参与国家建设、为国家发展建言献策的作用。在一定程度上来说，这个访谈也给了民主党派一个亮相的新的平台，也是让公众走近民主党派的一个非常重要的渠道，同时，也是让民主党派去更清晰地意识到自己的使命、更全面地了解社情民意的一个窗口。这是一个非常有创意、非常好的栏目。我建议这个栏目能够长期化，我也建议能够邀请更多的民主党派的领导人、专家、学者和公众同人民网网友进行交流。民进有一大批非常优秀的学者，比如去年获得中国社会责任奖的冯骥才先生，他在抢救民族民间文化遗产方面做了大量工作。我们的副主席张帆两次得过鲁迅文学奖。我们的前副主席、著名的作曲家王立平，最近正投身创作《红楼梦》歌剧的紧张工作中。我们的冯小宁，著名的导演，他正在筹拍新的《甲午海战》。还有顾长卫，他刚刚和他的夫人蒋雯丽一起完成了一个关于艾滋病的公益电影。很多很多精彩的故事，都可以通过人民网和大家一起分享。

和大家相约的时间已经到了，我想我们今天就聊到这里，我期待着在不久的两会中我还会来到这里和大家进一步地交流，期待着我们在人民网再见！

文化改革的思考

2011年3月2日

媒　体：搜狐网

主持人： 网友好，这边是两会嘉宾聊天室，今天有幸请来的是朱永新委员。

朱永新： 各位网友大家好！

主持人： 您一直在关心教育问题，您预测今年教育改革的方向大概是怎样的？

朱永新： 去年《国家中长期改革和发展规划纲要》颁布以后，教育改革方向是比较清晰的：第一是推行教育公平，让整个国家的百姓享受更加优质均等的教育公共服务，使教育发展更加均衡化，更加可持续发展；第二是提高质量，尤其是高等教育、中等职业教育、技术教育进一步提高质量。这是教育改革的两个大的方向。

主持人： 刚才您提到教育公平问题，您去年也特别关注农民工子女就学问题，到今年为止这个问题会有怎样的解决措施？

朱永新： 事实上国家对这个问题的政策是很清晰的，就是解决外来人口的读书问题。目前最重要的还是要尽快出台相关政策，因为农民工既然已经在城市里工作和生活了，就不仅有生活的权利、工作的权利，他们的子女也应该有受教育的权利。

主持人： 具体法规执行有时会遇到现实的困难，比如虽然规定了农民工子女可以在北京、上海这样的城市入学，但是确实有些学校会以一定的理由拒收，有没有可能采取一些措施避免这样的事情发生？

朱永新： 最好的办法是通过立法来解决这个问题，比如进一步修订《义务教育法》，用法律规定如果不能提供这样的服务，就是违法行为。但是现在我觉得首要问题还不是法律，而是教育资源，因为这些年来，我国的整个教育资源是短缺的，尤其是优质的教育资源短缺。在北京这样的城市这个问题也是比较突出的，比如说幼儿园，我们全国的幼儿园入园率是55%，农村是35%，北京这样的城市大概还有40%左右的孩子无法进幼儿园。这就非常迫切地需要采取措施来增加供应，建设更多的幼儿园、更多的学校来满足需求。

如何保障教育经费4%落到实处

主持人：好像一直有这样的目标，教育的投入要达到GDP的4%，现在有没有达到？

朱永新：目前还没有，2010年是3%多一点，我国的目标是要到2012年，争取达到4%。

主持人：会有这样的声音，说投资铁路，还有大型公共建设可能收到立竿见影的效果，会拉大内需，投资教育没有这样立竿见影的效果，你对这样的声音是怎样的看法？

朱永新：这是一个认识问题，也是一个国家价值观很重要的体现，长期以来，我们一直满足于经济的快速成长，相对经济来说社会事宜滞后了。教育、文化、社会保障的投入相对来说还是不够的，这样就导致了我们一条腿短，一条腿长，经济发展各种指标都很好，很有地位，而在教育、文化、社会保障上的投入仍然不够。

主持人：您在《给中国教育的100条建议》中提到了要落实教育经费问题有三条防线，这个防线具体是指什么，怎样实施？

朱永新：国家早就提出教育投入明年要达到GDP的4%，但是这个目标在20世纪90年代初期就已经提出过，二十年过去了，我们没有实现，没有实现的原因就是没有保障。

我提出的三道防线，第一道防线就是过去讲的三增长一优先，我们的基础教育投入经费要增长，公用教育经费要增长，教育经费的增长要超过财政收入的增长，教育发展优先，这是一道防线。这些年来很多城市的这个数据是下降的，这就很难保证国家对教育总的投入达到GDP的4%。

第二道防线是教育支出占财政支出的20%。4%是整个国家的指标，到省级城市，地级城市就无法落实了，因为有一些贫困的省、贫困的市、贫困的县，这个数字可能会占到20%，甚至更多，而有些富裕的城市可能只占2%、3%，因为各个地区GDP的基础不一样。所以我提出，教育支出要占财政支出的20%，而财政在GDP的比重大约也是20%，两个20%相乘就能确保4%。拿财政支出的20%来说，政府如果花十块钱就有两块钱是用在教育上，如果每个省都做到了这一点，咱们国家教育经费占GDP的比重肯定就超过4%了。

第三道防线就是一直说的教育支出占GDP的4%。如果有了前面两道作为基础的话，尤其是教育支出如果能占财政支出的20%的话，这一条防线就能实现了。

学前教育是所有教育问题中最迫切的

主持人：您的设想和规划都很好，但是有没有实现的可能？或者说迫切需要解决的教育方面的问题是哪个？

朱永新：目前百姓呼声比较高的，也是这一次《规划纲要》当中一个重点问题，并且国务院专门开电视电话会议加以全面部署的就是学前教育问题。现在全国适龄儿童的入园率是50%左右，所以国家要求所有中心乡镇建设幼儿园，加强对幼儿园建设的布局，满足大部分孩子能够上幼儿园的要求。目前这是当务之急的问题。

过去很多企业、厂矿、机关的幼儿园随着企业的改制、机关的改革都关闭或缩减了，总的幼儿园数量这些年来没有很大的增长。而接受幼儿教育的要求又越来越强烈，大家都不希望孩子输在起跑线上，要上好大学就要上好高中，要上好高中就要上好初中，要上好初中就要上好小学，要上好小学就要上好幼儿园，竞争压力层层往前移，导致现在幼儿园竞争越来越激烈，还出现了所谓的天价幼儿园，在北京就有一个月学费一两万元的幼儿园。

主持人：国家的中长期教育规划意见，您最关心的是什么？

朱永新：中长期教育规划现在已经颁布了，接下来就是怎么实施的问题，这是一个很好的蓝图，好的蓝图还要变成好的施工图，要有好的人去施工，同时为了保证施工质量，还要有好的人去监督，这才是一个好的流程。

我们经常会有很好的计划，但是没有很好的落实，所以我觉得关键的问题是落实。高考制度改革也提出了一些方向，大学的改革也提出了很好的方向，怎么去沿着这个方向往前走，我们需要的是行动，我觉得现在最缺少的是行动的精神。

大学去行政化首先是大学领导去学术化

主持人：您刚才提到了去行政化的教育改革，这也是大家特别关心的问题，去年朱清时创办的南方科技大学进行了一场去行政化的改革，对这个改革您是怎么看的，他们的经验是否可以被其他学校借鉴？

朱永新：前段时间我专门写了一篇文章《为朱清时加油》。办学的关键是要有有理想的教育家，大学要有有理想的大学校长，中学有有理想的中学校长，幼儿园有有理想的幼儿园园长，朱清时就是有理想的校长。我们既然选择了他，就应该给他充分的空间，给他充分的自由，他不会轻易辜负这样一种期待和希望。朱清时整个改革的思路，包括导师制、书院制等等，都是和国际接轨的，也都是符合教育的内在规律的，在当前的中国需要这样的探索。

主持人：我们采访很多校长时他们也曾说去行政化的改革是必然的趋势，在目前的情形之下，有没有淡化行政色彩的具体措施？

朱永新：行政化最大的问题不是行政化本身，是行政化影响了学术的发展，影响了学术的自由。

现在的大学里有两股力量，行政的力量和学术的力量。当行政的力量干预了学术的力量，当行政的资源瓜分了学术的资源的时候，就会影响到学校的品质。有一个很不好的现象，在大学里面必须要拥有行政的权利、行政的资源才能得到奖，才能得到项目，才有晋升的资格，才有各种各样的资源。这个问题的背后是行政资源控制着、瓜分着、支配着学术的资源。所以我觉得首先需要的，就是将行政资源和学术资源做一个隔离，也就是说，做行政的人就不要做学术，大学校长在做校长期间，就不要去评奖，不要去拿项目，不要去评职称。官不和民争，校长不和老师去争资源，而仅仅是做服务性的工作。

大学校长应该是一种荣誉性的职务，是对德高望重、学术性强的学者的肯定。这时候校长为大家服务，当然可以享受很好的待遇，但是不要再去控制学术的权利，而仅仅是单纯的服务。

大学的去行政化首先是大学领导人的去学术化，现在大学里面有一种现象，大学里的行政人员都要评职称，都要评研究员。有的人是做服务工作的，让他们也去做学问，也去写文章，是不现实，也是没有必要的。大学里面的职员，薪水应该根据工作年限、工作态度、工作绩效不断增加。老的行政人员，服务年限比较长的，职务比较高的，同样也可以有很高的收入，不低于教授就行了。现在大学行政人员有两条路，所有的好处他都得到，而教授们只有一条路，所以大学对教授、对做学问的人是不公平的，大学里放不下一张安宁的书桌，所有的人削尖脑袋要当系主任，要当校长，这个方向就错了。

主持人：我其实比较关心如何实现去行政化，比如说是必须校长从上而下的改革，像朱清时这样自己去深圳办一个学校，还是从下而上的改良运动？

朱永新：中国只有一个朱清时，不可能期待很多很多的朱清时，还是需要一种机制——校长的遴选机制，不能所有的校长都是自上而下的任命制，应该由教授们来选校长，当然党委可以考核校长的政治背景、服务精神，而对校长的人格、学术，则是通过设立考评委员会，采用比较好的遴选机制，让这些校长不仅仅是对上负责，同时也要对下负责。

我支持高校自主招生

主持人：只有有了好的制度的保证，才能实现比较好的遴选。对于高校自主独立招生制度您怎么看？

朱永新：我欢迎也支持高校自主招生，因为这是一个方向，也是高校最终能够办出特色、办出高水平的一个途径，一个努力的方向。没有高校招生的自主权，就没有整个高考制度改革的成功。因为高考制度改革，主要是加大选择性，一个是学校选学生的选择性，一个是学生选学校的选择性。现在这两点都没有。今后的可能，第一是学生可以选择很多学校，有很多学校给这个学生发录取通知书，由学生自己来选；第二，学校可以选择学生，过去高校也没有自主权，我在大学里管过招生，投档的时候根据1:1.2投档，招100个学生就给你120份档案，而且只给你120份档案，只能在这120份里面选，还要求从高分到低分选，如果选了低分的不选高分的要写出理由，如果录取低分的学生，还有可能被投诉。自主招生能给学校一点权利，总的来说是好事情。

主持人：回到今年的两会。去年的两会您特别关心代课老师这样一份提案，今年为止有没有收到关于这个提案的具体回复呢？

朱永新：当时我的提案出来以后，国家很关心，批示给教育部，教育部专门组织了几个调研小组，我也参加了其中的调研，但是到目前为止，教育部还没有拿出一个正式的回复来系统解决这个问题。所以今年我还会继续关注这个问题。这样一群曾经为中国教育做过贡献、做过奉献的人，应该给予关爱。

文化强国应该引起高度关注

主持人：今年除了这个提案之外，您还会提到哪些方面的问题？

朱永新：除了关注代课教师的问题之外，今年我新关注的重点领域是文化问题。随着我国经济的发展，文化的问题应该引起我们高度的关注，所以我提出了几个建议。一个是要把文化立国作为国家战略，现在我们国家战略里面有人口战略，有资源战略，但是没有文化战略，我觉得文化应该作为一个国家战略。我国已经超越日本成为世界第二大的经济大国，这么强、这么大的经济总量，但是我们的文化，我们的文化“走出去”，我们的价值“走出去”，跟韩国这样的国家还无法比。

主持人：您是说文化输出方面吗？

朱永新：对呀，韩国的文化输出，无论是游戏产品，还是电视产品、电影产品，比我们都多得多。

主持人：他们的韩剧对内地的影响比较大。

朱永新：所以我觉得应该有一个系统的思考，我们这个民族的精神家园在哪里，我们这个国家的核心价值体系怎么样去传播，怎么样凝聚我们国人的民族精神，从而让我们真正在文化上站立起来，使我们的国家不仅是经济大国，同时还是文化大国，这个问题应该引起高度重视，这是我提的一个提案。

第二个我提出建议，成立文化大部委。现在管文化的部门比较多，文化部、新闻出版总署、广播电视总局都在管，像网络就是几个部门在管，听谁的呢？网络的内容、体制都受到很大的限制。所以我提出应该成立一个大文化部，或者是大文化委员会来统一管理。

现在管理文化的力量分布在不同的部门，力量分散，资源也分散。同样重要的是，地级市以下已经全部改了。我在苏州做过副市长，文化、广播、新闻出版，在地级市以下全部是三个部门合成一个局了，地级市是一个部门，省级以上是三个部门。既然已经走到这一步了，不妨自下而上整个统一起来，这也是整个文化资源分配的问题，因为三个部门都管，都做自己的建设，都做自己的事情，有利益的大家都关注，有风险的大家都回避，对文化的长远发展是不利的，所以我是主张要建立大文化部委。

第三个建议是文化立法，从立法的角度来说，文化立法相对于其他的经济、民事、社会等方面的立法是滞后的，很多文化活动没有法律依据。比如说图书馆，我国现在没有一部公共图书馆法；比如说电影，我们国家没有电影法。在一个法制性的国家里面，应该靠法律来管理，文化的立法任务很重，但是这些年来，我们在文化事业方面，一共只立了四部法律，其中有两部都是关于文物保护的，一个是文物保护法，一个是非物质文化遗产法，所以我建议文化立法进程要大大加快。依法治国、文化立法的问题也是我们高度关注的问题。当然还有一些教育问题、人才问题的建议。

我们应该用人才护照制度挽留高素质人才

主持人：您刚刚说的人才方面大概是怎样的呢？

朱永新：我这次提一个建议是设立特别人才护照制度。世界上九十多个国家是允许双重国籍的，但是根据我们的法律，如果你拥有美国国籍，就自动放弃中国的国籍。这就导致很多优秀的人才选择了美国国籍，但没有了中国国籍，如果他得诺贝尔奖，就不是中国的，如果他到国内居住，在很多事情上又会不方便。另外也有一些国外的优秀人才，到中国来也不能得到我国的国籍，即使让他放弃他们国家的国籍，得到我们的国籍也很困难。

要我们国家马上全面推广双重国籍也有难度，能不能先试一下，做特殊人才护照，对于那些优秀的人才可以享受双重国籍的待遇。这样吸引海外优秀华人回来，吸引国外优秀的人才到中国来服务，可能是合适的。现在的情况是，如果这些人没有中国的国籍，在中国生活会面临一系列的问题，上学、居住、买房子等等问题都没有办法解决，所以我们应该有一套制度帮助优秀人才更多地到中国来。

给中国教育的建议

2011 年 3 月 6 日
媒　体：新华网

主持人：各位网友大家好，欢迎您收看新华网 2011 年全国两会访谈。今年是“十二五”规划的开局之年，也是贯彻落实《国家中长期教育改革与发展规划纲要》的关键一年。每年全国两会，教育问题都是焦点问题。今天，我们为大家邀请到全国人大常委会委员、民进中央副主席、中国教育学会副会长朱永新，请他谈一谈关于中国教育的思考以及建议。朱主席您好。

朱永新：你好，各位网友大家好。

我对两会有特殊的感情

主持人：您已经是第九年来到全国两会了？

朱永新：对，第九年参加两会，前面五年作为全国政协常委，这次作为全国人大代表。

主持人：我看过您的博客，您去年临离开北京的时候写了一句话“我们心中的两会永远不会结束”，那么您对两会是不是有一种特殊的感情？

朱永新：是这样的，每年两会大家都很关注，两会是全社会的焦点，同时也是意见很集中的时刻，大家有什么希望和建议都能在这个时刻集中呈现出来，媒体这时候也是最关注的。所以每年两会我也都特别期待。

主持人：大家特别关心您今年带来了什么样的议案和建议。

朱永新：这次已经准备了 16 个，初步准备的议案是关于文化立法的问题，作为建议还有把文化立国作为国家战略，建立国家基本书目，大文化部委的制度，多样化推进幼儿园建设，儿童用药、儿童学科的发展等等。主要是围绕着文化、教育、儿童三个大的主题展开的。

主持人：昨天我们听了温总理的政府工作报告，您是在现场听的。您能和大家分享一下现场的感受吗？

朱永新：温总理的报告大家听了以后很振奋，“十一五”成绩来之不易，“十二五”前景令人鼓舞。我更关注教育的问题。总理这次明确提出在下一轮教育发展中要更加多样、更加公平、更高质量，已经明确地对下一轮教育发展提出了三个重要目标。

所谓更加多样，也就是说应该以政府办教育为主导，社会全民动员推动教育的多元化发展，更加开放。所谓更加公平，是针对我们长期以来教育均衡发展的欠缺，东西部、城乡之间、同一个城市不同学校之间差距比较大，择校还是一个很大的问题而言的。昨天总书记在我们江苏团讨论的时候也对这个问题表示了担忧。所谓更高质量就是在发展公平的时候我们还不能忽略教育的品质问题。总理的政府工作报告同时对教育经费、职业教育、高等教育、素质教育、民族地区教育都提出了很具体的目标。我觉得思路是很清晰的，目标很明确，接下来就是我们如何努力把总理报告中提出的目标落到实处的问题了。

职业教育的学生不是“二等公民”

主持人：总理的政府工作报告中谈到了职业教育，我看到一位网友在问职教对接市场需求方面的问题。您能不能谈谈这方面的建议呢？

朱永新：对，现在职业教育和市场的脱钩是一个很大的问题。这几年职业教育发展很快，这中间就有几个问题，其中一个就是企业没有接进来。职业教育不是简单的教育部门来做的，必须由企业和学校全面合作来做，没有企业介入，职业教育很难直接面对现场。我们大部分的教师都是从传统学校转向职业教育的，很少有从企业到学校做教师的。他要来有很多的不便，身份的问题、待遇的问题、职称的问题等等，所以也导致了学校和企业脱钩。

另外，职业教育经费的投入也是不够的，我们主要投在人头上，投在学生的补贴上，而没有投在设备上。现在我们学校里面所用的教育设备和一线企业里面用的设备相差太远，学校里面用的东西在企业没有，还得二次培训，这样学生受市场欢迎的程度就不够。

还有，是面向一线产业的新专业、新技术，在学校里面往往没有，职业教育适应市场变革的灵活机制相对来说比较差。同时，我们整个社会对职业教育的重视程度不够，大家都觉得职业教育学校的学生是“二等公民”，学普通教育学不下去的人再去学职业教育。这样导致职业教育学生本身的素质和基础也会相对差一些。我觉得这些问题共同导致了现在的职业教育与市场脱钩的问题。

主持人： 其实学习职业教育的学生不应该是“二等公民”。

朱永新： 在国外你学职业教育还是上普通大学，取决于个人的能力、特长，而不是取决于你的基础。人大这次已经准备把职业教育法的修订作为立法计划，可能会更进一步地推动职业教育的发展。

如何化解入园难、入园贵

主持人： 那现在也想请朱主席给我们解读一下政府工作报告中有关学前教育的内容。网友问，入园难、入园贵的问题什么时候能解决呢？朱主席能否给我们一个时间表呢？另外，与发达国家相比，我们学前教育的差距到底有多大？关于学前教育立法您有什么建议呢？

朱永新： 学前教育方面，我们和发达国家的差距还是比较大的，主要差距在这几方面：一是入园率比较低，现在全国入园率在55%左右，农村入园率在30%左右，也就是说我们有一半左右的孩子还进不了幼儿园，现在很多发达国家现在都达到了90%甚至100%，包括中国一些发达地区，像以前我曾经工作过的苏州也是超过了90%。所以入园率比较低是一个问题。

二是政府投入比较少。一些发达国家学前教育经费占GDP的比例能达到2%，我们只占到0.035%；占整个教育经费的比例，有些国家整个教育经费中学前教育占到12%甚至更多，而我们只占整个教育经费的1%。所以我们差距还是很大的，还有很长的路要走。

刚才网友要开一个时间表，实际上中长期教育改革和发展规划纲要已经开了一个近期的时间表，就是2012年和2015年，2012年要基本普及学前一年，到2015年基本普及学前三年。这是一个数量的时间表，还有一个质量的时间表。数量做起来相对容易一些，质量的问题可能更大一些。因为在如此短的几年中要培养那么多的幼儿教师，要建那么多的幼儿园，是有很大的难度的。所以要考虑如何扎扎实实地、因地制宜地多样化推进。在政府加大投入、以政府公办幼儿园为主的前提下，如何调动全社会的力量是非常关键的。

主持人： 那您能跟大家聊一聊为什么要关注学前教育吗？学前教育在孩子的成长过程中到底有多大的意义呢？

朱永新： 学前教育的问题，长期以来被我们忽略了，这有两个原因。最

重要的原因就是没有把儿童当人看，没有真正地尊重儿童的权利。虽然在儿童的权益保障上有各种部门和各种政策，但是实际上没有落到实处，一个社会文明的标志在于是不是真正地尊重儿童，是不是尊重儿童的权利、尊重儿童的呼声、尊重儿童的需要，这一点我觉得我们是做得不够的。对儿童的关注不够，研究也不够，因为我一直认为童年的秘密我们远远没有发现，童年在一个人的一生中对他的影响和作用到底有多大我们并不清楚。我们过去笼统地讲“教育是为儿童一生奠基”，儿童到底有多重要？中国有一句老话是“三岁看大七岁看老”。人的哪些东西是在儿童阶段形成的？我觉得至少人的认知风格，就是你怎么看待世界、怎么研究问题、怎么观察问题，这些东西在童年有所体现；二是个性品质，你怎么接人待物，是否拥有爱心，是否懂得感恩，是否懂得尊重别人，这些种子在童年已经播下了。

儿童时期的这些东西对人的一生到底有什么样的影响？我曾经说过：作为一个成年人，可能他是用他在童年时期所获得的那些价值观、对世界的看法在建设他们的世界。西方心理学家，不管哪个学派，都非常关注童年，当一个人精神有问题的时候，一定能够追溯到他的童年经历。曾经有人说过，一个人在 14 岁以前所看到的东西、所经历的东西，就像一部占卜书，也就是说这就决定了他今后的一生。我为什么特别重视儿童的阅读？因为在儿童早期的大量阅读，尤其是最伟大的经典的阅读，那种真善美的形象，通过移情的作用都会播种在他们心里。

主持人：您曾说小学生要读完一百本书才能让他毕业。

朱永新：我曾经设想在新建学校里每个孩子应该至少读一百本书，事实上我们很多学校已经读过了远远超过五百本书，让儿童在早期和最美、最有价值的东西进行对话，这是非常关键的。现在我们在这样一个时代，他得不到好的教育，是很可惜的。心理学很强调人发展的关键时期。我们如何在童年给孩子丰富的世界、丰富的想象，满足他对这个世界的好奇心，满足他自主的探索，是很重要的。人的才华是需要不断地探索才能展现出来的，要通过不断的尝试自我、发展自我、找到自我最后成就自我。

主持人：您刚才讲到的都是学前教育有多重要。我看到新闻中说道，35 个城市中北京是入园难、入园贵中问题最突出的一个城市。我觉得现在是不是也有一个趋势，就是大家对学前教育太过重视了，认为孩子在 3 岁到 6 岁之间要上一个特别好的幼儿园，所以对入园难、入园贵也起到了推波助澜的作用，您觉得是这样吗？

朱永新：这是两个问题，一个是供求关系的矛盾比较大，世界上任何东西当供求之间不平衡的时候，就会引起“恐慌”。房价为什么贵？也有一个“恐慌”心理在那里。供求关系是决定市场价格和人们心态的很重要的原因。担心孩子入不了学，受不到教育，这是一个恐慌。第二个“恐慌”就是不让孩子输在起跑线上。因为你要让孩子有好工作、好收入必须上好大学，要上好大学必须上好高中，上好高中必须上好初中，上好初中必须上好小学，上好小学就要上好幼儿园，所以好的幼儿园就变成今后能不能找到好工作的决定性因素。而事实上并不完全如此。当然，本身我们社会的用人制度、分配制度也需要变革。

主持人：有些家长过分追求“双语”等一些硬性指标，您觉得有必要吗？

朱永新：这个我觉得没有太大的必要，关键是让孩子能够快乐，能够与伙伴交往，一起做游戏，一起交流，加入一个团队，懂得交流，懂得一起去做一件事情。同时通过老师讲故事、自己的涂鸦，包括孩子之间的游戏，丰富他的早期的经历和经验，这比什么双语教育、好的设备等等各种各样所谓的教学质量，更有价值和意义。

下决心扼制择校现象

主持人：总书记在昨天江苏团参加审议的时候讲到择校问题，您在择校这方面有什么建议？网友问：择校什么时候才能令行禁止？

朱永新：教育行政部门已经下决心要解决择校问题，甚至已经开出承诺单。但是我觉得不能那么乐观。为什么这么说呢？因为现在我们学校和学校之间的差距太大了，这就需要有一个顶层的设计。第一要充分认识现在教育发展过程中学校和学校之间不平衡的现象，好学校和差学校，就在一个北京市，就在其他任何城市，在不同的城市和不同的区域，学校之间的差距非常之大，这是客观现实。把好学校的教师拿走送到差学校恐怕也不行。我们不能削峰填谷。

我曾经提过用“木桶原理”看教育，木桶能装多少水，取决于最短的板有多短。也就是说要不断地拉长最短的板，作为政府就要作出计划，比如每年改造20%的学校，在资源配置的时候绝不搞锦上添花而要雪中送炭。其中一个办法就是让优秀的学校帮落后的学校。我曾经做过这样的改革，把最差的学校交给最好的学校帮办，不出三年学校就会改变，因为好学校会把干部和优秀教师送到这个差学校来，这是他们之间的合作，而不是简单的政府强迫你把校长和教师调走。这就有了一种一体感，像中国人民大学校长就帮助了很多这样的学校。这是很好的办法，组建优质资源的学校帮助落后学校。

其次，对于择校最热的学校，不妨让其脱离我们常规的公共学校的轨道，让其走英才教育的道路，特别好的幼儿园也是如此。因为这些学校从过去来说往往是权力、金钱的体现：有权有钱的人才能进。今后我们就把它作为有才华的人才能进的学校，有才华而没钱的政府补贴。政府要公正、公平、合理、均衡地配置教育资源，通过三五年的努力，做到政府办的学校基本处在同一水平线。择校应该在公办学校里面禁止，而不能在社会上消除。总会有人选择一些更好的学校，包括中外合作的学校，你说你把孩子送到国外去了，那也是择校啊。所以我觉得最关键的是政府怎么样去满足绝大部分人民群众接受优质教育的需求，这是当务之急，尽快地提升最薄弱的学校是当务之急。

高等教育改革往何处去?

主持人：那我们再来关注一下高等教育方面的情况。网友对朱清时和南科大的事情很关注，教育部已经给了批文了，您对这个事情怎么看?

朱永新：去年年底我曾经为朱清时校长写过一篇文章，叫《为朱清时教授加油》，当时教育部还没批，我说没批没关系，你可以自主招生，可以自己办学位，尽管这些是教育部不承认的，但是没有关系，朱清时不是第一个吃螃蟹的，上海中欧管理学院早吃了螃蟹了，他是办学多年后教育部才承认的，国际上认为它是中国最好的商学院，然后教育部才承认它的学位，一开始他的学位也是没人承认的。我觉得金杯、银杯不如老百姓的口碑，朱清时能不能成功，不是取决于国家批不批准他发学位，而是取决于他的学生能不能真正地被社会所接受和欢迎。如果他的学生最后的确是身心健康的、富有理想和激情的，有服务和献身精神的，是社会有用、社会欢迎的人才，我相信他根本不用担心，他的文凭，包括他的学位，硕士学位、博士学位，我觉得都会得到社会的承认。

主持人：我看到有网友说，自主招生不会成为又一个高考吧，他们会有这样的担心。

朱永新：自主招生，朱清时自己制定了考试内容，这是学校自主权的体现。当然，现在有学校联考等等，我觉得目前整个教育还是处于一个探索期，探索期一个很重要的特点就是应该允许尝试，甚至允许有限的失败。我为什么讲有限的失败呢？因为教育严格来说是不允许失败的，不能把人作为一个实验品。但是这里所谓的“有限的失败”，就是说他在招生过程中，因为给了自主权，可能监控如果不到位会有一点舞弊呀、照顾呀等等，这些事实上在国际上的那些名校也都发生过，不是没有。我觉得我们要在怎么样去借鉴人家的办法的同时，要防止可能出现的各种失误。

当然，最好的办法就是公开透明，任何权力只要在阳光下就会得到监督，它就会收敛，权力在没有监控的情况下，才可能走向腐败。

主持人：我们看到《规划纲要》其实已经为高考制度改革指出了一些方向，为大学改革也指出了很好的方向。您认为南科大给现行中国教育体制改革带来了一些什么？您能不能谈谈对于中国高等教育体制改革下一步的发展的建议呢？

朱永新：这几年来我们一直都在为一流大学的梦想在努力，教育行政部门也在不断地进行各种各样的尝试。高等教育的问题，我觉得有几个大的问题。

第一个问题就是目前我们大学的学术权力和行政权力没有进行很好的切割，行政权力控制了学术权力，行政资源瓜分了学术资源，这是一个很大的问题。这就导致了很多优秀的知识分子、优秀的大学老师首先想的不是做学问，往往首先想的是怎么样做系主任、大学校长，这样才能获得学术资源。这不能怪他们，这是制度本身造成的。前几天有记者采访我，我就提出说应该切割学术资源和行政资源。你做了大学校长，就不要评职称、不要评奖了，这两年不要带学生，要全心全意为学校服务好。大学校长是一个荣誉性的职务，更多的是体现威望和服务精神。做几年卸任后，可以再去做学问。这样就可以让校长们、系主任、院长们全心全意为大家服务，让教师们全心全意做学问。官不和民争，他们之间不要有利益的关系，这是一个问题。

第二个问题我一直在提，要改革大学的教学模式。现在中国大学的教学模式是一个最大的问题，就是满堂灌，我形容是课堂记笔记，考前背笔记。考后忘笔记。有些学生不来上课，考前背一下，照样考得很好，这样不行。我觉得应该让大学的课堂成为对话、交锋、思想的平台。这就又回到我关于阅读的主题。去年7月份我在哈佛学习了一个月，我们每天是怎么样上课的？全部是案例的教学，每天给你案例，给你一批参考书，每天至少要读一百页，一个星期至少要读五百页以上。

主持人：这样要求学生？

朱永新：是。上课以后干什么？大家分享对一个事情的看法，他问到你有什么想法，而你没有读过，那你就会被淘汰。

主持人：这样会激发每一个学生的兴趣。

朱永新：对，而且对教师也是一个挑战，当学生有很多思想的时候教师需要更多的应对，教师必须比学生读更多的东西才能应对。现在课堂上教师没有挑战，照本宣科就可以了，从头讲到尾对教师和学生的成长都是非常不利的。所以我觉得大学教育课堂教学模式要进行非常深刻的变革。当然，教学指导方式，包括老师和学生住在一起，若干学生有一个导师，这个导师不仅是生活的，也是学术的，同时也是人生的，这样他对学生的成长就是全天候地关注。现在我们大学的辅导员，很多是刚刚毕业留校的，他自己都没有人生的阅历，他自己很多对人生的看法都不够成熟，他去指导孩子，就会出问题，所以我是不太赞成目前这种状况的。我不知道你上大学的时候有没有这样的辅导员。

主持人：我们的辅导员还是有一定阅历的。

朱永新：这样的模式才会更有力。总结一下大学里面有这几个问题，一是学术权力和行政权力的分割，二是改变教学模式，三是改变学生的指导方式。

立会为公　参政为民

主持人：最后我想给网友看一本书，这本书刚刚出版没多久，《给中国教育的一百条建议》，这本书其实是多年来您给全国两会的建议。

朱永新：我的建议远远不止这一百条，是从很多条中精选的一百条。

主持人：网友一直很关心您9年来给中国教育贡献的这些智慧。网友也很关心，您的热情是从哪儿来的？

朱永新：首先，我自己是大学老师出身，是一个知识分子。知识分子代表着一个社会的良心。知识分子自古以来就强调“立言、立功、立德”，立言始终是我们的梦想，不能仅仅待在书斋里面满足于写文章、爬格子，满足于发表，那样是没有意义的，除非你能真正改变生活、影响生活。所以知识分子的一个很大的成就感就是他的思想、他的知识、他的建议能够被社会所用，能够被国家所采纳。这是激励我的一个很重要的梦想。

第二是因为我还是民主党派成员。我是中国民主促进会的会员。中国民主促进会是教育党，我们70%的人来自教育界，为教育疾呼也是中国民主促进会参政议政的目标，能不能贡献出好的教育策略、好的教育建议，也是衡量我们作为一个参政党成员水平的标志“立会为公，参政为民”是作为民进会员的责任。所以我觉得我们也应该体现参政党对中国教育和中国政治的贡献，这也是一个很重要的力量来源。

第三，是这几年来已经不是我一个人在努力了，我有一个很大的团队，从10年前我推进中国的新教育实验的改革开始，现在全国已经有100多万师生和我在一起，我们经常在讨论教育的问题，每天很多一线老师，甚至学生，也会把他们的所想、所思发给我，让我带到两会。这些都是我热情的来源。

主持人：我的结束语想借用一下您在新华教育论坛中的结束语：哪怕我们的问题超过成绩，不要紧，之所以有了问题，是因为我们已经背起出发的行囊，已经挪动前行的脚步，已经开始出发。谢谢朱主席，也谢谢网友的热情参与，本次访谈到此结束，再见。

微博走读新教育

2012年7月19日
媒　体：人民网

人民网访谈主持人：各位网友下午好！今天的微访谈“微博走读新教育”即将开始，欢迎大家向嘉宾朱永新提问。

朱永新：各位人民网的网友，大家下午好，很高兴来到这里做客。

废土游民：您如何看待微博在教育方面的作用？我们是否有可能以微博促进教育，或者起码推进教育思想的传播？

朱永新：作为一种新媒体，微博在传播教育理念和方法方面具有它独特的优势和作用，因为它有短小精悍的文字、即时传播的速度，具有便于接收的特点，它的受众面特别广。如我每天早上发布的新父母晨诵和图书推荐等，就比较受广大网友的欢迎。

废土游民：最近您又有哪些好书，能向我们推荐一下吗？

朱永新：最近我出版的书，除了朱永新教育作品以外，昨天刚刚拿到的复旦大学出版社出版的《滴石集》，这是复旦大学三十年集丛书中的一种，反映了本人三十年来的自学经历、感悟和思索的心路历程。另外，还有山西教育出版社出版的《教育的使命——朱永新教育讲演录》和《教育的承诺——朱永新教育访谈录》等。

笔墨染丹青：我也了解过一些新教育的理念，但觉得在中国似乎很难推行，别的不说，每个学校如果想组织那么多的孩子“晨诵、午读、暮省”，或者想做到“尊重孩子的个性”，在人力上首先就会花费很高的成本。

朱永新：晨诵、午读和暮省是新教育儿童生活方式，它不是在学校的原有活动之上另外添加的东西，它是一种朴素的、润泽的教育，对于大部分的学校和老师来说，当然需要用心用时间来做，但是一旦做起来，教师和学生都会有很大的收获。而为了孩子的成长，教师多付出一些，自然是应该的。

默诚：我对新教育的理解是这样的：新教育是在全国教改浪潮中乘风而

行的风帆，它在这场教改运动中独领风骚，是真正实验性的、突破性的、全面而深入性的“生命教育”。“新”，在于飞跃，在于创新，在于变化，在于丰富其教育规律使之发展。

朱永新：谢谢您对新教育的肯定，新教育实验当然不仅仅是生命教育，从一个社会人的意义来说，它还有培养未来社会的合格公民的作用，它是一个幸福完整的教育。新教育除了您提到的创新、变革的意义以外，它也是一个历史的概念，是欧美新教育运动以及我国20世纪二三十年代的新教育运动在当今的延续。

大街逍遥人：说实在的，我不懂你所倡导的新教育是什么，但我知道国家的教育离不开培养大批实用人才这个总方向，如果偏离了这个总方向，教育就会步入误区，甚至会出现失败的教育模式。您是国家研究教育的泰斗，您是如何考虑教育方向的？

朱永新：从培养人才的角度来说，我们国家至少应该培养三种人，第一种是数以亿计的高素质劳动者，第二种是数以千万计的专门人才，第三种是一大批拔尖创新人才。仅仅培养实用人才也还是不够的，但是高素质的劳动者应该是我们整个教育的基础，这也是教育应该最花力量的地方。

蜂思蝶品：“新教育就是开发卓越课程，缔造完美教室，书写生命传奇。”作为一名教育战线的老兵，我想问的是：近些年来我们这里上师范学校的学生往往多数是在班级成绩特差的学生，他们师范毕业后又来教学生，能教多好？结果可想而知。如何解决这方面的问题？

朱永新：教师是教育之本，没有优秀的教师，就不可能有优质的教育。教育的品质，归根结底是取决于站在讲台上的那个人，所以如何吸引最优秀的人才学习师范专业，如何吸引最优秀的大学生从事教师职业，的确应该是各级教育行政部门应该认真思考的问题。应该出台相应办法，鼓励优秀的教师到农村、到基层。

西南阿仁：新教育在短期内应该是一种精英教育，请问您面对不同层次的受众群体，如何快速地将其推广到全国，让各个阶层的学生都能享受到这一成果？

朱永新：恰恰相反，新教育是一个面向所有孩子的教育，新教育的学校绝大部分分布在中国的农村和西部地区，如山西绛县，这片黄土地上，每一所村小几乎都是用晨诵来开启新一天的黎明，用午读去和那些人类的经典对话，用暮省去记录和反思一天的生活。目前有25个省市自治区，1 500多所学校在实践新教育的理念。

静言思之：新教育的基础理念是什么？到底是为找个好工作，还是为提高个人修养？很多时候，这两者是不能共存的。

朱永新：新教育有五大教育理念，与人类的崇高精神对话，教给学生一生有用的东西，无限相信教师和学生的潜力，强调个性发展，注重特色教育。提高个人的修养和找个好的工作不仅并不矛盾，而且是相得益彰的，一个人仅仅有一张文凭是不够的，只有拥有好的修养、好的人格，他才有更多的可能得到好的工作。

代洪国：新教育在培育人文精神的同时，对学生的“分数”是否也有促进呢？毕竟中国的大环境还是应试教育。

朱永新：新教育实验不把分数作为自己的目的，而是作为一种额外的奖赏。我们知道，如果没有好的分数，新教育就不会站立在这个大地上，它就没有生存和发展的空间，也不会有人来做新教育。新教育实验之所以发展如此之快、规模如此之大，在很大程度上破解了素质教育和应试教育的难题，让学生既有好的分数又有好的素质。

枫笛：怎样的教室才算完美教室？

朱永新：在刚刚过去的14、15日，我们在山东省淄博市临淄区召开了第十二届新教育大会，主题就是“缔造完美教室”，您可以到教育在线网站上浏览。缔造完美教室，就是要让教室里的每个孩子穿越课程与岁月，朝向有德行、有情感、有知识、有个性、能审美、在各方面训练有素又和谐发展的生命，一天天地丰盈、成长。

zls888888：我声明一下，我不是托儿，就是有个问题想请教一下。朱老师，您提议设立的国家阅读节为何由原来的鲁迅诞辰日变成了孔子诞辰日？

朱永新：我们最早曾设想把鲁迅的生日作为国家阅读节，但后来经过反复的权衡，我们还是觉得孔子的诞辰日更加合适，因为孔子是儒家学派的创始人，是世界最著名的文化名人之一。将孔子的诞辰日设为国家阅读节，最能体现民族特色和文化特征，有利于扩大中国文化在世界范围内的影响，也能够唤醒全社会对传统文化的重视。

吴农民：学校的教育时间太长，从七八岁到二十七八岁，人生的青春就这样流失。新教育是否有自我教育、社会教育、终身教育的概念？

朱永新：学校教育时间的问题，是一个非常复杂的问题。人类几千年的文明，要在短短的一二十年之间传递给年青一代，本身是一件非常不容易的事情。但是学校教育最根本的目的是形成学生的人生态度、强烈的好奇心、学习的方法和习惯，这些是一个人自我教育的基本前提，也是新教育主张教给人一生最有用的东西的主要内容。

为求一公：实行新教育，学校的费用普通老百姓能承担吗？新教育在苏州有土壤并能推广吗？

朱永新：新教育实验是面向大众的教育，不是贵族教育，当然是普通老百姓能够承担的，在中国的西部农村就有许多新教育的学校。新教育是公益性的活动，本身是不向学校收任何费用的。新教育最初就是在苏州这个土壤上生长出来的，昆山的玉峰实验学校是正式挂牌的第一所新教育实验学校，这个学校就有许多精彩的故事。

各位网友，我们约定的一个小时的时间已经到了，感谢大家的提问和参与，大家还可以通过我的微博继续交流，也欢迎大家访问我们教育在线网站。欢迎大家走进新教育，让我们一起携手共圆新教育之梦。

人民网访谈主持人：各位网友，由于时间的关系，今天的微访谈就进行到这里。感谢嘉宾朱永新的详尽解答，感谢广大网友的热情参与。我们下期微访谈再见！

后　　记

这本《教育的方向：朱永新教育网事录》收录了我从2003年到2013年11年间在人民网、新浪网、新华网、腾讯网、网易网等进行的32篇访谈实录。

这些访谈，是我网络参政议政的小小心得，也是我与网友们分享我的思考和探索的过程。其中，大部分访谈是在每年两会期间进行的，因此也是我对两会精神的学习体会。

为了真实地记录“网事”，这次整理时，尽可能保留“原生态”的形式。但对其中的部分访谈还是作了适当修改，主要是删除了两人或者多人访谈时其他人的访谈内容，各个访谈之间重复的内容。另外，对部分访谈的内容和文字进行了少量修改。

感谢山西教育出版社的李梦燕编辑，从浩瀚的网络海洋中，她帮助我“打捞”起这些文字，帮助我收集有关的资料与图片，让往事结集为“网事”，让我对自己的成长又作了一个角度的梳理。

感谢著名国画家杨明义先生，为本书提供了精美的江南风情画作为插图，为本书增色许多。

感谢网络，它不仅为我打开一扇新的生活之窗，也让我的生命多了一个新的精神世界，并由此结交许多新的朋友。借助每一种新的工具，永不疲倦，上下求索，我深感：网络之上乾坤小，网友之中天地阔。

朱永新

2013年5月16日

于中央党校23号楼